KB248366

범생
공화국,
대만

● 이 저술은 2024년도 전북대학교 연구교수 연구비 지원에 의하여 연구되었음.

뻣생
공화국,
대만

대만을 알면 한국이 보인다

안문석 지음

머리말

　　과거 기자 생활을 하면서, 또 교수가 되어서도 외국이 나갈 일이 많았다. 그런데 가까운 나라 대만에 갈 기회가 없었다. 언젠가는 가봐야 할 텐데 하고 있던 차에 좋은 기회를 만났다. 대만 정부에서 주관하는 타이완 펠로십Fellowship in Taiwan(대만 연구비) 프로그램이었다. 운이 좋아 이 프로그램으로 국립대만대학에 가게 되었다. 2025년 2월 초부터 8월 말까지 7개월을 타이베이에서 살았다.

　　연구도 하면서 타이베이의 구석구석을 둘러보았다. 산책하면서, 구경도 하면서 그렇게 타이베이와 대만을 관찰했다. 학교에서, 동네에서 대만 사람들을 만날 기회도 많았다. 모두 친절하고 정이 넘치는 사람들이었다. 내가 중국어를 별로 못하는데도 열심히 안내해주고 알려주었다. 한자로 쓰기도 하고, 어떤 때는 영어로 써가면서 설명해주었다.

　　그렇게 대만 사람들은 친절하고 외국인 친화적이다. 그래서 어딜 가도 마음이 편했다. 편의점에 가도, 음식점에 가도 영어로 말하면 영어로 응대해주었다. 대부분 영어를 조금씩은 했다. 영어를 못하는 사람은 중국어로 또박또박 몇 차례 반복해주었다. 어떤 때는 영어를 하는 다른 직원을 불러와 주기도 했다. 그래서 대만 생활이 즐거웠다. 더 궁금해지고, 더 알고 싶은 게 많아지기도 했다. 다니면서 보고, 주변에서 들은 것들을 그때그때 기록했다. 그러다 보니 양이 많아지고, 양이 많아지니 영역을 나눌 수 있게 되고, 그러다 보니 이렇게 책이 되었다.

대만을 여러 번 가보거나 잘 아는 사람에게는 별 도움이 안 되는 책이다. 하지만 대만을 잘 모르는 사람에게는 참고할 만한 내용이 많을 것 같다. 대만을 전혀 모르던 내가 보면서 '재미있네', '신기하네', '우리하고 많이 다르네', '다른 나라하고 좀 구분되네' 하는 생각이 드는 내용들을 메모해두었다가 정리한 것들이다.

처음 접한 대만은 우리하고 너무 비슷한 나라였다. 신기했다. 우리와 같이 밥과 면, 돼지고기를 좋아한다. 아시아의 네 마리 용으로 불리는 것도 같다. 우리가 북한과 맞서고 있다면, 대만은 중국의 위협에 직면해 있다. 그런 가운데서도 군대에 가려는 사람이 모자라 고민하는 것도 유사하다. 미국과 중국 사이에서 갈등, 비애, 좌절을 늘 경험하고 있는 것도, 도널드 트럼프Donald Trump 정부에서 방위비 증액 압력을 받고 있는 점도 닮았다.

비슷한 시기 근대화의 과정을 겪었고, 이를 주도한 독재자 박정희와 장제스蔣介石에 대한 평가가 엇갈리는 것도 같다. 사는 수준도 비슷하고, 출산율이 낮아 걱정인 것도 같다. 동남아시아 가사도우미 활용이 하나의 이슈가 되어 있는 것까지 비슷하다. 가끔 여기가 서울인가 타이베이인가 헷갈릴 정도였다.

그러면서도 또 많이 다르다. 우선 조용하다. 거리도 평온하고, 시장도 가만가만 움직인다. 드잡이가 없다. 교통사고가 나도 소리 지르는 사람은 없다. 시위도 거의 없다. 왜 그런가 유심히 살펴보았다. 어디서나 모범생을 지향하고, 칭찬했다. 우리도 그런 경향이 있지만, 우리보다 훨씬 적나라했다. 그 범생들이 경제와 정치, 사회 각 부문을 이끌고 있다. 그 힘으로 조용하면서도 쉼없이 앞으로 간다. 그래서 책 제목을 '범생 공화국, 대만'으로 했다.

범생들이 끌고가는 대만은 실업률은 낮고, 빈부격차는 작으면서, 복지 수준은 높다. 경제는 안정되어 있고, 시민들은 정치에 별로 관심이 없다. 그래서 그런지 사람들의 행복도는 많이 높다. 세계적인 조사기관들이 매년 발표하는 행복지수가 아주 높은 수준이다. 아시아에서 보통 1위다. 우리는 6위나 7위쯤 된다.

내가 궁금한 것이 이 차이들이었고, 왜 그런 차이가 나는지였다. 그래서 그 차이의 구체적인 모습들이 어떤 것인지, 또 왜 그런지를 살면서 찾아보려 했다. 그런 내용들을 영역별로 나눠 본문에서 다루었다. 쓰다 보니 '이런 것은 우리가 배우면 좋겠다' 생각되는 것도 많았다. '아! 아직도 대만에 남아 있는 숙제도 많구나' 하는 점도 느낄 수 있었다. 가깝지만 우리가 잘 모르는 나라 대만에 대한 궁금증을 해소하는 데 조금 도움이 되었으면 하는 바람이다.

프롤로그

대만에서 생활하면서 이 사회를 설명할 만한 특징적인 말이 무엇일까 하고 많이 생각해보았다. 대만이라는 나라가 어떤 특징이 있고, 대만 사회가 어떤 양태로 움직이는지, 또 대만은 어디로 어떻게 가고 있는지를 설명해주는 말이 무엇일까 하고 계속 생각을 해본 것이다. 몇 개월 여기저기를 보고, 이런저런 현상들을 관찰하고, 또 여러 사람과 이야기를 하면서 문득 떠오르는 말이 있었다.

모범생이다. 아! 이걸로 대만을 설명하면 되겠다 하는 생각이 들었다. 어딜 가나 정리가 잘 되어 있고 깨끗하다. 시끄럽지 않고 차분하다. 왠만한 것은 숫자와 문자로 분명하고 확실하게 하려 한다. 성실하고 근면한 것을 큰 덕으로 여긴다. 그러니 모범생 지향 사회이구나 하는 생각을 하게 된 것이다.

그런데 '모범생의 나라' 하면 너무 재미없는 느낌이 들어 '범생 공화국, 대만'으로 책 제목을 정했다. 범생範生은 모범생模範生을 좀 가볍게 부르는 말이다. 그런데 지금은 범생이 너무 널리 쓰여 그다지 거부감은 없는 것 같다. 그래서 '범생 공화국, 대만'으로 하고, 그 시각으로 대만을 보니 참으로 범생 지향 사회이고, 범생이 사회 대부분의 영역을 리드해가는 나라가 맞다는 생각이 더욱더 들었다. 정치든 경제든 교육이든 범생이 리더 역할을 맡고 있고, 범생 식으로 조용하면서 내실 있게 운영되어가는 게 대만이구나 하는 생각을 살면서 참 많이 했다.

그 구체적인 실상들은 본문에서 차근차근 풀어가기로 하고, 그렇게 범생 공화국을 운영해나가기는 대만에 큰 장애가 둘 있다. 하나는 중국, 하나는 미국이다. 중국은 '100년의 마라톤 계획' 갖고 있다. 중국은 1949년 10월 1일 사회주의혁명에 성공해 지금의 중화인민공화국을 세웠다. 2049년이면 그 100주년이 된다. 중국은 그때 미국을 넘어서서 경제는 물론 군사적·정치적 패권까지 장악하겠다는 계획을 갖고 있다. 이것만이 1940년 아편전쟁에서 영국에 패한 뒤 100년 동안 국운이 쇠퇴하면서 겪은 수모, 즉 백년국치百年國恥를 털어내는 길이라고 보고 있다.

이 '100년의 마라톤 계획'은 시진핑習近平 중국 주석의 장기집권 계획과도 맞물려 있다. 시진핑은 2013년 권좌에 올라 2023년 3번째 임기를 시작했다. 주석의 임기가 5년씩 두 번으로 제한되어 있던 헌법을 개정한 뒤 3번째 집권했다. 장기집권의 길에 이미 들어선 것이다.

시진핑은 '100년의 마라톤 계획'과 자신의 장기집권을 무리없이 진행하기 위해 경제성장과 대만 통일에 정책의 방점을 두고 있다. 경제는 내수 진작과 대미 협상을 통해 풀어가려 하고 있다. 문제는 대만 통일이다. 경제보다 훨씬 어려운 일이다. 상대가 있고, 미국이 막고 있고, 국제사회가 지켜보고 있기 때문이다. 그래서 장기적 관점에서 접근하고 있다.

장기적으로 대만과 경제적·인적 교류를 강화해 일국양제—國兩制(하나의 나라 두 개의 체제)로 통일을 해나가겠다는 것이다. 대만의 자율성을 충분히 인정하면서 하나의 나라로 통일한다는 계획이다. 그러면서도 '통일은 꼭 이룬다', '하나의 중국 원칙은 양보할 수 없다', '군사적 수단도 배제하지 않는다' 등의 성명들로 대만을 수시로 자극한다. 대만 주변에서 군사훈련도 자주 한다. 조용하고 차분한 나라 대만은 그래서 마냥 평온할 수만은 없다.

미국은 어떤가? 물론 미국은 대만의 둘도 없는 우방이다. 1979년 미국-중국 수교, 미국-대만 단교가 이루어지면서 미국과 대만 사이 공식적인 동맹관계는 사라졌다. 하지만 미국은 그 이후에도 대만관계법 Taiwan Relations Act을 제정해 동맹 못지않은 관계를 유지하고 있다. 이를 통해 경제적 협력뿐만 아니라 군사적 지원도 계속하고 있다. 하지만 미국이 어떤 나라인가? 순수한 지원은 안 하는 나라다. 미국의 지원에는 유·무언의 조건이 붙어 있다. 하긴 일찍이 1960년대 저명한 국제정치학자 한스 모겐도Hans Morgenthau가 설파하지 않았던가? "원조에도 순수한 원조는 없다. 심지어 인도적 지원에도 정치적 목적이 숨어 있다"고.

미국은 대만에 지속적으로 지원하면서 요구도 동시에 많이 하고 있다. 도널드 트럼프 행정부 2기 들어서는 더 심하다. 대통령 후보 시절 대만에 국방비를 GDP(국내총생산)의 10%까지 올리라고 요구했던 트럼프가 지금은 그렇게까진 아니지만 '5% 정도로 증액'을 이야기하고 있다고 한다. "중국의 침공을 우리가 막아주고 있는데 왜 국방비를 확 늘리지 않느냐"는 말이다. 국방비 그렇게 늘려서 결국 미국 무기 많이 사라는 이야기다. 잘나가는 TSMC도 가만두지 않는다. 미국에 투자하라고 계속 압박했다. 결국 웨이저자魏哲家 TSMC 회장은 2025년 3월 트럼프를 만나 1,000억 달러를 투자하겠다고 약속했다. 미국에 연구개발센터도 짓고 공장도 세우겠다는 계획이었다.

'수욕정이풍부지 자욕양이친부대樹欲靜而風不止 子欲養而親不待.' 한나라 시대의 학자 한영韓嬰의 저작 『한시외전韓詩外傳』 9권에 나오는 구절이다. 나무는 가만 있고자 하는데 바람이 그치지 않고, 자식은 효도를 하려 하나 부모는 기다려주지 않는다는 뜻이다. 늦지 않게 효도하라는 교훈을 담고 있는 구절이지만, 앞부분 '수욕정이풍부지'는 요즘 대만의 사정을 여실히 웅변하고 있는 것 같다.

진정 대만은 가만히 있고 싶다. 놔두면 잘하는 나라다. 경제가 좋다. 특히 TSMC가 잘 나간다. TSMC가 중심이 된 반도체 후공정 산업이 탄탄하다. 사회는 안정되어 있다. 극한 대립의 모습을 찾기 어렵다. 사람들은 온순하다. 검약하면서 근면하다. 그래서 실제 살아보면 편하다. 외국인인 나도 편했다.

그런데 주변이 문제다. 어느 시대를 막론하고 마찬가지지만, 강대국이 문젯거리다. 욕심들을 부려서다. 있는데 더 가지려 하고, 남의 것까지 뺏어 가지려 하니 문제다. 작은 나라의 슬픔은 오불관언吾不關焉할 수 없음에 있다. "나는 그냥 있을게 너희들끼리 지지든지 볶든지 마음대로 해"할 수가 없다. 패권국의 한 마디, 강대국의 기침 한 번이 실생활에 바로 영향을 주고, 잘못하면 나라를 풍전등화로 몰아가니 멀찍이 떨어져 있을 수가 없는 것이다. 대만이 그렇고, 우리도 다르지 않다.

그런 가운데서도 대만은 '가만 있으려' 노력한다. 자신의 경제동력을 만들어내려 하고, 사회적 안정을 최대화하려 진력한다. 그래서 이루어놓은 것도 많다. 많은 나라가 배우러 오기도 한다. 그러면서도 내세우는 모습은 없다. 그저 필요한 것을 하고, 좋은 것은 더 탄탄하게 다지려 한다. 그렇게 해서 내가 좋고, 가족이 행복하고, 모두가 잘 지내면 된다는 생각이다. 그런 모습을 이제 하나하나 뜯어보자.

차 례

제1장
★
범생
천국
대만

범생 문화가
창조한
TSMC

모리스 창이 창업한 TSMC

세계가 어려운 가운데에서도 대만의 경제는 나름 안정되어 있다. 경제성장률이 매년 2~3% 정도 되고, 1인당 GDP(국내총생산)는 3만 3,000달러(2024년) 정도 된다. 실업률도 3%대를 넘어서지 않고 있다. 전자와 정보통신을 중심으로 꾸준히 수출이 이루어지고 있기 때문이다. 그중에서도 대만 경제의 중심 역할을 하는 기업이 TSMCTaiwan Semiconductor Madnufacturing Company다. 아시아 기업 중 시가총액 1위다. 대만 주식시장 시가총액의 30%, 대만 전체 수출의 12%, 대만 전체 GDP의 8% 정도를 차지하고 있다. 그래서 '대만의 수호신'으로 불린다. 한국에 삼성전자가 있다면 대만에는 TSMC가 있는데, AI 시대가 되면서 세계 반도체 시장에서 TSMC가 훨씬 중요한 존재가 되었다.

잘 알려진 대로 TSMC는 세계 최고 최대의 반도체 파운드리 기업이다. 주로 미국의 반도체 설계 기업에서 의뢰를 받아 반도체를 만들어주는 기업이다. 이 회사가 이만큼 성장한 것은 전적으로 창업자 모리스 창Moris Chang 덕분이다. 모리스 창은 중국 저장성浙江省 닝보寧波에서 1931년에 태어났다. 고등학교까지 중국에서 마치고, 1949년 미국 하버드대학으로 진학했다. 곧 MIT로 편입해 기계공학을 전공했고, 석사학위까지 마쳤다. 이후 전력회사에 근무하다가 1958년부터는 반도체 기업인 텍사스인스트루먼트에서 일했고 부사장까지 올랐다. 텍사스인스트루먼트 재직 중 스탠퍼드대학에서 전기공학 박사학위를 받았다.

1983년에는 제너럴인스트루먼트로 옮겨 최고운영책임자COO로 일하다 1985년 대만 정부의 요청으로 대만산업기술연구원장ITRI이 되었다. ITRI 원장으로 대만 경제의 미래를 연구하면서 반도체 산업에 대한 집중 육성의 중요성을 강조했다. 1987년에는 대만 반도체 산업 발전에 직접 나서기 위해 TSMC를 창업했다. 퀄컴, 애플, 브로드컴 등 반도체 설계기업들에서 위탁생산에 주력해 TSMC를 세계 최대의 파운드리 기업으로 발전시켰다. 2005년 74세의 나이로 은퇴했다가 미국 금융위기로 회사가 어려움에 처하자 2009년 복귀했고, 다시 TSMC를 안정적인 성장궤도에 진입시킨 뒤 2018년 87세의 나이로 은퇴했다.

모리스 창이 이렇게 TSMC를 성공시킬 수 있었던 것은 3가지를 잘 했기 때문이다. 첫째는 파운드리, 즉 위탁생산에 주력한 것이다. 설계는 앞서가는 미국 반도체 기업들이 많은데 이들이 설계와 생산을 모두 해나가긴 어렵다고 보았다. 반도체 수요는 급증할 것이고, 그렇다면 생산만 잘하는 기업이 필요하고, 거기에 집중하면 세계 제일이 될 수 있다고 본 것이다. 그런 판단하에 위탁생산에 전력투구해 대성공을 거두었다.

둘째는 중소기업과 협업을 잘한 것이다. 위탁생산이라고 하지만, 반도체 위탁생산이 그렇게 단순한 게 아니다. 원료를 제대로 공급받아야 하고, 이를 첨단기술로 불량품 없이 가공해 정밀한 기술로 테스트까지 거쳐 납품해야 한다. 그러자면 혼자서는 안 된다. 모리스 창은 이를 잘 알고 있었다. 대만의 장점인 탄탄한 중소기업들을 잘 활용했다. 그렇게 중소기업들과 함께 만들어놓은 안정적인 공급망이 오늘날 파운드리 세계 1위 TSMC를 가능하게 한 것이다.

셋째는 인재 양성에 진력한 것이다. 대학들과 협력해 반도체 인력 양성을 위한 학과를 많이 설립·발전시켜놓았다. 그 인력들이 계속 TSMC에 공급되어 특히 R&D(연구·개발)에 지속적인 성과를 내주고 있다. 그래서 첨단 생산기술을 세계 어느 기업보다 빠르게 발전시켜왔다. 생산인력을 위한 직업학교(마이스터고)도 많이 양성해 우수한 생산인력 확보도 안정적으로 할 수 있는 체계를 갖추어놓았다. 우리 못지않게 대만 학생들도 의대를 선호한다. 역시 안정적이고 수입이 높기 때문이다. 그런데 요즘에는 의대에 가지 않고 반도체학과에 간다는 말이 나올 정도로 TSMC가 대만 사회를 바꾸어가고 있다.

우수한 인재들이 모이는 TSMC

2025년 국립대만대학에서 방문학자로 있으면서 현지의 많은 사람과 대화할 기회가 있었다. 그 가운데 음식점 사업을 하는 한국계 화교 출신 사업가가 있었다. TSMC 본사와 대규모 공장이 있는 신주新竹에도 음식점이 3개 있었다. 그런데 다른 어떤 지역보다 신주에 있는 식당에 필요한 직원 구하기가 힘들다고 하소연을 했다. TSMC 때문이었다. 고등학교만 나와서 TSMC에 들어가면 어렵지 않은 일을 해도 꽤 많은 월급을 주기 때문에 음식점에 취업할 사람을 찾기가 어렵다는 것이었다. 그래서 결국 다른 지역 사람을 뽑아서, 숙식을 제공하면서 식당에서 일하게 하는 방식으로 직원을 구할 수밖에 없었다.

특히 TSMC가 성공한 것은 대만의 훌륭한 인재를 반도체 분야로 유도해 키우고 활용했기 때문이다. 지금도 그런 인력 양성 시스템이 잘 돌아가기 때문에 TSMC가 계속 승승장구하고 있는 것이다. 더욱이 기술을 한 단계 도약시킬 필요가 있을 때 TSMC가 쓰는 방식은 태스크 포스 전략이다. 일정 기간 집중적으로 일할 인재를 사내에서 공모한다. 이 인력들은 밤을 새워가며 물불 안 가리고 일을 하면서 기술개발에 집중해 그 시기에 꼭 필요한 기술 진척을 이루어낸다. 그 대신 보수도 그에 상응하게 높이 준다. 대만은 이런 식이 아직 가능한 나라다. 서구에서는 착취라고 할 만한 일이 가능한 것이다. 왜? 대만의 분위기가 여전히 성실히 공부하고 일하는 것을 큰 미덕으로 여기기 때문이다.

TSMC에 연구개발 인력으로 들어가기 위해서는 범생 중 범생이라야 한다. TSMC는 대만에 있는 과학기술대학들, 명문대학의 반도체 관련 학과들과 계약을 맺고 인재를 키워 졸업 즉시 채용한다. 이 트랙에 들어가는 학생에게는 4년간 2,000만 원(대만 돈 1위안을 44원으로 계산한 액수) 정도의 학비를 대주고, 월 50만 원 정도의 생활비까지 준다. 이 트랙에 들어가지 않더라도 대만의 최고 대학인 국립대만대학NTU과 이공계 3대 명문대학인 국립양명교통대학NYCU, 국립칭화대학NTHU,

국립성공대학NCKU의 이공계 학생들은 TSMC에 들어가려고 밤낮으로 공부한다.

그렇게 해서 TSMC에 입사하면 높은 연봉이 보장된다. 대졸 초봉이 연 5,000만 원 정도 된다. 보통 대만의 대졸자 초봉이 2,000~2,500만 원 정도니까 아주 높은 것이다. 우리보다 물가가 20% 정도 싸니 연봉 5,000만 원이면 그야말로 남부럽지 않은 생활을 할 수 있는 정도다. 게다가 주택과 의료, 교육 등에 대한 지원도 있다. 그래서 대만에서는 여전히 의대 선호가 존재하긴 하지만, 우리처럼 무조건 의대는 아니다. 우수한 인재들이 이공계로도 가는 것이다.

어쨌든 그런 인재들이 TSMC에 들어가 성실하게 일한다. 특별한 프로젝트가 떨어지면 영혼을 바쳐 일한다. 멍청해 보일 정도로 우직할 때도 많다. 1999년 9월 21일 대만에 큰 지진이 발생했다. 규모 7.3이었다. 지진이 난 시각은 새벽 1시 47분이었다. 이 소식에 TSMC 직원들을 그 새벽에 회사로 향했다. 되도록 멀리 움직이지 않으면서 최대한 자기방어를 해야 하는 상황에서 이들은 실험실과 제품, 생산시설을 지키기 위해 위험한 발걸음을 재촉한 것이다. 핵심시설과 장비들에 대한 긴급조치를 취해 피해를 최소화했다. 그 덕분에 2주 만에 공장을 종전 상태로 돌릴 수 있었다.

이런 민첩한 대응은 평소의 무수한 훈련이 있었기에 가능했다. 반도체 생산은 첨단제품을 개발하는 것도 중요하지만, 일정한 제품을 불량품 없이 만들어내는 것도 중요하다. 양품의 비율, 즉 수율이 높아야 하는 것이다. 이 부분에서 TSMC는 타의 추종을 불허한다. 그게 다 반복적인 훈련에서 온 것이다. 정전, 화재, 지진 등에 대비한 훈련을 평소에도 수시로 한다. 모의훈련을 통해 실제 상황이 발생했을 때 어떻게 대응하는지를 몸으로 익히는 것이다. 그 덕분에 지진이 나도 그렇게 빨리 대응할 수 있었던 것이다. 비상상황에 대한 대응훈련을 반복적으로 한다는 게 말처럼 쉬운 게 아니다. TSMC의 성실한 범생들은 그런 것도 묵묵히 받아낸다.

뒤에서 남모르게 도와주는 손길

회사는 성실한 근로와 노고에 대해 충분히 보상한다. 그런 범생들이 TSMC를 만들어냈고, TSMC의 미래를 만들어가고 있다. 사실 모리스 창이 반도체 위탁생산에 올인한 것도, 그 분야에 대한 수요가 폭발할 것이라는 전망도 있었지만, 성실하고 일이 주어지면 어떤 일이든 해내는 대만 범생들의 끈기를 믿었기 때문이다. 대만 말로 '흑수黑手'라는 게 있다. 우리말로 '흑수' 하면 부정적인 의미다. '검은 손', '음흉한 짓을 하는 수단'이라는 뜻이 된다. 대만도 흑수라는 말을 쓰는데, 우리와는 많이 다르다. '안 보이는 손', '뒤에서 남모르게 도와주는 손길'의 의미다. 반도체 위탁생산은 그런 산업이다. 화려한 설계업체처럼 앞에서 빛나는 게 아니라, 연구와 개발을 꾸준히 하면서 설계업체들의 생산 의뢰를 기다려야 하는 업종이다. 미국이나 유럽의 잘 나가는 대기업들은 그런 걸 하려 하지 않는다. 피땀 흘리고도 생색은 낼 수 없는 그런 일을 꺼리는 것이다.

성실과 우직함이 상징인 대만의 범생 문화는 위탁생산에 맞다. 모리스 창은 이런 면을 반도체 생태계와 접목시켰다. 이리 튀고 저리 튀면서 무엇이든 저질러 보는 성격이라기보다는 일이 주어지기를 준비하며 기다리다가 성실히 해내는 대만 인재들의 특성이 위탁생산과 어울린다고 본 것이다. 그런 특성을 십분 살리면 위탁생산 분야에서는 세계 그 어떤 나라보다 앞설 수 있겠다는 생각을 한 것이다. 그런 아이디어가 TSMC를 통해 제대로 실현되었고, 그래서 지금 세계 반도체 파운드리 산업의 최고봉에 서서 대만의 경제를 책임지고 있는 것이다.

우리는 TSMC가 큰 회사인 줄은 알고 유명한 반도체 기업인 줄은 알지만, '삼성전자하고 비슷한 거 아냐?' 이 정도로 생각하는 사람이 많을 것 같다. 하지만 대만에서 보는 TSMC는 다르다. 대만 사람들이 보는 TSMC는 삼성전자보다 한참 앞서 있다. 무엇보다 첨단공정기술의 수준이 삼성전자를 크게 앞질러 있고, 또 삼성전자가 따라오지 못하게 계속 신기술을 개발하고 있다고 본다. 지금 상황은 실제 그렇기도 하다. 게다가 기업문화, 중소기업과의 관계 등에서도 TSMC는 앞서가는 모습을 보여주고 있다. 그래서 대만 사람들의 TSMC에 대한 신뢰는 아주 높다. 그런 점에서 TSMC는 지금도 높은 자리에 있지만, 그 미래도 아주 밝다.

TSMC뿐만 아니라 경제 현장 대부분은 대만 범생들의 묵묵한 활약으로 조금씩조금씩 앞으로 나아가고 있다. 대부분의 제조업체들은 범생들의 연구와 생산, 영업으로 여전히 많은 일자리를 만들어내고 있다. 범생들의 특징인 묵묵함과 끈기를 제대로 보여주듯 대만은 새벽 일찍부터 밤늦게까지 조용조용 움직인다. 세계에서 인구 대비해서 가장 많은 편의점들은 주택가 한가운데에까지 들어와 24시간 영업을 하고 있고, 아침 일찍부터 아침 식사를 제공하는 식당들은 새벽부터 문을 연다. 저녁 식사를 파는 식당들은 밤늦게까지 문을 열고, 웬만한 병원들도 밤 9~10시까지는 진료를 한다. 부동산 소개소는 보통 밤 10시까지는 문을 연다. 대만 경제는 그렇게 성실·근면이 몸에 밴 범생들의 묵묵하면서 쉼없는 몸짓으로 가파르지는 않지만 잘 꺾이지 않는 우상향 그래프를 계속 그려가고 있다.

팀워크를
아는
범생들

삼국지에서 배운 공조와 협력의 능력

범생은 자기 공부나 자기 일을 열심히 한다. 그러다 보면 주변을 돌아보기 어렵다. '과고생(과학고등학교에 다니는 학생)' 스타일이 보통 범생의 모습이라 할 수 있겠다. 과학적으로, 수학적으로 생각하고, 한 가지에 몰두해 생활지수는 아주 떨어지는 과학고등학교 학생 스타일이 범생의 전형적인 모습인 것이다. 그런데 대만의 범생들은 좀 다르다. 협업을 할 줄 안다.

TSMC의 성공 요인 가운데 하나로 중소기업들과의 협업을 들었는데, 좀더 자세히 보자. TSMC는 우선 정부와 협력을 잘한다. TSMC가 원래 대만 정부의 지원으로 출발했고, 이후에도 정부 관료들과 협력관계를 지속적으로 유지해오고 있다. 그런 협력체제 속에서 세제 혜택, 인프라 구축 등에서 정부의 많은 지원을 받으면서 글로벌 기업으로 성장할 수 있었다. 대만 정부의 경제 관료들도 반도체 기업을 지원하는 데에는 아주 깨어 있는 마인드를 가지고 있다. TSMC가 공장을 증설할 때에는 이를 적극 지원해왔다. 이를 통해 지역의 부동산 경기, 자영업 경기도 활성화시키면서 일자리도 창출하고, 연계 기업의 성장으로 반도체 생태계 자체가 성장할 수 있다는 인식을 바탕으로 적극 지지해온 것이다.

이런 환경 속에 성장한 기업들이 반도체 후공정 기업들이다. 반도체 생산은 크게 전공정과 후공정의 과정을 통해 이루어진다. 전공정은 실리콘 웨이퍼 원판에 회로 패턴을 새기는 과정이다. 설계자산Intellectual Property, 팹리스Fabless, 파운드리Foundry의 과정이 모두 전공정이다. 설계자산은 반도체 칩에 들어가는 특정기술을 수행하는 블록을 말한다. 팹리스는 IP를 활용해 특정한 목적에 필요한 반도체를 설계하는 과정을 이른다. 하나의 반도체 칩에는 수많은 IP가 들어간다. 파운드리는 설계에 따라 반도체를 생산하는 과정을 말하는 것이다. 이 과정이 끝나면 후공정이다. 패키징Pakaging과 테스트Test가 포함된다. 패키징은 반도체 칩이 외부와 실제로 신호를 주고받을 수 있게 길을 만들어주고 다양한 외부환경에서 보호를 받을 수 있는 형태로 만드는 과정이다. 마지막으로 테스트는 이 과정들을 거쳐 만들어진 칩이 제대로 작동하는지, 즉 불량품은 아닌지 확인하는 과정이다.

TSMC는 이 가운데 위탁생산을 주로 한다. 웨이퍼를 생산하면 이후 후공정은 다른 기업들에 맡긴다. 그 후공정을 맡아서 하는 기업들 가운데 대표적인 것이 ASE와 SPIL이다. ASE는 패키징과 테스트 분야의 세계시장 점유율 1위를 기록하고 있다. SPIL도 같은 분야에서 세계 4위의 위치에 있다. 이들은 TSMC와 30년 넘게 협력하면서 대만 반도체 산업을 선도하고 있다. TSMC가 엔비디아, AMD, 브로드컴 등 세계 굴지의 팹리스 업체들에서 반도체 위탁생산을 수주해오고, ASE와 SPIL 등 후공정 업체들이 패키징과 테스트를 담당하면서 함께 성장의 길을 걸어온 것이다.

선후를 따져본다면 TSMC가 먼저다. TSMC가 잘했기 때문에 대만의 후공정 시장도 커질 수 있었다. 하지만 이들은 원청-하청 기업의 관계와는 거리가 멀다. 함께 어깨를 걸고 간다. 새로운 기술, 공정의 첨단화 등도 함께 논의하고 함께 개발한다. TSMC가 패키징 기술을 개발해 ASE, SPIL 공장에 바로 적용하기도 한다. 엔비디아의 AI 반도체도 그런 과정을 통해 만들어졌다. 엔비디아가 AI 반도체 생산을 TSMC에 의뢰했다. TSMC는 그동안의 축적된 능력을 바탕으로 AI 반도체에 최적화된 패키징 기술을 개발했다. 'Info 및 칩 온 웨이퍼 온 서브스트레이트CoWoS'라는 기술이다. TSMC 기술진이 이 기술을 ASE와 SPIL의 기술진에게 전해주었다. 이는 곧 ASE의 가오슝 공장과 SPIL의 중산 공장에 바로 적용되어 AI 반도체 패키징 작업이 이루어졌다. 분업하되 필요한 부분은 철저히 협력하는 협업을 제대로 하고 있는 것이다.

ASE나 SPIL처럼 TSMC 반도체 생태계 속에 들어가 있는 기업들이 맡고 있는 부분에 대해서는 세계 최고 수준의 능력과 기술로 책임을 짐으로써 이 생태계가 온전하게 굴러갈 수 있도록 기여하고 있다. 그러다 보니 스스로 성장하게 되고, 그러다 보니 많은 인재도 모여들고 있다. SPIL만 해도 2025년에 5,000명의 신입사원을 뽑았다. 처우도 TSMC와 다를 바 없다. TSMC나 ASE, SPIL 등 모두 대만의 범생들이 이끌어가는 기업들이다. 이 범생들이 협업, 팀워크의 마인드를 충분히 가지고 있기 때문에 이런 풍토가 형성되었다고 보아야 할 것이다.

삼국지를 보고 배운 것일까? 유비는 관우, 장비와는 형제와도 같은 우애를 지키고, 조자룡, 제갈량, 방통 등과도 빈틈없는 팀워크를 유지해 세력을 키워나갔다. 조조도 휘하의 하후돈, 하후연, 서황, 허저 등 장수들과 곽가, 정욱, 순욱, 순유 등 책사들 사이 조화가 이루어지도록 노력해 오랫동안 한나라 승상의 자리를 지킬 수 있었다. 반면 원소는 기주, 청주, 유주, 병주 등 광활할 지역을 장악하고 수십만의 병력을 가지고 있으면서도 원담, 원희, 원상 세 아들이 반목하고 수하의 장합, 고람, 곽도, 심배, 봉기 등 장수와 모사들도 시기와 모함을 할 뿐 협력할 줄 몰라 큰 세력을 잃을 수밖에 없었다. 삼국지를 좋아하는 대만 사람들이 거기서 교훈을 얻은 것인지, 공조와 협력에 능한 모습을 보여주고 있다.

리투아니아가 중국에 맞서는 이유

작은 나라 대만의 반도체 업계의 협업을 보고 있자면 유럽의 작은 나라 리투아니아가 떠오른다. 인구 285만 명의 소국이다. 하지만 당차고 옹골지다. 중국에도 막 대든다. GDP(국내총생산)가 260배나 되고, 인구로 따지면 520배나 되는 중국에 전혀 기죽지 않고 덤빈다. 2019년 홍콩이 홍콩에서 범죄를 저지른 사람을 중국으로 보내 처벌할 수 있도록 범죄인 인도법을 개정하려 할 때 리투아니아 시민들은 대대적인 반대시위에 나섰다. 2021년 5월에는 리투아니아 의회가 중국의 신장위구르자치주 탄압을 집단학살로 규정하는 결의안을 통과시켰다. 11월에는 리투아니아 수도 빌뉴스에 대만의 대표부가 문을 열었는데, 그 명칭이 리투아니아 주재 대만대표부Taiwanese Representative Office in Lithuania였다.

　중국이 타이완Taiwan이란 용어를 싫어하기 때문에 대부분의 나라에서 대만대표부는 타이베이대표부(Taipei Mission 또는 Taipei Representative)라는 용어를 쓴다. 서울에 있는 대만대표부의 이름도 주한타이베이대표부Taipei Mission in Korea다. 그런데 리투아니아는 Taiwanese라는 용어를 쓰도록 해 중국에 맞섰다. 물론 중국은 보복했다. 리투아니아와의 외교 관계를 대사급에서 대리대사급으로 낮추었고, 리투아니아 상품의 수입을 금지했다. 리투아니아는 여기에 다시 맞대응해 2024년 12월 중국 외교관 3명을 외교적 기피인물로 지명하며 추방했다. 세계의 많은 나라가 중국을 비우호국가로 보면서도 경제적인 능력 때문에 중국과 결별 또는 탈동조화decoupling하는 것을 겁내고 있는 상황에서 리투아니아는 과감하게도 그 길을 가고 있다.

　리투아니아가 이렇게 결기 넘치는 신념외교를 실행할 수 있는 배경에는 경제적인 자신감이 있다. 그 자신감은 앞서가는 레이저 산업에서 나온다. 레이저는 반도체 등을 정밀하게 잘라내는 일, 광통신과 광의학 첨단화 등에 필수적인 기술이다. 리투아니아는 1990년대 레이저 산업에 대대적으로 투자해 지금은 세계시장을 주도하고 있다. 피코초(1조분의 1초) 단위의 정밀 레이저 분야에서 세계시장의 절반을 지배하고 있고, 레이저 광의 증폭 변환에 활용하는 파라메트릭 발진기OPO 분야에서는 세계시장에서 90%를 점유하고 있다. 레이저 수출로 매년 수백억 원을 벌어들이고 있고, 이는 해마다 늘어나고 있다. 미국의 항공우주국 NASA과 일본의 도요타 등 세계적인 기업들이 리투아니아의 레이저를 수입하고 있고, 대만의 TSMC와는 첨단 초고속 레이저 제품 개발 사업을 공동으로 진행하고 있다.

리투아니아 레이저 산업의 생태계는 대만의 반도체 산업만큼이나 협업을 잘한다. 60여 개의 기업들이 분야별로 특화되어 각자가 잘하는 광학부품, 공작기계 등을 만들어낸다. 리투아니아가 워낙 작은 나라이기 때문에 이 기업들의 CEO, 엔지니어들은 대부분 하나의 탄탄한 네트워크로 연결되어 있다. 1960년대부터 미국의 명문대학에서 유학하며 레이저 분야 첨단 학문을 익힌 인재들이 대부분이다. 같은 분야에서 더 많은 이익을 확보하려 하다 보면 과열 경쟁을 하기 마련인데, 리투아니아는 좀 다르다. 공동연구와 협의, 협력, 공조가 하나의 문화로 정착되어 있다.

이웃 러시아에서 오랫동안 핍박과 위협, 침략을 받아온 나라이어서 내부에서는 서로 위하고 결속하는 문화가 형성된 것이다. 그런 문화적인 바탕이 레이저 산업에서 큰 시너지 효과를 나타내고 있는 것이다. 중국의 압박에 시달리고 있는 대만과 비슷한 환경에 처해 있으면서, 또 유사한 산업생태계를 만들어낸 것이라고 하겠는데, 그런 점에서 리투아니아는 대만에 대해 늘 동병상련의 시선을 갖고 있는 것 같다. 그래서 양국은 외교적으로도, 경제적으로도 협력을 계속 강화하고 있다.

TSMC가 없었다면 엔비디아도 없다

리투아니아 이야기가 길어졌지만, 대만과 리투아니아 사

례는 작은 나라가 살아가는 데 하나로 뭉치는 것만큼 중요한 것은 없음을 잘 보여준다. 요즘 AI가 대세이고 관련 세계적인 전시회나 큰 회의도 자주 열린다. 그때마다 눈에 띄는 것은 대만 또는 대만 출신 거물들의 움직임이다. 엔비디아의 CEO 젠슨 황Jensen Huang(황런쉰黃仁勳), TSMC 회장 웨이저자魏哲家, 에이수스ASUS의 회장 스충탕施崇棠, 폭스콘 회장 류양웨이劉揚偉 등의 행보 말이다. 이들은 세계 IT업계는 대만이 끌고 가고 있음을 과시하기라도 하는 듯 서로 잘 모이면서 결속된 모습을 보여주고 있다.

2025년 3월 미국 새너제이에서 열린 '엔비디아 GTU 테크놀로지 컨퍼런스 2025' 현장을 보자. 엔비디아가 매년 두 번씩 개발자들을 위해 여는 이 컨퍼런스에 AI 관련 세계 도처의 연구자와 기업 관계자 등이 대거 참여했다. MS, 구글, 삼성전자 등 세계적인 기업들은 부스를 설치해 기업을 홍보하고 AI 관련 사업의 진행 상황을 설명했다. 젠슨 황은 부스들을 돌며 각 기업들의 움직임을 예의 살펴보았다. 그중에서도 젠슨 황이 오래 머물며 긴 이야기를 나눈 곳은 대부분 대만 기업들이었다. "팀 타이완Team Taiwan"이라는 구호를 함께 외치기도 했다. 스충탕, 류양웨이 등도 이 컨퍼런스에 참석해 세계 AI 업계의 흐름을 관찰했다. 특히 이들은 젠슨 황과 따로 중국식 만찬을 즐기며 긴 대화의 시간을 가졌다. 미국의 언론들은 이들이 모인 사진을 보도하며 '대만인의 밤'이라는 제목을 달기도 했다.

젠슨 황은 2025년 1월에는 대만을 직접 방문해 반도체 패키징 기업 SPIL의 공장 부지 개소식에 참석하기도 했다. 거기서 그는 엔비디아-TSMC-SPIL로 연결되는 협력체계를 강조했다. 그러면서 엔비디아와 대만이 협력해 'AI 슈퍼컴퓨터'를 만들어내자고 역설했다. 젠슨 황은 기회 있을 때마다 "TSMC가 없었다면 엔비디아도 없다"며 양측의 긴밀한 관계를 강조한다. 실제 엔비디아는 창업 초기인 1995년 TSMC에 위탁생산을 타진했다. 젠슨 황이 정성껏 TSMC 회장 모리스 창에게 편지를 썼다. 당시만 해도 TSMC는 상당히 자리 잡은 대기업이었지만, 엔비디아는 애송이 중 애송이였다. 젠슨 황은 신생기업 엔비디아의 첫 반도체를 TSMC에서 생산할 수 있는지 조심스럽게 물었다. 편지를 읽은 모리스 창은 직접 전화를 했다. "TSMC는 장기적인 협력 파트너를 찾고 있다. 지속적으로 협력관계를 형성해보자"고 말했다. 그때부터 엔비디아와 TSMC는 둘도 없는 파트너가 되었고, 지금도 엔비디아는 모든 반도체 제조를 TSMC에 맡기고 있다.

대만계의 협력관계는 이렇게 기술적인 측면뿐만 아니라 인간적인 면까지 더해져 있다. 대만 내의 정부-TSMC-후공정기업 협업체계에 엔비디아까지 연결된 글로벌 협업체계는 'AI 대만 왕국'이라고 불러도 좋을 만큼 견고해 보인다. 안에서도 협력하면서 밖으로도 네트워크를 강화하는 대만의 목소리는 AI 시대가 지속되면서 더 커질 것 같다.

우리는 어떤가? 정부가 깨어 있는 마인드를 가지고 있는가? 삼성전자는 AI 시대 기술 리더 역할을 하고 있는가? 정부나 기업에 올바른 방향을 제시해줄 수 있는 글로벌 리더는 있는가? 다른 나라들의 기민한 모습을 지켜보고 있으면 걱정과 불안감이 자꾸 커지기만 한다.

범생 공화국, 대만

정치는
욕심 많은
범생들이

화려한 이력을 자랑하는 대만의 총통

대만 정치도 범생들이 맡아서 하고 있다. 현재의 총통인 라이칭더賴淸德가 대표적인 범생 정치인이다. 타이베이 근교인 신베이시의 완리구에서 태어났다. 아버지가 광부인 가난한 집안이었다. 그나마 2세 때 아버지가 탄광 폭발사고로 사망해 편모 슬하에서 5명의 남매와 함께 자랐다. 대만 최고의 명문 국립대만대학 재활학과를 졸업한 뒤 국립성공대학 의대를 거쳐 미국 하버드대학 보건대학원에서 공공위생학 석사학위를 받았다. 가난한 광부의 아들로 태어나 열공에 열공을 거듭해 최고의 학벌을 갖게 된 것이다.

라이칭더는 의사로 일하면서 민주진보당(민진당)을 지원하는 활동을 하다가 1998년 입법위원(국회의원) 선거에 출마해 당선되었다. 이후 내리 4선을 기록했다. 화려한 학력과 4선 국회의원 경력을 바탕으로 2010년 대만 남부의 타이난 시장 선거에 나서 60%의 득표율을 기록하며 당선되었다. 2014년에는 타이난 시장 재선에도 성공했다.

2017년에는 당시 정부에 대한 지지율 하락, 경제 부진 등의 어려운 상황에서 차이잉원蔡英文 총통을 위한 구원투수로 나섰다. 행정원장(국무총리)에 임명된 것이다. 2019년에는 행정원장 자리에서 물러났고, 2020년 총통 선거에서 차이잉원 총통 후보의 러닝메이트로 부총통 후보로 나서 당선되었다. 부통총 취임과 함께 코로나19 상황을 맞게 되면서 의사 출신에 하버드대학 공공위생학 석사인 그의 보건 전문성이 빛을 발했다. 대만은 세계 어떤 나라보다도 방역을 성공적으로 실시해 피해를 최소화했다. 그에 따라 라이칭더의 인지도가 높아졌다. 이를 바탕으로 2024년 총통 선거에 출마해 당선되었다.

정치인 라이칭더의 이력은 범생 성공 스토리의 전형이다. 간난신고의 와중에서도 학업에 매진해 명문학교를 나온 뒤, 국회의원과 국무총리를 거쳐 대통령이 되었으니 그야말로 범생 중에서도 범생이고, 그것도 관운까지 좋은 범생이다.

이전의 총통들도 이력이 비슷하다. 라이칭더 직전에 2016년부터 2024년까지 총통을 맡았던 차이잉원은 국립대만대학 법대 출신으로 미국 코넬대학에서 법학석사, 영국 런던정치경제대학에서 법학박사 학위를 받은 수재형의 정치인이다. 국립대만대학 법대 교수를 하다가 우리의 통일부에 해당하는 대만대륙위원회 주임위원(장관), 국회의원, 행정원 부원장, 민진당 주석을 거쳐 총통이 되었다. 겸손과 포용의 리더십으로 잘 알려진 인물이다.

차이잉원 전에 2008년부터 2016년까지 총통이었던 마잉주馬英九도 이들 못지않은 우등생이었다. 국립대만대학 법대를 졸업하고, 뉴욕주립대학 법학석사, 하버드대학 법학박사 이력을 가진 인물이다. 국립대만대학 법대 교수를 거쳐 법무부 장관, 타이베이 시장, 국민당 주석을 거쳐 총통이 되었다.

2000년부터 2008년까지 총통이었던 첸수이볜陳水扁도 국립대만대학 법대 출신이다. 변호사를 하다가 타이베이 시의원, 국회의원, 타이베이 시장을 거쳐 총통으로 선출되었다. 또, 1988년부터 2000년까지 12년이나 총통 자리에 있었던 리덩후이李登輝는 국립대만대학 농경제학과를 나와 미국 아이오와주립대학에서 농경제학 석사, 코넬대학에서 농경제학 박사학위를 받은 인물이다. 미국 유학 후 국립대만대학 농경제학과 교수를 지내다가 장제스의 아들 장징궈蔣經國의 발탁으로 행정원의 국무위원(장관급)이 되었다. 이후 타이베이 시장, 부총통을 거쳐 장징궈가 1988년 사망하면서 총통직을 승계받았다. 1990년에는 간선제로 총통에 선출되고, 1996년에는 첫 직선제 총통에 올랐다.

국립대만대학을 나오지 않으면 총통이 될 수 없는 제도라도 있는 것처럼 최근 5명의 총통이 모두 국립대만대학 출신이다. 공부 열심히 해서 박사 되고, 변호사 된 뒤 정부나 정계에서 다양한 경험을 쌓은 뒤 총통이 된 것이다. 노력으로 하나하나 이루어 결국은 최고의 자리까지 오른 사람들의 전형을 이들은 보여준다. 격정적인 삶, 모험적인 인생보다는 공들이고 노력하면서 성을 쌓아가는 장인들의 모습이 이들에게 더 가깝다. 변호사를 하면서 민주화운동에 헌신한 첸수이볜이 나머지 4명과는 조금 다른 모습이긴 하다. 하지만 첸수이볜도 시의원, 국회의원, 시장 등의 단계를 차근차근 밟아 총통까지 되었다는 점에서는 별 차이가 없다. 이렇게 범생 중 범생들이 대만 정치의 최고봉에 이르는 것이 대만 민주화 이후 하나의 전통처럼 되어 있다.

기업과 국민은 1등, 정치는 꼴찌

총통만 그런가? 그 아래 높은 자리들도 대부분 비슷하다. 부총통 샤오메이친蕭美琴은 미국 오하이오주의 오벌린대학을 나와 콜롬비아대학에서 정치학 석사학위를 받은 뒤 천수이볜 총통의 통역으로 정치권과 인연을 맺었다. 국회의원으로 4선을 했고, 주미대사 격인 대만경제문화대표처 대표를 지낸 친미 정치인이다. 행정원장 쥐룽타이卓榮泰는 대만 중부의 중심도시 타이중의 명문대학인 중흥대학 법학과를 나와 타이베이 시의원, 국회의원, 행정원 사무총장을 거쳐 행정원장이 되었다.

이렇게 정계와 정부의 인사들도 하나같이 범생들이다. 이들이 관리해나가는 대만이라는 나라는 그래서 큰 격동이 없다. 여야간 극한 대립이 없다. 적절하게 협상하고 타협한다. 가끔 국회에서 여야가 심하게 다투는 경우는 있다. 심지어 난투극이 발생하기도 한다. 그런데 이게 다 쇼다. 대만의 일반 시민들도 다 안다. 난투극 직후에는 여야의원들이 만나서 "야! 너무 세게 때리면 곤란하지", "물을 뿌릴 때는 찬물을 뿌려야지 뜨거운 물을 뿌리면 안 되지" 이런 이야기를 주고받는다고 한다.

국회의원 보좌관을 친구로 둔 대만 사람이 전해주는 이야기다. 그렇게 다투는 쇼를 하고는 여야의원들이 바로 어울려 밥도 같이 먹고 술도 같이 마신다고 한다. 국회의원들은 자기 일에 대단한 열정을 발휘하고 있음을 보여주기 위해 이런 쇼를 벌인다. 누구나 다 아는 쇼를 벌이고 있으니 범생 정치인들의 수준이 그리 높지는 않은 것 같다.

실제 대만 사람들의 정치인에 대한 평가도 아주 인색하다. 대만 사람들에게서 들은 자국 정치와 정치인들에 대한 평가를 종합해보면 대체로 이런 것이다. 대만의 다른 분야에 비해 정치 분야는 아주 후진적이다. 통상 정치권의 범생들은 시야가 좁고, 멀리 보는 눈이 부족하다. 범생 중에서도 오늘을 사는 데 주로 관심을 두는 범생들이다. 욕심은 아주 많다. 그런 욕심들을 채우기 위해 정치를 하는 사람들이 대부분이다. 정치인들은 철 지난 마인드로 정책을 다룬다.

이런 평가를 하면서 대만 사람들이 보통 예로 드는 것이 반도체 산업을 대하는 정치인과 정부 관료들의 태도다. 대만의 최대 장점인 반도체 산업에 대한 육성과 관련해서 정부나 정치인들은 미국 기업의 주문을 많이 받아서 계속 생산을 하면 된다는 식이란다. 외국투자도 많이 받아 필요한 공장도 짓고 해서 우선 성장하면 된다는 생각이라는 것이다. 실제 미래 반도체 생태계가 어떻게 변화할 것인지, 그에 대응하기 위해서는 어디에 어떤 투자를 해야 할 것인지 등에 대한 인식은 부족하다고 한다. 업계의 목소리들이 있지만 그런 데에는 별로 관심이 없단다. 장기투자하라, 인프라를 강화하라 등등의 이야기이니 표를 얻는 데 도움이 안 되기 때문이다. 실제 미래에 대한 근본적인 대응은 기업들이 한다고 한다. 특히 TSMC가 스스로 연구하고 그에 대한 대응책을 만들어가고 있다는 것이다. 우리와 상황이 다름이 없다. 기업은 1등, 국민도 1등인데, 정치는 꼴찌인 것이다.

다만 대만의 범생 정치인들에게 인정해줄 만한 부분이 있다. 기업들이 나아가는 길은 막지 않고, 업계에 간섭하지 않는다는 것이다. 부당하게 영향력을 행사하려 하지도 않고, 오히려 기업들이 잘할 수 있도록 지원하려 한다. 그게 대만 정치가 그나마 국민들에게서 외면당하는 것을 막아주는 부분이다. 그 덕분에 기업들은 지속적으로 자기 영역에서 충실히 자기 역할을 해나가고 있다. 그것이 안정적인 대만 사회의 큰 바탕이 되고 있다.

범생의
학습 능력으로
위기 극복

G0의 시대

2020년 1월 시작된 코로나19는 전 세계를 공포로 몰아넣었다. 2023년 5월 세계보건기구WHO가 코로나19로 인한 국제 공중보건 비상사태의 해제를 선포할 때까지 690여 만 명이 사망했다. 인류의 질병 역사에 새로운 한 페이지를 장식할 만한 대규모 재앙이었다. 중국 우한에서 발생한 전염병이 삽시간에 유럽, 북미, 남미, 아프리카 등 세계 전체로 확산되어 세계가 하나가 되어가는 지구화 현상을 눈으로 여실히 확인할 수 있는 사례가 되기도 했다. 지구화 현상이 마냥 좋은 것만은 아님도 새삼 인식할 수 있는 기회가 되었다.

국제정치적으로는 세계가 G0(G제로)의 시대로 들어가는 계기가 되는 일이기도 했다. 제1차 세계대전을 겪으면서 세계 최강대국이 된 미국은 그동안 세계적 패권을 유지해왔다. 그 패권은 1970년대 베트남전쟁, 일본과 EU(유럽연합)의 성장, 2008년 금융위기 등의 과정을 거치면서 조금씩 약화되어왔다. 2010년에는 GDP(국내총생산) 총량에서 일본을 넘어서면서 중국이 미국의 패권에 도전하는 양상을 띠게 되었다. 이후 중국은 경제, 군사, 정치적으로 빠르게 성장하면서 거센 패권 도전국의 기세를 보여주었다. 하지만 2020년 중국 우한에서 발생한 코로나19의 세계적 확산, 중국의 정보 미공개와 무책임한 태도 등은 중국의 기세를 크게 꺾어 놓았다.

이제 세계는 G0의 시대가 되었다고 할 만하다. 중국은 한창 성장하던 능력과 기세가 꺾여 있고, 미국은 중국을 막는 데에만 혈안이 되어 있을 뿐, 국제사회의 리더 역할은 포기한 지 오래다. 패권국의 전형적인 모습은 국제사회의 규칙을 만들어가는 것이다. 세계의 여러 국가를 모아놓고 조약을 만들거나 중요한 관습을 형성해 세계가 지켜가도록 하는 일이다. 미국은 그런 것을 못한다. 그러니 진정한 패권국은 없는 G0의 시대가 아니고 무엇이겠는가?

그런데 문제는 G0의 시대는 위험하다는 것이다. '킨들버거 함정 Kindleberger Trap'이라는 게 있다. 미국의 저명한 경제학자 찰스 킨들버거Charles Kindleberger가 주장한 것이다. 1929년 대공황이 일어나고 1939년 제2차 세계대전이 발생한 원인이 세계적인 패권국 부재 때문이라는 주장이다. 제1차 세계대전 후 영국은 힘이 다 빠져 기진맥진 상태였다. 새로운 강자로 부상한 미국은 여전히 먼로주의(고립주의)를 지키려 하고 있었다. 세계의 경찰 역할, 공공재 제공 역할에 나서지 않으려 했다. 미국이 잘 사는 게 우선이라는 생각이었다. 그래서 경제가 안 좋아지자 수입 관세를 높이 올려 세계를 더 어렵게 했다.

도널드 트럼프 미국 대통령이 선호하는 정책을 그때도 쓴 것이다. 그러니 1930년대는 리더가 없는 시대, 즉 G0의 시대였다. 그런 시대적 환경이 세계적 경제위기를 심화시켰고, 결국은 제2차 세계대전으로 까지 이어졌다는 것이 킨들버거의 분석이다. 진정한 리더는 없고, 우크 라이나와 중동에서는 전쟁이 계속되고 있다. 대만해협, 한반도는 언제 든 불꽃이 뛸 수 있는 위험 속에 있다. 제2차 세계대전 직전의 상태 로 세계는 점점 다가가고 있다.

코로나19의 국제적 파장을 이야기하다 보니 좀 길어졌지만, 코로나 19 당시 대응하는 모습도 각양각색이었다. 재앙의 사태에서 어떤 나라 들이 더 잘 견딜 수 있을 것인지를 잘 알려주는 계기도 되었다. 어쨌든 제일 잘 나가는 미국, 중국의 대응은 엉망이었다. 미국은 우왕좌왕하며 체계적인 대응을 하지 못해 120여 만 명이 사망했다. 중국은 2만여 명 이 사망했는데, 세계 언론은 늘 중국이 내놓는 통계에 의문을 제기했다.

마스크를 끼고 사는 시민들

대만은 코로나19 진행 상황에서 세계의 관심을 지속적 으로 받았다. 질서 있는 대응으로 인명 피해와 경제적 피해를 최소화했 기 때문이다. 사망자는 1만 9,000여 명으로 비교적 적은 편이었고(한 국은 3만 5,000여 명), 경제성장률도 세계 어떤 나라보다도 높았다. 코로 나19가 한창이던 2020년 3.39%, 2021년에는 6.53% 성장했다(한국 은 2020년 0.7%, 2021년 4.6%). 다른 나라처럼 도시 봉쇄나 이동 제한, 대규모 공장의 가동 중단 등이 없어 경제적인 타격을 줄일 수 있었던 것이다.

대만이 이렇게 코로나19에 잘 대응할 수 있었던 것은 학습을 잘하는 범생 특성을 최대한 발휘했기 때문이다. 첫째, 과거 경험에서 배울 것을 제대로 배웠다. 대만은 2002~2003년 사스SARS(중증급성호흡기증후군) 사태로 큰 어려움을 겪었다. 당시에도 중국의 정보 은폐로 대만은 대처를 빨리 하지 못했고, 그 바람에 37명이 사망했다. 대만은 이때 중국도 WHO(세계보건기구)도 믿기 어려운 존재들이니, 스스로 정보를 민첩하게 수집하고, 그 정보 위에서 빠르게 대처하는 것이 전염병 대처에서 매우 중요하다는 사실을 배웠다. 범생의 높은 학습 능력을 그대로 발휘한 것이다. 사스 사태를 겪은 후 대만은 국가보건지휘센터National Health Command Center를 2004년 설립해, 전염병 정보를 전보다 훨씬 체계적으로 수집·분석해왔다.

둘째, 과감하고 민첩하게 대응했다. 중국이 우한에서 코로나19가 발생했다는 통보를 WHO에 한 것이 2019년 12월 31일이다. 대만은 이날 바로 우한에서 출발한 항공기의 승객들에 대해 검역을 시작했다. 우한에 바이러스 전문가를 급파해 독자적인 조사도 실시했다. 2020년 1월 15일에는 코로나19를 법정전염병으로 지정했고, 20일에는 중앙전염병 지휘센터를 설치했다. 23일에는 중국 우한에서 대만 입국을 금지했고, 25일에는 대만 국민의 중국행을 금지시켰다. 2월 6일부터는 최근 14일 이내에 중국과 홍콩과 마카오를 방문한 적 있는 외국인의 입국을 금지했다. 중국 등 외국의 반발이 있을 수 있는 조치들이었지만, 초기부터 강하게 밀어부쳤다.

셋째, 첨단 IT 능력을 최대한 활용하면서 시민들과 충분히 소통했다. 천재 해커 출신인 오드리 탕Audrey Tang(탕펑唐鳳) IT 장관이 나서서 마스크 실시간 재고 앱을 개발하고 실명 배급제를 실시했다. 스마트폰 앱을 통해 약국별 마스크 재고량, 약국의 위치, 주소, 전화번호, 영업시간까지 세세하게 공개했다. 그렇게 해서 마스크를 찾아 헤맬 필요도 없고, 길게 줄을 설 필요도 없었다. 이런 정책을 수립하고 시행하는 과정에서 시민들·전문가들과 온·오프라인으로 긴밀하게 소통하면서, 좋은 아이디어를 모으고, 정책이 빨리 시민들 속으로 스며들도록 했다.

넷째, 시민들이 공동체 의식을 십분 발휘했다. 해외 방문 이력이 있는 사람들에 대해 14일간의 격리를 의무화하는 등 강력한 조치를 취했지만 대만인들은 이에 적극 협조했다. 역학조사가 필요한 경우에도 당

지하철에서 마스크를 끼고 있는
타이베이 시민들.

국의 방침에 따라주었다. 마스크는 남녀노소 모두 다 쓰고 다녔다.

지금도 대만 사람들은 마스크를 잘 쓴다. 더운 날에도 잘들 쓰고 다닌다. 나도 따라 잘 쓰려고 노력했지만, 너무 더워 포기하는 경우도 많았다. 우선 '나는 내가 챙긴다'는 강한 보건 의식이 대만인들 사이에 자리 잡고 있다. 또, '서로 감염시키지 않는 것이 모두를 위해 좋다'는 인식도 함께 갖고 있다. 큰 전염병을 겪으면서 이제는 전염병이 오기 전에 예방하는 단계에서부터 공동체 의식을 발휘하고 있는 것이다.

배울 건 철저히 배우고, 배운 건 제대로 적용하며, 결단할 땐 분명하게 하고, 예방 단계부터 공동체 의식을 발휘하는 대만 사회는, 그래서 조용하면서도 파이팅이 넘친다. 겉으로 보기엔 다소곳하고 온순하며 순응적인 것처럼만 보인다. 하지만, 깊숙이 보면 "전염병 오려면 와. 우린 싸울 준비 돼 있어" 이런 완전히 다른 모습이 다가온다.

대학을 지키는
가난한 범생들

대학 합격 축하 현수막

중국은 사회주의 체제가 되어 유교의 전통이 많이 사라졌지만, 대만에는 여전히 유교의 유산이 여전히 많이 남아 있다. 공자의 위폐를 모시는 사당이 곳곳에 있고, 공자의 후손들은 비록 무보수이지만 명예가 높은 직위를 받고 있다. 조상에 대한 제사를 지내는 집도 많고, 장례도 대부분 유교적 전통에 따라 치른다. 또, 배우고 익히는 것을 중시해 학구열이 높다. 국립대만대학을 비롯한 명문대는 경쟁률이 아주 높고, 이런 곳에 들어가기 위해 우리처럼 학교에서, 학원에서 열심히들 공부한다. 타이베이 주택가에서는 보습학원 간판들을 쉽게 볼 수 있고, 이 학원들은 밤늦게까지 불이 켜져 있다.

대학 공부에 대한 열망도 세계 어느 나라 못지않다. 우리도 여전히 대학들을 가려고 하지만, 대만도 우리와 같다. 아니 우리보다 더하다고 해야 할 것 같다. 타이베이의 한 여자고등학교에 나붙은 대학 합격 축하 현수막을 보는 순간 나는 "우리보다 더하구나!" 생각했다. 대만은 학기 시작이 9월이기 때문에 그전에 합격자 발표가 난다. 발표가 완료되면 고등학교들은 합격자들의 이름을 내걸어 자랑한다. 어떤 학교는 게시판에 조그맣게, 어떤 학교는 큰 현수막으로 합격자들의 이름을 써 붙인다.

2025년 4월 말 타이베이 시내를 걷다가 큰 건물에 빨간 현수막이 엄청나게 크게, 또 많이 붙어 있어 발걸음을 멈추었다. 자세히 보니 대학 합격자 명단이었다. 국립대만대학, 국립대만정치대학, 국립대만과기대학, 타이베이의대, 중산의대 등 유명 대학의 이름과 합격자 이름이 쓰여 있었다. 큰 건물은 '진오우金甌여자고등학교'였다.

우리나라에서도 합격 축하 현수막을 많이 보았지만, 이렇게 큰 것은 본 적이 없다. 건물 2층 높이였다. 한 층의 높이가 우리보다 높으니 좀 큰 현수막이 아니었다. 그렇게 큰 현수막 30여 개가 그것도 빨간색으로 드리워져 있었으니 장관이었다. 이걸 보면서 "이 사람들도 공부,

신베이시의 보습학원.

범생 공화국, 대만

타이베이 한 여고에 걸
린 대학 합격자 명단(위).
타이베이의 구팅古亭
지하철역에 있는 '금석
당서점'(아래).

명문대 참 좋아하는구나! 경쟁 또한 엄청 심하겠군!" 하는 생각을 하지
않을 수 없었다.

학생들뿐만 아니라 일반인들도 책을 읽고 교양을 높이는 것을 중시
한다. 그래서 책방이 많다. 타이베이 시내를 걷다 보면 어렵지 않게 만
나는 것이 서점들이다. 들어가보면, 작은 의자에 앉아 차분하게 책을

보는 사람, 선 채로 뭔가를 열심히 읽는 사람들을 쉽게 볼 수 있다.

배우고 읽고 공부하는 것에 높은 가치를 두고 있어 대학의 교수도 존경받는 직업이다. 공부 잘하는 학생들은 주변에서 "교수가 돼야지" 하는 이야기를 듣기 마련이다. 실제로 톱클래스의 학생들은 외국 유학을 다녀온 뒤 대만에서 교수가 되는 경우가 많다. 교수가 되면 주변에서 그 권위를 인정해주고 사회적으로 영향력도 있어서 우수한 인재들은 여전히 학문의 길을 가려 하고 있다.

인정과 존경만으로 살기 어렵다

그런데 문제는 월급이 적다는 것이다. 좋은 대학에 전임교원이 되면 보통 연봉 4,000만 원 정도 된다. 박사학위를 받고 경력을 좀 쌓은 뒤 보통 교수가 되니까 40세 정도 되는데, 연봉 4,000만 원이면 다른 분야에 비해서는 낮은 편이다. TSMC의 대졸자 초봉보다도 적은 것이니 말이다. TSMC의 대졸자 연봉은 5,000만 원 정도 된다. 석사학위자는 8,000만 원, 박사학위자는 9,000만 원 정도 된다. 물론 TSMC가 많이 주는 것이긴 하지만 차이가 많이 난다.

그래서 요즘 대학사회에서 '이러다가 교수할 사람 없어지면 어떡하나?' 등등의 이야기를 하는 사람이 많다. 유교 전통이 두터운 대만에서도 서생이 인정과 존경만으로 살기는 어렵게 되어간다는 이야기다. 좀더 버는 사람, 좀더 많이 가진 사람이 더 인정받는 사회가 되어가면서 인재들이 대학에 남으려 하지 않고 있는 것이다.

국립대만대학.

특히 외국 유학을 가서 외국에서 박사학위를 받은 사람들은 대만으로 돌아오려 하지 않는다. 대만 대학들이 외국 대학에 비해서도 연봉을 적게 주기 대문이다. 좋은 대학들의 교수들도 이제 점점 대만 내에서 박사학위를 한 사람들로 채워지고 있다. 물론 외국 유학이 만능은 아니지만, 해외에서 공부를 하면 선진학문을 배워 국내로 유입시키고, 다른 나라의 유수한 학자들과 풍부한 네트워킹으로 더 깊은 연구를 할 수 있는 기반이 탄탄해지는 것은 분명하다. 대만도 이제 그런 인재들을 확보하기가 점점 어려워지고 있는 것이다.

그렇다면 교수 월급은 왜 그렇게 적은가? 물론 대학에 돈이 부족하기 때문이다. 그러면 대학은 왜 돈이 적은가? 정부가 대학에 예산을 투입하지 않기 때문이다. 대만 정부도 당장 돈이 되는 것, 일자리를 늘리는 것에 우선 관심을 둔다. 교육 투자는 먼 미래에 성과가 나온다. 그러니 교육에 대한 투자는 후순위로 밀려 있다. 정치인이나 관료들에게 미래를 위한 통찰과 혜안을 기대하기는 어느 나라에서나 어려운 일이다.

그렇지만 대만의 명문대학들에는 적은 월급을 받으면서 책 속에 묻혀 있는 학자가 많다. 돈보다는 공부와 연구 그 자체를 좋아하는 사람들이다. 옅어져 가고 있지만 여전히 존재하는 유교 전통은 이러한 학자들에게는 하나의 버팀목이 되어주고 있다. 학자, 교수 하면 아직은 위로 올려다보는 게 대만 사회이다. 어떤 사람의 말보다 교수의 말을 믿어주는 것도 이들이 연구를 계속하게 해주는 힘이 되고 있다.

이들도 어릴 적부터 책을 끼고 살던 범생들이다. 이 범생들이 우직하게 대학에 버티고 있으면서 대만 사회를 안정 속에서 한발씩 앞으로 나아갈 수 있게 하는 자원을 산출해내고 있다. 이들 선배 범생들은 후배 범생들도 성실히 키운다. 그 후배 범생들은 또 우직하게 자기 능력들을 키워 대만의 기업, 공직, 학계의 초석들이 된다. 그렇게 범생 공화국 대만은 범생들의 선순환 구조로 움직이고 있다.

제2장

★

범생
맞춤형
사회

화려함 말고
예측 가능성

아시아에서 행복지수가 가장 높은 나라

대만은 결코 화려한 나라는 아니다. 격정적이지도 않다. 혁신기업이 넘쳐나서 경제성장이 엄청 높게 나타나는 나라도 아니다. 그런데 유엔 세계행복보고서 등 행복지수를 조사하는 기관들의 보고서는 대만이 아시아에서 행복지수가 가장 높은 나라라고 발표하는 경우가 많다. 물론 핀란드나 덴마크 같은 유럽의 선진국들보다는 아래 순위이지만 한국이나 일본, 중국 등 다른 아시아 국가들보다는 훨씬 높은 순위를 차지한다. 내가 살아보니 그럴 만하다는 생각이 들었다. 차분하고 안정적이며 정리가 잘 되어 있어, 시민들이 편하게 살 수 있도록 되어 있다. 한마디로 소박한 사람들도 웬만큼은 편안하게 살 수 있도록 되어 있는 것이다.

대만 사람들의 월급이 그렇게 높지는 않다. 대졸 신입사원의 월급이 200~250만 원 정도 된다. 그런데 물가가 싸다. 우리의 80% 수준이다. 특히 생필품이 싸다. 먹는 것, 입는 것 등 생활에 꼭 필요한 것들이 싸기 때문에 국민 생활수준은 높다. 물가가 쉽게 오르지도 않는다. 우리나라와 비교해보면 바로 알 수 있다. 우리는 지난 5년간 평균 소비자 물가상승률이 2.8%(2020년 0.5%, 2021년 2.5%, 2022년 5.1%, 2023년 3.6%, 2024년 2.3%)인데 비해 대만은 1.9%(2020년 -0.2%, 2021년 2.0%, 2022년 2.9%, 2023년 2.5%, 2024년 2.18%)이다. 대만 사람들이 매사에 여유가 있고, 편안해 보이는 것은 이렇게 경제가 안정되어 있고, 물가변동이 심하지 않기 때문이다.

대만의 물가가 이렇게 안정적으로 유지되는 데에는 역사적 연원이 있다. 장제스가 대륙을 통치하고 있을 당시 국민당 정부는 무능하고 부패했다. 돈이 없으면 돈을 찍어내는 식이었다. 그러니 물가는 계속 오를 수밖에 없었다. 중일전쟁이 발발한 1937년에는 100위안으로 소 두 마리를 살 수 있었다. 그런데 8년 후인 1945년에는 같은 돈으로 달걀 두 개밖에 살 수 없었다. 이 기간 동안 물가가 21만 2,690% 상승한 것이다. 미국의 경제사가 피터 번스타인Peter Bernstein이 『황금의 지배』에서 중일전쟁 당시 미군 수송기들이 군수물자를 제대로 실어 나르지 못한 이유가 지폐를 수송해야 했기 때문이라고 지적할 정도였다. 그 정도였으니 국민들이 살 수가 없었다. 그래서 국민들은 국민당 대신 중국공산당을 지지하는 쪽으로 돌아섰고, 결국 장제스는 대륙을 잃었다.

대만 사회도 초기에는 높은 인플레이션으로 애를 먹었다. 일본이 물러간 직후 1946~1948년 사이 연평균 물가상승률이 500%에 이르렀고, 1949년 초에는 3,000%까지 올라가기도 했다. 하지만 1949년 12월 장제스가 대만으로 옮겨오고 중화민국 정부의 대만 시대가 출범하면서 달라졌다. 높은 인플레이션으로 인한 경제 실패의 쓰라린 경험을 가진 장제스는 물가관리에 사활을 걸다시피 했다. 성장도 중요하지만 안정도 그만큼 중요하다는 생각을 지속적으로 실현했다.

구체적인 방법은 고금리 정책이었다. 1950년에는 월 이자율 7%(연리 125%)의 극단적인 고금리 정책을 실시하기도 했다. 은행의 대출금리 통계를 보면, 1961년부터 2025년까지 평균 연 8.12%이다. 2010년대 이후로는 2~3%의 낮은 금리를 보이고 있는데, 그 이전에는 매우 높은 금리를 유지하고 있었던 것이다. 이자가 높으니 저축을 많이 하고 물가가 안정되었다. 1950년 물가상승률은 300%이었지만, 이는 점점 낮아져 1953~1960년 평균 물가상승률은 8.8%, 1960년대에는 평균 3% 이하로 물가가 안정되었다.

도시의 겉면과 이면이 다르지 않다

일자리도 안정적이다. 대기업도 있지만 꾸준히 성장하고 있는 중소기업이 많아 일자리를 찾기가 다른 나라에 비해 쉬운 것이다. 실업률 추이를 보아도 3%대 초반에서 잘 벗어나지 않는다. 1978년 1월부터 2015년 1월까지 평균 실업률이 3.13%이다. 우리는 1999년 1월부터 2025년 1월까지 평균 실업률이 3.56%이고, 미국은 1948년 1월부터 2025년 1월까지 5.68%에 이른다. 이런 지표가 보여주듯 대만은 엄청 다이내믹하지도 않지만, 사람들의 삶이 극단으로 몰리거나, 많은 시민이 좌절 속에 살아야 하는 그런 사회가 아닌 것이다.

극빈자나 거지, 노숙자도 거의 없다. 타이베이에서 지내면서 거지를 본 적은 있다. 큰 병에 걸려 생활이 곤란하다는 내용의 작은 표지판을 앞에 놓고 구걸을 하는 모습이었다. 그렇게 딱 한 번 거지를 본 기억이 있다. 노숙자도 한 번 보았다. 큰 건물 앞 처마 밑에서 침낭 속에 있는 모습이었다. '대만에도 노숙자가 있긴 하구나' 하는 생각을 했다. 생활하면서 느꼈던 인상은 거지나 노숙자는 없을 것 같다는 것이었다. 워낙 단정하면서 '내 건 내가 알아서 한다'는 인식이 강함을 시시때때로 느낄 수 있었기 때문이다. 어쨌든 거지나 노숙자도 있긴 한데, 다른 나라보다는 드물다. 이런 통계가 따로 나와 있는 게 없기 때문에 숫자로 나타내기는 어렵지만, 다니면서 쉽게 몸으로 느낄 수 있다.

몇 년 전 미국 샌프란시스코에 갔는데, 사람들이 많이 몰리는 피어39Pier 39 주변은 낭만이 넘쳤다. 세계 각지에서 온 관광객들, 분위기 좋은 음식점과 카페, 선물가게 등이 미국 도시의 풍성함을 여실히 보여주었다. 주변에서 벌어지는 작은 공연들은 미국의 자유와 여유를 함께 보는 느낌이었다. 그런데 큰 길에서 작은 골목으로 들어가보니 완전히 다른 풍경이었다. 마약에 취해 길거리에 널브러져 있는 사람들, 술병을 들고 멍하니 앉아 있는 젊은이, '어느 게 진정한 샌프란시스코의 모습이지?' 하는 생각으로 머리가 혼란스러웠던 기억이 있다.

대만은 도시의 겉면과 이면이 많이 다르지 않다. 수도와 지방도시도 크게 차이나지 않는다. 겉모양이나 실제 생활 모두 그렇다. 크기 자체도 타이베이나 타이중, 가오슝 등의 도시들이 별 차이 없다. 모두 270만 명 정도 된다. 타이난도 180만가량 된다. 타이둥도 100만 정도 된다. 전체 인구 2,300만 명인 작은 나라에 지역별 도시가 발달되어 있어 인구가 어느 정도는 분산되어 있고, 삶의 수준도 비슷하다.

범생 공화국, 대만

물론 타이베이는 수도이고 인구밀도가 다른 도시보다 높아 집값이 비싼 편이다. 나는 타이베이 근교 신베이시에 살았는데, 21평 오피스텔 월세가 152만 원이었다. 상당히 높은 편이다. 타이베이 시내로 들어가면 이보다 더 비싸다. 지역에 따라 차이가 나지만, 인기 있는 곳은 17평짜리 아파트 한 채 매매가가 12억 원 정도 한다. 서울 강남과 비슷한 수준이다. 그래서 "타이베이에 집을 사려면 명나라 때부터 돈 모아야 한다"는 우스갯소리도 있다.

세계 주요 도시의 부동산과 생활물가를 전문적으로 조사하는 '넘베오numbeo.com'의 조사에 따르면 타이베이에서 보통의 직장인이 집을 사려면 32년치 월급을 모아야 한다고 한다. 서울은 28.1년, 싱가포르는 23.2년, 런던은 19.8년, 도쿄는 15.3년, 뉴욕은 14.6년이 걸린다고 한다. 좁은 나라의 수도이다 보니 부동산가는 세계의 어느 도시보다도 높은 것이다. 그런데 대만은 은행이자가 높지 않아 대출 끼고 집을 사는 데 부담이 좀 덜하다. 은행의 대출금리는 3.2% 정도 되고, 주택담보대출 금리는 약 2.2%이다. 우리나라는 주택담보대출 금리가 4% 정도 되니 우리보다 상황이 훨씬 좋은 것이다.

집값은 비싸지만 다른 물가는 비교적 싼 편이다. 무엇보다 살면서 내야 하는 공과금이 싸다. 나는 한 달에 수도요금으로 3,000원 정도를 냈다. 가스요금은 1만 4,000원, 전기요금은 1만 원 정도였다. 공과금 모두 합쳐서 3만 원이 채 안 됐다. 지하철 요금도 880원부터 시작된다. 웬만한 거리를 가도 1,500원 정도면 된다. 기름값도 싸서 휘발유가 1리터에 1,400원 정도이다.

대만 사람들을 만날 때 중국어로 된 명함을 주면 좋을 것 같아서 명

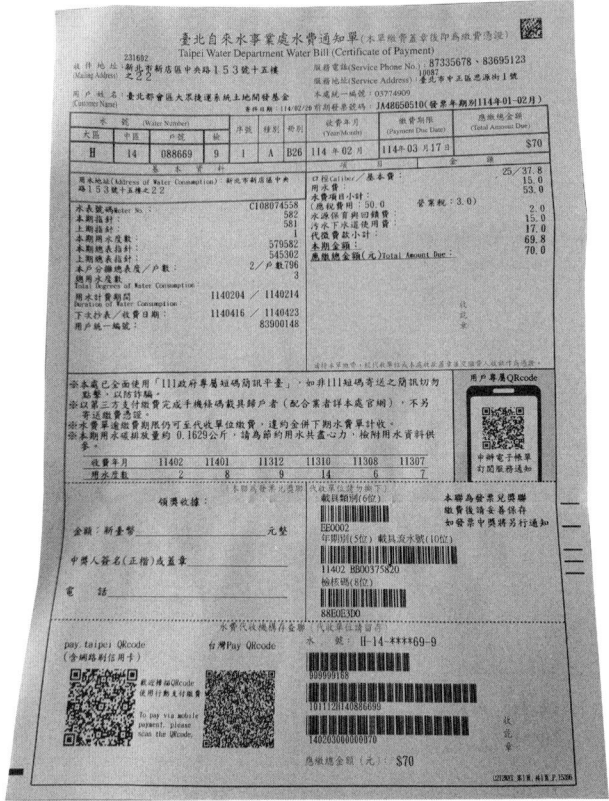

수도료 고지서. 오른쪽 윗부분에 대만 달러로 70달러(약 3,000원)라고 적혀 있다.

함을 만들었는데, 150장에 3,700원이었다. 한국에서는 1만 원 이상 주었던 것 같다. 점심 한 끼도 7,000원 정도면 해결할 수 있다. 나도 점심, 저녁 식사에 보통 그 정도를 냈다. 조금 생활하다 보니 점심 한 끼에 1만 원을 내면, '좀 과했나' 하는 생각이 들 정도였다. 1만 원으로 먹을 수 있는 걸 찾기 쉽지 않은 한국에 비하면, 말 그대로 '먹고살기 참 편한 사회'다.

사회보장과 건강보험이 잘 되어 있다

다양한 형태의 사회보장도 잘 돼 있다. 우리나라 건강보험도 잘 돼 있는 편이지만, 대만의 건강보험은 다른 나라에서 벤치마킹할 만큼 잘 돼 있다. 1995년부터 전 국민 건강보험이 시행되어 지금은 대만 사회복지제도의 가장 큰 특징으로 꼽히고 있다. 대만 사람들한테 대만의 자랑할 만한 것이 무엇이냐고 물으면, 많은 사람이 건강보험이라고 말할 정도다. 외래환자로 병원에 가면 초진의 경우에만 초진비를 받고 이후에는 치료비와 투약비를 받지 않는다. 접수비만 약간 받는 정도다.

입원을 하는 경우에는 질병이나 입원실의 종류에 따라 입원비의 75~90%가 건강보험에서 지급된다. 대만 사람들 이야기로는 병원에 가서 웬만큼 큰 치료를 받아도 500위안(2만 2,000원)을 넘는 경우는 별로 없다고 한다. 치과 치료도 대부분 커버되고 신약이 나오는 경우에도 신속하게 보험으로 처리할 수 있도록 해준다. 암이나 만성질환 등 100여 가지 질병에 대해서는 중대질환으로 분류해, 이런 질환에 걸린 환자에 대해서는 본인 부담 없이 치료해준다. 저소득층과 6세 이하 아이들도 무료다.

이런 점들 때문에 대만 사람들은 병에 걸려도 국가가 치료해줄 거라는 믿음이 강하다. 시민들이 그렇게 느끼고 있을 뿐만 아니라 정량적인 지표도 어느 나라보다 앞선다. 넘베오의 조사에 따르면, 대만의 건강관리지수는 2019~2025년 7년간 계속 세계 1위다. 건강관리지수는 의료 인프라와 전문가, 의약품의 가용성과 가격, 정부 역량 등을 종합적으로 평가한 것인데, 거기서 대만은 매년 세계 1위를 차지하고 있는 것이다.

최근에는 출산율이 떨어지면서 부인과 아이들에 대해서는 특별히 많은 혜택을 제공한다. 타이베이에는 시에서 설립한 부인·아동병원이 따로 있다. 이 병원은 부인과 아동 치료에 특화되어 있어 이들이 특별히 전문적인 치료를 받을 수 있도록 하고 있다. 더욱이 이 병원에는 부인·아동응급센터가 따로 마련되어 있다. 응급상황이 있는 경우 여기로 들어가면 언제든 쉽게 치료받을 수 있게 되어 있다.

건강보험료를 많이 내지도 않는다. 2021년 통계를 보면, 직장인들이 받는 월급에서 건강보험료가 차지하는 비율(건강보험료율)이 5.17%

타이베이 시립병원과 이 병원의 부인·아동응급센터.

이었다. 우리가 12.1%, 일본은 10%, 독일은 14.6%이었다. 이렇게 적게 내고 많은 혜택을 받으니 만족도가 높을 수밖에 없다. 미국으로 이민 갔다가 나이 들어 다시 대만으로 역이민을 오는 사람이 많은데, 그 중 많은 경우가 이 건강보험 때문이라고 한다.

정년 이후 삶을 위한 연금제도도 잘 마련되어 있다. 우리처럼 공무원과 군인, 교사들을 위한 연금이 따로 있고, 민간기업 근로자 등을 대상으로 하는 노동보험이 있다. 어느 기관에도 소속되어 있지 않은 사람들을 위한 국민연금도 따로 마련해두고 있다. 공무원, 군인, 교사를 위한 연금은 일찌감치 1950년대부터 시행되었지만, 국민연금까지 전면적으로 시행된 것은 2008년부터다.

공무원, 군인, 교사를 하다가 퇴직한 사람들은 연금으로 200만 원 정도 받는다. 생활이 크게 어렵지는 않은 정도다. 하지만 국민연금 수령자는 통상 80~90만 원 정도 받는다. 이 정도로는 충분하지 않기 때문에 개인들이 연금저축 등을 이용해 추가로 노후대책을 마련하고 있다. 대만에는 안정적으로 성장하는 기업이 많다. 그래서 노후대책으로 이런 기업들을 활용하는 경우가 많다. 젊은 시절부터 이런 기업들의 주식을 저축식으로 사 모으는 것이다. 특히 대만은행, 합작금고은행, 화남은행, 제일은행, 대북부방은행, 대만토지은행, 창화은행 등 대만의 대형 은행들은 조금씩 지속적으로 성장하고 있다. 그래서 은행 주식을 차근차근 사서 노후자금으로 쓰는 사람들이 적지 않다. 은행주는 안정적인데다가 배당률이 은행이자(보통 1% 조금 넘는다)보다 높기 때문에 노후대책으로 이용되고 있는 것이다.

편안한 사회, 안정적인 사회

정년도 65세로 우리보다 5년이 늦다. 그런데 65세보다 좀더 늦는 경우도 적지 않다. 어떤 특정 분야에 전문성이 있는 경우 몇 년 더 근무하도록 한다. 정년제도를 좀 융통성 있게 운영하고 있는 것이다. 내가 아는 사람은 대만의 한 대형 은행에서 해외 영업 관련 일을 오랫동안 했다. 정년 직전 베트남 지사장으로 일하고 있었다. 그런데 은행에서 2년 더 베트남에 근무하도록 요청해 2년을 더 있다 대만으로 귀국했다. 그러니까 67세에 정년을 한 것이다. 지금은 69세인데, 그렇게 오랫동안 일을 한 덕분에 일주일에 한 번 정도는 골프를 치고, 가끔은 해외여행도 하면서 여유 있게 살고 있다.

세금도 낮다. 일단 부가가치세가 5%다. 영국이 20%, 독일이 19%, 일본이 8%, 우리는 10%이다. 여기에 비하면 대만은 아주 낮은 편이다. 모든 상품과 서비스에 붙어 있는 부가가치세가 낮으니 물가도 낮은 것이다. 법인세는 20%이다. 뉴질랜드 28%, 프랑스 25%, 미국 21%, 우리는 24%(최고세율)이다. 개인도 기업도 다른 나라에 비해 세금을 비교적 적게 내는 것이다. 물론 북구의 선진국처럼 세금을 많이 걷어서 복지를 더 크게 하는 방안도 나름의 장점이 많지만, 대만은 적절한 정도의 세금을 매기면서 웬만큼 안정적인 사회를 꾸준히 유지해 나가고 있는 것이다.

대만이 편안한 사회, 안정적인 사회로 인정되는 또 하나의 이유는 치안이 좋다는 것이다. 나도 퇴근을 늦게 하는 편이어서 밤 11시 정도에 지하철에서 내려 작은 골목길을 지나갈 때가 많았는데, 위험하다는 느낌을 받은 적은 없었다. 파출소가 곳곳에 있고, 작은 길에도 가로등이 환하게 켜져 있었다. 젊은 여성들도 밤늦게 다니는 데 거리낌이 없었다. 한 가지 인상적인 것 중 하나는 파출소가 주민들과 가까이 있다는 것이었다. 물리적으로도 동네 깊숙이 들어와 있고, 심리적으로도 가까웠다. 한 번은 이발소에서 이발을 하고 화장실을 가고 싶어 화장실을 찾으니 없었다. 이발소 주인은 미안하다면서 바로 앞에 있는 파출소로 가면 된다는 것이었다. '아! 이 사람들은 파출소를 볼 일 볼 때도 이용하는구나' 생각하며 신기해했다.

하지만 나는 한국 사람인지라 차마 파출소에 가서 화장실 좀 쓰자는 이야기는 못 할 것 같아 안 갔다. 그냥 앞에서 안쪽을 훑어보기만 했다. 꽤 컸다. 입구 바로 안쪽에 한 사람이 앉아 있는데 안내 역할을 하고 있었다. 거기에 용건을 말하면 어디로 가라고 안내를 해주는 시스템이었다. 나는 그렇게 밖에서 안쪽을 한 번 보고 파출소를 지나쳐 조금 더 걸어가 주유소 화장실을 이용했다.

어쨌든 대만의 치안이 안정된 것은 세계적으로 잘 알려져 있는데, 통계로도 확인되고 있다. '넘베오'가 매년 범죄지수도 발표하는데, 0에 가까우면 범죄가 적은 것이고 100에 가까우면 범죄가 많은 것이다. 2025년 발표에 따르면, 대만의 범죄지수는 17.1이다. 조사대상 147개국 가운데 범죄지수 낮은 나라, 다시 말하면 치안 좋은 나라 4위이다. 1위는 안도라공국(15.3), 2위는 아랍에미리트(15.5), 3위는 카타르(15.8), 5위는 오만(18.3)이다. 싱가포르(22.6. 9위), 일본(22.9. 10위)보다 치안 선진국인 것이다. 우리는 24.9로 17위, 미국은 49.2로 89위, 중국은 24.0으로 15위이다.

이렇게 대만은 성실하게 부지런히 움직이는 평범한 사람들, 소시민들이 살아가기 좋은 나라다. 경제는 안정적인 데다 실업률은 낮고, 건강보험과 치안이 잘 돼 있고, 근면하게 일한 사람이면 연금으로 살아가는 데 별문제 없고, 세금과 물가도 높지 않으니 특히 범생들에게는 안성맞춤인 나라다.

정직하고
정확한
사회

아무도 우산을 가져가지 않았다

국립대만대학에 처음 가는 날이었다. 지하철 꿍관公館(공
관)역에 내려 학교로 향했다. 생각해보니 점심시간이어서 웬만한 사무
실은 문을 닫았을 것 같았다. 그래서 점심을 먼저 해결할 생각으로 학
교 앞 상가 쪽으로 갔다. 무엇을 먹어야 돼나 하면서 천천히 길가의 음
식점들을 살폈다. 타이베이에 도착한 지 이틀밖에 안 된 날이어서 모든
게 낯설고 어설펐다. 간판을 봐도 무슨 뜻인지 잘 몰랐다. 그래서 그런
지 음식들의 사진을 걸어놓은 음식점 앞에 발걸음이 멈춰졌다. 사진을
보고 선택하면 되겠지 하는 생각이었다. 아래 위로 잘 살펴보니 만둣국
처럼 보이는 게 있었다. 이거다 싶어서 안으로 들어가 손가락으로 가리
켜 시켰다. 100위안이란다. 우리 돈으로 4,400원 정도. 현금만 받는대
서 현금을 주니 영수증과 번호표를 주었다.

잠시 기다리니 번호를 불렀다. 음식을 받는 순간 속으로 "와!" 했다.
만둣국인데 아주 푸짐했다. 왕만두가 5개나 들어 있었다. 우선 국물을

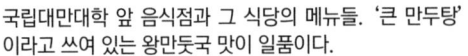
국립대만대학 앞 음식점과 그 식당의 메뉴들. '큰 만두탕'
이라고 쓰여 있는 왕만둣국 맛이 일품이다.

한 숟가락 떠 맛보았다. 다시 "와!" 하지 않을 수 없었다. 소고기 국물맛
이 일품이었다. 진한 고소한 풍미가 입안에 가득했다. 우리의 설렁탕과
도 비슷한데 좀더 기름졌다. 건강에는 어떨지 몰라도 고소한 맛은 설렁
탕보다 훨씬 진했다. 양도 적지 않았다. 왕만두 5개에 국물을 거의 다
먹으니 점심으로 너무 충분했다. 그러고도 4,400원밖에 안 냈으니 진
짜 횡재한 기분이었다. 대만 음식이 좋다더니 이런 걸 말하는구나 하는
생각을 절로 하게 되었다.

　전북대학교에서 국제협력처장을 하면서 필리핀, 인도네시아, 태국,
베트남 등 동남아 국가들과의 교류를 많이 해서 이런 나라들에 출장 갈
일이 많았다. 말이 잘 안 통하니 사진을 보고 음식을 시키는 경우가 많
았다. 그런데 성공한 경우가 별로 없었다. 열에 두셋 정도 될까? 사진은
실제보다 훨씬 깔끔하고 양이 많아 보였다. 주문 후 나온 음식은 사진
을 따라가지 못했고 그럴 때마다 "또 속았네" 했다. 그런데 대만에서는
달랐다. 사진 보고 시키면 대충 비슷하게 나왔다. 있는 만큼 보여주고

얘기한 만큼 내놓는 사람들이다. 과장, 허풍 이런 것과는 거리가 멀다. 그래서 더 정이 간다.

자기 것이 아니면 손대지 않는 것도 대만 사람들의 눈에 띄는 특성이다. 국립대만대학 인문사회과학발전센터 입구에는 우선꽂이가 마련되어 있다. 비가 많이 오는 지역이라 사람들이 거의 매일 우산을 들고 다닌다. 학생들도 가방의 옆주머니에는 늘 우산을 꽂고 다닌다. 웬만한 음식점이나 편의점도 입구에 우산꽂이가 있다. 대학에도 큰 건물들에는 보통 이런 것들이 마련되어 있다.

그런데 내가 갔을 때 그 우산꽂이에 좋은 우산 하나가 꽂혀 있었다. 누군가 방문했다가 놓고 간 게 아닌가 싶었다. 그런데 그 우산은 계속 그 자리에 있었다. 주인이 찾으러 오지 않아 그 자리에 있는 것이었고, 주인이 찾아가지 않으니 늘 그 자리에 있었던 것이다. 좋은 것이었지만 누구 하나 손대는 사람은 없었다. 비 오는 날 우산을 안 가져온 사람이 잠시 사용했다가 반납할 수도 있을 것 같았는데, 그런 일도 없었다. 모두들 우산을 가지고 다녔고, 혹시 우산을 안 가져왔다 하더라도 내 우산이 아닌 것을 그냥 사용한다는 생각은 누구도 하지 않는 것 같았다. 그 우산은 내가 있는 7개월 동안 그렇게 미동도 없이 그 위치에 있었다. 아마 지금도 그 자리에 있을 것 같다.

백성들이 편안하게

한번은 지인이 한국에서 나를 만나러 왔다. 공항에서 만나 연구소로 갔다. 연구소에 짐을 놓고 주변에 있는 중정기념당을 둘러보기 위해서였다. 그런데 마침 그날 연구소 문이 안 열렸다. 내가 가지고 있는 카드키로 아무리 열려 해도 열리지 않았다. 나중에 알고 보니 주말에는 이중의 안전정치를 한다는 것이었다. 카드키로 잠근 뒤 일반 열쇠로 한 번 더 잠그는 것이었다. 그날은 토요일이어서 그렇게 이중 장치를 한 것이다. 나는 그걸 모르고 카드키로만 열려고 했으니 열리지 않았던 것이다.

결국 문을 못 열고, 지인의 짐을 연구소 앞에 놓고 주변을 돌아보았다. 짐에는 꽤 좋은 골프채도 있었다. 지인은 혹시나 없어지면 어쩌나 걱정을 했다. 나는 "좀 생활하면서 관찰해봤는데 대만 사람들은 절대 남의 물건에 손대지 않는다"며 안심을 시켰다. 오후 내내 중정기념당, 총통부(대통령실), 남문시장 등을 돌아보고 안마도 받고 저녁까지 먹은 뒤 짐을 찾으러 갔는데, 그대로 있었다. 나도 혹시 없어졌으면 어쩌나 은근히 걱정을 했는데, 순전 기우였다. '역시 대만은 안전한 나라군!' 새삼 느꼈다.

예부터 편안한 상태를 표현할 때는 '등 따시고 배부르다' 했다. 등이 따뜻한 것은 입을 옷이 부족하지 않다는 것이고, 배부르다는 것은 먹을 것을 구하는 데에도 문제가 없다는 이야기다. 그 정도면 살 만하다는 말이다. 물론 그것으로 만족하지 못하는 사람도 많을 것이다. 있는 데 더 벌려고 하는 게 사람이다. 자기가 먹는 것 이상으로 더 벌어서 저축을 하려 하는 동물은 사람밖에 없다고 하지 않는가?

호랑이도 사자도 배부르면 사냥을 하지 않는다. "내일 먹을 것을 미리 잡아 놓아야지" 하면서 양떼를 덮치는 경우는 없는 것이다. 유독 사람만 내일 먹을 것, 내년에 쓸 것, 10년 후에 필요한 것까지 생각하면서 "더!" "더욱 더!"를 외친다. 그뿐인가. 자식에게 줄 것까지 벌려 한다. 그러니 약육강식, 권모술수, 부정부패가 인간사회와 늘 같이한다.

'등 따시고 배부른' 것이 나라 전체로 퍼지면 고복격양鼓腹擊壤이다. 글자 그대로는 '배를 두드리고 땅을 구른다'는 뜻이다. 중국 고대의 요堯 임금이 백성들의 삶을 살피기 위해 몰래 마을들을 돌아보았다. 어느 마을에 들러 사람들을 유심히 살펴보는데, 어떤 노인이 나무 그늘에 누워 배를 두드리면서 발로 땅을 구르면서 한가하게 노래를 하고 있었다. 낮에 일하고 밤에는 편하게 쉬면서 여유 있게 일해도 먹고사는 데 아무런 문제가 없다는 내용이었다. 고복격양은 그래서 '백성들이 편안하게 산다'는 의미가 되었다. 고복격양만으로 사람들이 만족스럽게 살면 얼마나 좋을까?

『삼국지』에는 태평성대를 "밤에도 문단속이 필요 없고, 길에 버려진 물건도 제것이 아니면 줍는 이가 없었다"고 묘사한다. 서기 223년 유비가 사망했지만, 그 아들 유선이 대를 이은 촉나라는 제갈량이 승상으로 있으면서 나라의 경제와 군사를 모두 관장해 백성들의 삶이 편안했다. 그렇게 나라가 안정되고 먹고사는 데 문제가 없다 보니 백성들은 탐심이 없고 평온한 마음을 유지할 수 있었던 것이다. 대만이 안정된 나라임을 문득문득 느낄 때가 많았는데, 문 밖에 둔 물건이 없어지지 않는 모습을 보면서도 새삼 느낄 수 있었다.

정직한 면과 연결되어 있는 것이 정확한 면인 것 같다. 그래서 웬만한 것은 다 숫자화되어 있다. 건널목에는 녹색등의 남은 시간이 꼭 표시되어 있다. 그뿐만이 아니다. 사거리에는 빨간불에도 바로 옆에 숫자판이 붙어 있다. 그러니까 그걸 보고 빨간불이 녹색불로 바뀌려면 몇 초를 기다려야 되는지 알 수 있다. 건널목 녹색불에 숫자가 표시되어 있는 것은 우리나라에서도 많이 볼 수 있지만, 사거리 빨간불에 숫자를 붙여놓은 것은 대만에서 처음 보았다. 정확성을 중시하는 대만 사람들의 특성을 특히 잘 보여주는 모습이다.

지하철역에서도 다음 열차 올 때까지 남은 시간을 숫자로 표시해준다. 관공서에 가도 번호표를 받고 앉아 있는 곳 바로바로 앞에는 기다리고 있는 사람의 숫자가 나온다. 이런 면은 대만에 와서 새롭게 대만 사람들을 보게 만들었다. 전통적인 중국인과 비슷하게 유도리가 많고 두루뭉실한 점이 많지 않을까 생각했는데 전혀 달랐다. 외국인인 나에게는 이런 게 너무 편했다. 숫자로 표시해주면 머리에 명료하게 들어오기 때문이다. 외국인 등록증을 받을 때에도, 서류를 갖춰 신청한 뒤 일주일 후에 찾으러 오라 해서 갔더니 바로 내주었다.

은행 통장을 개설하고 타이완 펠로십을 관할하는 국가도서관 National Central Library(국립중앙도서관과 같은 기관) 사무국에 제출하니 2주 후 연구비가 지급될 것이라 해서 기다려 보니 그때 정확히 연구비가 들어왔다. 웬만한 것은 숫자로 표시하고 무엇이든 되도록 명료하게 하려는 것이 대만 사회의 큰 특성으로 자리 잡은 것이다. 사람들은 늘 정확한 것을 추구하고, 그것이 쌓여 정직한 사회의 초석이 되어 있는 것이라는 느낌이었다.

마음 편히 먹을 데가
천지에

.

오늘은 이미 다 팔렸습니다

내가 일하던 연구소는 장제스 기념 시설인 중정기념당 부근에 있었다. 점심, 저녁을 늘 이 부근에서 해결했다. 웬만한 식당은 한 번씩 다 가보았다. 그런데 늘 가면서도 항상 느끼던 것은 '참 싸고 맛있다'는 것이었다. 여기뿐만 아니라 대만 어딜 가도 가성비 높은 식당이 많고, 값싸고 맛있는 음식이 많다. 그러니 평범한 사람들이 살아가기가 참 편하다. 내가 가본 중정기념당 주변의 많은 식당 중에 몇 군데만 소개해본다.

첫 번째가 '합환도삭면관合歡刀削麵館'. 우육면집이다. 녹색선 지하철역 중정기념당역 2번 출구로 나오면 오른쪽에 바로 남문시장이 있고, 시장의 2층에 푸드코트가 있다. 거기 있는 10여 개의 음식점 가운데 가장 핫한 곳이 바로 '합환도삭면관'이다. 10시쯤 문을 여는데, 열자마자 사람들이 오기 시작해 금세 줄을 섰다. 그러고는 오후 2시쯤 되면 '다 팔렸다'면서 문을 닫아버렸다.

나는 이 식당이 유명한 줄도 모르고 점심시간에 지나가다가 길게 늘어선 줄을 보고 알게 되었다. 그런데 족히 1시간은 기다려야 될 것 같아 엄두를 내지 못하고 돌아섰다. 다음에 마음먹고 11시 반에 가보았다. 그런데 역시 줄이 길었다. 다음에는 오후 4시에 가보았다. 그런데 '오늘은 이미 다 팔렸습니다今日已售完'라는 작은 종이 표지만 덩그러니 나와 있을 뿐 식당은 문이 굳게 닫혀 있었다. 그다음에는 3시에 가보았다. 이 시간에는 먹을 수 있겠지 생각했는데, 역시 '오늘은 이미 다 팔렸습니다' 표지만 내걸려 있었다.

그래서 그다음에는 아주 마음먹고 10시 50분에 가보았다. 그런데데 이 시간에도 사람들이 줄을 서 있었다. 다행히 줄이 그렇게 길지 않았다. 15명 정도가 서 있길래 그 뒤에 섰다. 10분 정도 기다렸을까? 그렇게 겨우 한 그릇을 먹을 수 있었다. 내가 시킨 것은 메뉴판 맨 위에 있는 토마토우육면. 소고기 국물에 소고기와 토마토, 배추, 파, 부추, 달걀, 큰 칼로 잘라낸 굵은 칼국수가 들어가 있었다. 소고기 육수의 진한

타이베이 남문시장 '합환도삭면관'. 사람들이 길게 줄을 서서 차례를 기다리고 있다.

범생 공화국, 대만

맛과 토마토의 깔끔한 맛이 잘 어우
러져 있었다. 도삭면도 쫄깃하기가
이를 데 없었다. "이래서 사람들이
그렇게 줄을 서는구나" 했다

들어가는 것이 채소이냐 간장양
념이냐 매운 양념이냐에 따라 이름이
달라졌다. 영어 알파벳으로 순서를
매겨놓아서 외국인도 알파벳만 말하
면 쉽게 주문할 수 있도록 해놓았다.
나도 "A"라고만 말하니 주문받는 할
머니가 "오케이" 하며 금방 알아들었
다. 값은 대부분 6,100원 정도. 내가
먹은 토마토우육면도 6,100원이었
다. 그야말로 가성비 최고의 음식이
다. 만족감은 아주 높은데 주머니에

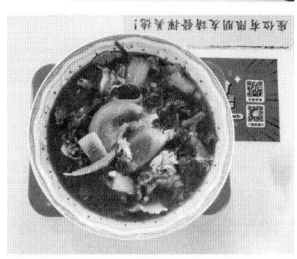

'합환도삭면관'이 오후 2시 이후 내
걸어 놓는 안내문. '오늘은 이미 다
팔렸습니다. 내일 다시 오시면 환영
하겠습니다'라고 쓰여 있다(위).
'합환도삭면관'의 토마토우육면(아래).

서 나간 것은 적으니 기분이 너무 좋았다.

줄을 서서 음식을 기다리는 동안 식당이 돌아가는 상황을 유심히 보
았다. 전체 크기라고 해봐야 7평 정도밖에 안 되는 작은 곳이었다. 손
님들이 앉아서 먹는 공간은 다른 식당들과 공유하고 있었지만, 카운터
와 주방은 작았다. 카운터는 연세가 70세 정도는 되어 보이는 작은 체
구의 할머니가 맡고 있었다. 돈을 받고 쟁반을 하나 내주었다. 현금만
받았다. 할머니가 받은 주문을 주방에 이야기하면 준비를 해서 내주는
식이었다.

주방에는 네 명이 있었다. 아주머니 한 명, 젊은 여성 한 명, 젊은 남자 두 명이었다. 손놀림들이 빨랐다. 하지만 누구 하나 서두르는 사람은 없었다. 할머니도 주방의 인원들도. 차분하게, 그러면서도 밝게 자기 일들을 했다. 내가 보기엔 좀더 효율적으로 할 수 있는 부분들이 많았다. 카운터도 초입에서 주문을 받고 바로 주문을 넣으면 손님들이 이동을 하고 카운터 말미에 한 사람이 더 서서 음식을 내주면 더 빠를 것 같았다.

그런데 할머니는 카운터 말미에 서서 돈을 받고 주문을 받았다. 손님들도 그 자리에 서서 음식을 기다렸다가 음식이 나오면 미리 받은 쟁반 위에 올려서 가지고 나왔다. 움직이면서 착착 일이 진행되는 모습이 아니었다. 카드를 받으면 잔돈을 챙겨주는 시간도 절약할 수 있을 것 같은데 그렇게 하질 않았다. 하긴 아예 매장을 확 늘리면 더 벌 수도 있을 것 같았지만, 그러지도 않았다. 그렇게 점심 장사를 시원하게 하고 2시쯤 되면 다 팔렸다며 문을 닫았다.

두 번째는 '복정福井'이란 이름의 탕 전문점이다. '복이 솟아나는 우물'이라는 의미로 지은 이름 같다. 크게 세 종류를 판다. 맑은 생선탕, 해물돼지고기탕, 돼지 간으로 만든 탕. 그 세 가지 국물 중 하나를 고른 뒤, 내용물은 수제비, 면, 당면, 칼국수 중 하나를 고르도록 되어 있다. 한 가지 국물 맛으로 만족을 못할 사람을 위해서 해물과 돼지고기, 돼지 간을 모두 넣고 끓인 종합탕도 판다.

나는 여러 번 가서 이 집의 메뉴를 거의 다 먹어보았다. 그런데 그중 제일 생각나는 게 생선수제비다. 해물을 오래 끓여낸 국물의 풍미가 아주 깊었다. 거기에 생선살과 새우, 조개, 파, 마늘 등이 어우러져 고소하

범생 공화국, 대만

탕 전문집 '복정'.   '복정'의 생선수제비.

면서도 아주 깔끔한 맛이 났다. 수제비는 우리와 비슷한데 특히 쫄깃쫄깃하고 탱글탱글해서 식감이 상큼했다. 값이 싼 것도 큰 장점이었다. 생선수제비 한 그릇이 5,000원이었다. 돼지 간 국에 면을 넣은 것은 4,000원이었다. 이 집에서 제일 비싼 것이 종합탕이었는데, 7,700원이었다. 주문지가 마련되어 있고, 각각 가격까지 쓰여 있어 주문하기도 쉬웠다. 그래서 이 집에 갈 때는 마음이 편했다. 잘 모르는 중국말로 여러 가지 질문을 안 받아도 됐으니까.

　나는 생선탕이 생각날 때 주로 이 집을 찾았다. 대만은 워낙 돼지고기를 사랑하는 나라라서 며칠간 계속 돼지고기 음식을 먹는 경우가 많았다. 그러다 보면 갑자기 시원한 생선탕이 당겼다. 그럴 땐 이 집으로 발걸음을 했다. 맑은 생선수제비 한 그릇이면 가슴까지 다 시원해졌다. 지금도 그 맛이 혀끝에 선하다.

대만 사람들은 돼지고기 값이 오르면 우울해진다

세 번째는 '정복복탕포鼎福福湯包'다. '복이 넘치는 솥'이라는 의미로 그렇게 이름 붙였지 싶다. 만두가 좋지만, 루러우판(돼지고기덮밥)도 아주 맛있다. 만두는 샤오롱탕파오小籠湯包가 대표 메뉴다. 소맥분으로 만든 얇은 만두피로 돼지고기와 야채를 다져서 만든 소를 싸서 쪄낸 것이다. 소와 함께 육수가 들어 있다. 한 입 베어물면 육즙이 입안에 가득 고일 정도다. 육수를 식혀서 젤라틴으로 만들어 소와 함께 넣은 뒤 증기로 찌면 다시 젤라틴이 녹아서 육수가 된다. 소에 무엇을 넣느냐에 따라 만두 종류가 달라진다. 새우, 옥수수, 양배추, 부추 등 다양한 재료들로 여러 가지 만두 메뉴를 만들어낸다.

대만 사람들은 돼지고기 값이 오르면 우울해진다. 루러우판 때문이다. 누구나 좋아하는 음식이 루러우판인데, 돼지고기 값이 오르면 루

정복복탕포.

정복복탕포의 루러우판과 탕청채, 연뿌리(왼쪽).
정복복탕포에서 시킨 동아돼지갈비탕과 샤오롱탕파오(오른쪽).

러우판 값이 안 오를 수 없다. 그러니 돼지고기 값이 대만 사람들의 기분을 쥐락펴락하는 것이다. '대만 사람들은 누구나 마음속에 자기만의 루러우판을 가지고 있다'는 말이 있을 정도로 루러우판에 대한 대만인들의 사랑은 대단하다. 우리의 김치찌개, 미국 사람들의 햄버거, 영국 사람들의 피시앤칩스 같은 존재, 특히 대만 서민들의 소울푸드다. 한자로는 '滷肉飯' 또는 '魯肉飯'이라고 쓴다. '滷'는 '소금밭로'이니 소금이나 소금을 뜻하는 말인데, 고대 중국어에서는 '魯'(노나라 노. 노나라는 주나라 시대의 제후국)도 같은 의미로 쓰였다. 루러우판은 '滷肉(루러우)', 즉 간장으로 양념한 돼지고기로 만든 밥이니 '滷肉飯'으로 쓰는 게 맞겠지만, 현대의 대만 사람들은 옛것을 좋아해서 그런지 '魯肉飯'으로도 쓴다.

'정복복탕포'도 '魯肉飯'으로 쓴다. 어쨌든 이 루러우판은 대만인들의 애환이 어린 음식이다. 제2차 세계대전 후 어려운 시기에 돼지고기 한 근 사먹기 어려운 사람들이 많았다. 이 사람들은 정육점에서 비계나

껍데기, 고기 부스러기 등을 얻어다가 간장을 넣고 파, 양파 등을 함께 넣어 재워놓았다가 잘 다진 뒤 볶거나 삶아서 밥 위에 얹어서 먹었다. 그게 루러우판이다. 지금은 보통 고기는 삼겹살을 쓰고, 양념도 여러 가지를 넣는다. 간장뿐만 아니라 맛술, 설탕, 마늘, 계피, 정향 등등. 지역에 따라 식당에 따라 쓰는 고기, 넣는 양념이 다 달라 맛도 다르다. 그러니 대만인들이 자기만의 루러우판 집을 갖고 있는 것이다.

'정복복탕포'의 루러우판은 삼겹살을 곱게 다져 간장과 양파, 마늘 등을 넣고 볶아서 밥에 올려준다. 국물도 자작해서 밥 전체에 고소한 국물이 스며든다. 기름기도 많지 않고 무엇보다 단맛이 거의 없어 좋다. 나는 루러우판과 함께 탕청채와 연뿌리를 시켜 함께 먹었다. 루러우판 한 숟가락 위에 탕청채나 연뿌리, 그리고 서비스로 제공되는 생강채 한 가닥을 올려서 먹으면, 루러우판의 고소한 맛, 탕청채·연뿌리의 아삭한 식감, 생강의 상큼함이 함께 어우러져 더없이 좋았다. 서생의 식사가 이 정도면 됐지 무엇을 더 바랄까 하면서 먹었던 기억이 지금도 생생하다.

돼지갈비탕도 끓일 때 무엇을 넣느냐에 따라 여러 가지가 있다. 연뿌리, 토란, 무, 여주, 동아 등 다양한 것을 넣어 그에 따라 다른 메뉴를 만들어낸다. 양념을 넣은 것을 주문할 수도 있고, 맑은 탕으로 먹을 수도 있다.

샤오롱탕파오와 동아돼지갈비탕 하나씩을 시키면 아주 그만이었다. 원래 샤오롱탕파오는 숟가락에 얹어 젓가락으로 만두피를 찢은 뒤 육수를 먼저 맛보고 그다음에 전체를 먹어야 한다고 한다. 하지만 나는 하나를 한입에 넣고 육수와 소, 피를 함께 먹는 게 더 맛있었다. 만두를 하나 먹고 갈비탕 국물을 한 입 뜨면 입안에 고소함이 넘쳐났다. 동아를 넣어 느끼한 맛을 줄여준 돼지갈비탕은 고소하면서도 뒷맛이 깔끔했다.

이 집도 가격이 그렇게 착할 수가 없다. 루러우판이나 탕청채, 연뿌리는 모두 2,000원씩이었다. 이 세 가지를 다 시켜도 6,000원. 샤오롱탕파오는 7개가 들어 있는데 4,000원, 동아돼지갈비탕은 2,900원이었다. 샤오롱탕파오와 동아돼지갈비탕을 시켜도 합쳐봐야 6,900원. 이 정도로 만족스러운 한 끼를 즐길 수 있었다.

더욱이 이 집은 연중무휴이었다. 365일 오전 11시에 문을 열어 밤 10시 반에 문을 닫았다. 젊은이 몇 명이서 돌아가면서 일을 했다. 신세대 청년들이라 그런지 홀을 항상 깔끔하게 유지했다. 토요일, 일요일에도 특별한 일 없으면 연구실로 출근했던 나에게는 더없이 고마운 식당이었다. 맛있지, 싸지, 맨날 문 열지 내가 단골이 안 될 수가 없었다.

고기만두, 양배추만두, 부추만두

네 번째는 '영파생전포寧波生煎包'. 영파寧波는 중국 저장성 동북부에 있는 항구도시다. 중국어로는 '닝보'다. 오래전부터 해상무역의 중심 도시이어서 이곳 사람들은 장사에 능했다. 여기 사람들이 상하이로 많이 진출해 상하이 상권도 쥐고 있다. 장제스가 닝보 출신이기도 해서 대만 여기저기에 닝보라는 이름의 상호들이 많다. 참, 세계 최대의 반도체 파운드리 기업 TSMC의 창업자 모리스 창도 닝보 출신이다.

닝보는 오랜 항구도시여서 조개, 꽃게 등 해산물을 재료로 하는 음식들이 유명하지만, 교역이 활발한 도시인 만큼 면, 만두, 탕 등 다양한 음식이 발달한 도시다.

어쨌든 '영파생전포'도 대만에서 많이 쓰는 상호 닝보를 쓰고 있다. 생전포는 '셩지엔빠오'라고 부르는 큰 만두다. 발효시키지 않은 생밀가루 반죽生에 소를 넣고 철판에 지져서煎 만든 큰 만두包라서 그런 이름이 붙었다. 원래는 상하이 음식이지만, 지금은 대만에서도 많이 먹는다. 원래 상하이 음식 생전포의 소는 돼지고기였다. 다진 돼지고기에 새우, 파, 생강, 후추, 간장, 참기름, 설탕 등을 넣어 생전포를 만들었다. 이 집도 그렇게 만든 고기만두를 시그니처로 하고 있다. 거기에 양배추만두, 부추만두, 이렇게 세 가지만 만든다.

시그니처답게 고기만두가 일품이다. 생밀가루반죽으로 피를 만든 뒤 양념한 고기소를 넣고 큰 철판 위에 올린다. 나무로 된 뚜껑을 덮고

철판의 뚜껑을 열고 다 익은 만두를 꺼내는 '영파생전포' 주인 아저씨(왼쪽).
'영파생전포'의 갓 구워낸 만두. 한쪽은 바삭하게 구워지고 다른 쪽은 부드럽게 쪄졌다(오른쪽).

만두가 나올 시간에 '영파생전
포' 앞에 줄을 서 있는 사람들.

강하지 않은 불에 오래 지진다. 뒤집지 않고 한쪽 면만 지진다. 철판에
닿는 쪽은 노릇노릇 익는다. 그 열이 고기로 전해져 고기도 천천히 익
는다. 뚜껑을 닫아 놓아 내부 증기로 만두 피 윗부분도 시나브로 익어
간다. 밀가루가 구워진 냄새가 나면 뚜껑을 열고 만두를 꺼내 바로 비
닐에 넣어준다.

뜨거운 것을 조심조심 한 입 베어물면 고소한 빵 맛, 구수한 고기맛
이 한꺼번에 입안을 가득 채워준다. 특히 육즙 가득한 고기의 진한 풍
미는 입에 오래 남는다. 만두피도 한쪽은 구워져서 고소한 맛, 반대쪽은
보들도들 익어 담백한 맛을 모두 맛보게 해준다. 뒤집어 가면서 골고루
구우면 더 좋지 않을까 하는 생각도 드는데, 한쪽은 고소하게 다른 쪽
은 부드럽게 하는 게 생전포의 묘미라고 한다. 그렇게 하면 철판에 닿
지 않는 쪽은 육즙이 아주 풍부해져 소의 풍미를 더해주는 것이다.

양배추만두는 소가 다르다. 고기는 없고 양배추가 가득하고 파와 양
파 등을 가미했다. 역시 한쪽 면만 지져서 군만두로 만들어낸다. 구워
지고 삶아진 양파가 달콤하다. 부추만두는 양배추 자리에 부추를 넣었

다. 상큼하고 싱그런 맛이 난다.

이 집에 가면 나는 양배추 2개, 부추 2개, 고기 1개를 샀다. 약간 단맛이 나는 양배추만두를 먼저 먹고, 그다음 상큼한 부추만두, 마지막으로 구수한 고기만두를 먹었다. 세 가지 맛의 조화가 그만이었다. 야채를 먼저 먹으면 식이섬유가 혈당 스파이크를 막아준다는 이야기도 들었던 기억이 있다. 그러니 일석이조다. 조화로운 맛도 즐기고 혈당은 안 높아지고. 나는 이걸 사서 보통 이 만두집 옆에 있는 미니공원에서 먹었다. 나무가 몇 그루 있고, 작은 화단도 있는 아담한 공원이었다. 그 공원 벤치에서 만두를 먹었다. 혼자서 그러고 있으면 좀 어색했을 텐데 다행히 그런 사람은 나 말고도 여럿 있었다. 대만 사람들은 그렇게 소탈하고 수더분하다. 여럿 속에서도 그렇게 혼자만의 소풍을 즐기는데, 문제는 모기였다.

나무와 화단이 있다 보니 모기가 많았다. 대만의 유명한 소흑문小黑蚊이 여기에도 있었다. 작고 까맣게 생겨서 그런 이름이 붙었다. 작지만 독하기는 엄청 독했다. 물리면 가려운 정도가 우리나라 모기의 몇 배는 되었다. 나도 여러 번 물렸다. 얼마나 가렵던지 자다가도 일어나서 박박 긁은 뒤 약을 바르기도 했다. 소흑문 퇴치제라고 따로 파는데, 이걸 사서 팔다리에 뿌리고 다니기도 했다. 어쨌든 모기를 쫓아가면서 먹어도 생전포는 맛있었다.

하나에 800원이니까 5개 해봐야 4,000원이었다. 장사하는 사람들이 이렇게 팔아서 남는 게 있나 하는 생각이 들 정도였다. 그래도 만두가 나올 시간쯤 되면 사람들이 줄을 서서 살 정도이니 많이 팔아서 괜찮은 것 같았다.

이 집은 아침 6시 반에 문을 열어 오후 1시까지 영업을 했다. 좀 쉬었다가 오후 음식을 준비해 다시 4시에 문을 열어 6시에 닫았다. 지나다니면서 보면 늘 주변이 분주했다. 안에서는 열심히 밀가루를 반죽하고, 소를 만들고, 철판에 구워냈다. 가게 앞에는 만두를 사려는 사람들이 늘 있었다. 소소하지만 맛난 만두로 한 끼를 즐기려는 사람이 그렇게 항상 있었던 것이다. 나도 그 대열에 종종 끼어 있었는데, 지금은 벌써 그것도 지난날의 추억이 되었다.

빵 2~3개로 점심 한 끼가 충분하다

중정기념당 주변 맛집 다섯 군데에 안 들어가면 크게 섭섭해할 만한 곳이 하나 더 있다. 후추고기빵을 파는 '진미후추빵臻味胡椒餅'이다. 지하철 중정기념당역 3번 출구를 나와 바로 유턴을 한 뒤 20미

후추고기빵집 '진미후추빵'. 빵을 사려는 사람들이 길게 줄을 서 있다.

'진미후추빵'의 후추고기빵.

터 정도만 가면 나온다. 이 집도 찾는 사람이 많아서 식사시간에 가면 긴 줄에 서서 한참을 기다려야 겨우 살 수 있다. 나는 그래서 이 집에 갈 때면 좀 늦게 갔다. 12시쯤 가면 기다리는 줄이 너무 길었다. 점심시간 조금 지나서 1시 반쯤 가면 조금만 기다려도 살 수 있었다.

아주머니 한 사람은 열심히 반죽을 만들고, 다른 한 아주머니는 열심히 소를 만들어 넣는다. 돼지고기에 부추와 파, 양파, 마늘, 후추, 소금 등을 넣어 다진 것이다. 왕만두처럼 생긴 것을 받아서 아저씨는 큰 화덕에서 굽는다. 굽는 방법이 특이하다. 화덕의 벽에 빵을 붙인다. 화덕 뚜껑을 닫고 한참을 기다리면 겉표면이 노릇노릇해진다. 이때 바로 벽에서 떼서 종이봉지에 넣어 판다.

겉은 노릇노릇해 아주 고소하다. 특히 벽에 붙어 있던 쪽은 누룽지 같다. 안에 있는 양념돼지고기는 육즙이 줄줄 흐른다. 벽에 붙어 있는 쪽은 좀 많이 익게 되지만, 반대쪽은 화덕의 화기로 천천히 익어 육즙이 그대로 살아 있다. 벽에 붙여 익히는 이유가 여기에 있다. 후추빵이라는 이름이 붙어 있지만 후추향이 강하진 않다. 겉과 속을 함께 배어물면, 구워진 밀가루빵의 고소한 맛, 돼지고기의 진하게 구수한 풍미, 후추의 향긋함, 야채의 상큼함이 작은 입속에서 향연을 벌인다. 짜지도

범생 공화국, 대만

달지도 않다. 많이 먹어도 물리지 않는 고소하면서 싱그러운 맛이다.

　나는 시간이 좀 없거나 간단히 점심을 해결하고 싶을 때 이 집으로 갔다. 2개나 3개면 점심 한 끼로 충분했다. 하나에 2,200원이니 몇 개를 먹어도 부담이 없는 값인데, 빵이 꽤 커서 그럴 수가 없었다. 가게 앞에 등받이 없는 의자가 몇 개 있었다. 거기 앉아서 먹었다. 대만 사람들은 그렇게 아무 데서 편하게 잘 먹는다. 나도 그들을 따라서 자주 그렇게 했다. 큰 길가에 앉아서 바로 앞으로 지나가는 이런저런 사람들을 구경하면서 맛난 빵을 먹는 것도 재미있었다. 아는 사람도 없고, 내가 한국 사람이라고 인식하는 사람도 없었고, 다들 또 그렇게 하니까 마음이 가벼웠다.

　대만의 일반인들은 이런 것들을 먹고 산다. 월급이 서구 선진국처럼 많지는 않지만, 그 월급으로 이렇게 맛나게 먹을 수 있는 것들이 많다. 어느 것이 더 나은 것인가? 월급은 많은데 한 끼 만 원 주고도 먹을 만한 게 별로 없는 것과 월급은 좀 적은 데 6,000원 정도로 먹을 수 있는 게 많은 것 중에서. 타이베이 다운타운의 시민들은 그렇게 살아간다. 많지 않은 월급으로 적절히 맛있는 걸 찾아서 먹는다. 이렇게 저렇게 애면글면하면 더 많이 벌 수 있는 방안이 있는 걸 모르는 것은 아니겠지만, 그런 것보다는 나름 열심히 일하고 나머지 시간은 적절히 쉬면서 내가 즐길 수 있는 것을 즐기면서 사는 것이다.

제3장

★

시민을 위한
시민의
사회

탈권위
사회

총통부 찾기

대만 하면 먼저 떠오르는 인물은 장제스다. 나뿐만이 아닐 것이다. 40대 이상이면 대부분 그럴 것이다. 워낙 유명한 독재자 아닌가? 200만 명도 넘는 대군을 가지고도 마오쩌둥毛澤東에게 처절하게 패하고, 작은 섬 대만으로 도망한 인물이다. 그가 대륙을 잃은 것은 부패를 막지 못했기 때문이다. 그가 다스리던 국민당 정부도, 군대도 모두 부패의 극치를 달리고 있었다. 한국인 독립운동가들도 국민당 군대에 들어가 함께 일본군과 싸우기도 했다. 하지만 금세 국민당군의 부패상을 보고 실망해 도망해버린 사람이 부지기수다.

그들은 대부분 마오쩌둥 군대와 좌파 독립운동단체에 합류했다. 한국인이 그 정도였으니 중국인들은 더 세밀하게 국민당군의 부패를 확인하고 있었을 것이다. 그러니 국민당군은 쪼그라들고 반대편에 있는 마오쩌둥의 군대는 확장되었다. 중국 땅을 두고 경쟁하는 두 적대세력이었으니 그렇게 제로섬 게임의 문맥 속에 있었고, 결국 장제스는 대륙을 잃었다.

　대만으로 도망 나와 정부를 구성했지만 장제스는 환영받지 못했다. 이미 대만에 살고 있던 사람들, 즉 본성인이라도 불리는 사람들에게는 밉상이었다. 하지만 군인과 군인 가족들을 끌고 들어간 만큼 힘은 장제스에게 있었다. 그 힘으로 오랫동안 대만에서 독재를 했다. 그걸로 우리에게 많이 알려져 있었다. 박정희와 유사한 점이 많아 곧잘 비교되기도 했다. 어떤 절대권력도 영원할 수는 없는 법. 대륙과 대만을 호령하던 장제스도 1975년 89세를 일기로 사망했다.

　권력을 승계한 장제스의 아들 장징궈도 독재자였다. 하지만 아버지처럼 폭압적이지는 않았다. 경제발전에 진력하면서도 전국민의료보험 실시 등 선진적인 복지정책도 도입했다. 1986년에는 민진당 창당을 허용해 민주화의 길을 열었다. 당시는 계엄령이 여전히 시행되고 있었고, 야당의 활동은 실정법 위반이었지만 장징궈는 이를 묵인했다. 1987년에는 1949년 이래 38년 동안 계속되던 계엄을 해제했다. 이후 대만은 빠른 속도로 민주체제의 길을 가 제2차 세계대전 후 정치 선진화와 경제성장이라는 두 마리 토끼를 동시에 잡은 몇 안 되는 국가 중 하나가 되었다.

　그렇게 빨리 독재와 권위주의를 뒤로 하고 민주화에 성공했지만, 대만은 민주적인 요소가 사회 깊숙이 스며든 모습을 보여준다. 대만을 다니다 보면 이를 몸으로 느낄 수 있다. 먼저 쉽게 실감할 수 있는 곳이 총통부다. 내가 타이베이에 도착한 게 2025년 2월 1일이다. 처음이다. 가깝고 올 수 있는 기회도 몇 번 있었는데, 그때마다 어떻게 안 되고 나이 60세에 대만을 처음 오게 되었다. 도착 바로 다음 날 총통부를 향했

총통부.

다. 비가 추적추적 오고 있었다.

2월 타이베이의 날씨는 꽤 춥다. 비가 자주 오고, 차갑고, 을씨년스럽다. 낮에는 20도, 새벽에는 12도 정도의 날씨인데 생각보다 춥게 느껴진다. 한국에서 겨울철에 10도이면 좀 따뜻하게 느껴지는 것과는 완전히 딴판이다. 타이베이는 습도가 높고, 비가 왔다갔다 하면서 변화도 심하다. 오죽하면 '타이베이 날씨는 새엄마 마음 같다'는 속담까지 있겠는가? 그래서 실제 기온보다 체감온도는 더 낮다.

그렇게 비가 타이베이를 처연하게 적시던 일요일 오후 총통부를 찾아가 봤다. 지하철 샤오난먼小南門역에서 내려 좌우를 살폈다. 총통부, 우리 같으면 대통령실, 옛날의 청와대 아닌가. 내리면 그냥 보일 줄 알았다. 주변엔 건물들도 별로 없고, 경찰이나 군인들이 여기저기 서서 지킬 줄 알았다. 하지만 영 그게 아니었다. 사방에 큰 건물들뿐이다. 그래도 좀 걷다보면 금방 나타나겠지 하고 이내 걸었다. 하지만 웬걸, 그렇게 걷는다고 찾을 수 있는 게 아니었다. 한참을 이리저리 둘러보며 걷다가 안 되겠다 싶어서 신호등에 서 있는 젊은 청년에게 물었다. 본인도 정확한 위치는 모르지만 지도를 검색해 보겠다면서 핸드폰으로 지도를 찾아보더니 이쪽으로 쭉 가면 왼쪽에 바로 보일 거라고 알려준다.

그의 말대로 걸었다. 7~8분 정도 걸으니 왼쪽에 고풍스런 건물이 나왔다. 건물의 옆쪽이었다. 대학의 한 건물 같기도 하고, 큰 병원 같기도 했다. 담장도 낮은 철제 난간 같은 것이 전부였다. 건물 앞쪽으로 가보니 과연 정중앙에 '총통부總統府'라고 쓰여 있었다. 일제가 점령하고 있을 당시 일본의 유명한 건축가들이 고딕과 바로크, 르네상스 건축양식을 골고루 혼합해 1919년 완공한 것이다. 그걸 지금도 그대로 쓰고 있는 것이다.

건물 주위 경계도 심하지 않다. 군인 몇 명이 멀찌감치 간격을 두고 서 있을 뿐이다. 건물의 크기도 생각보다 훨씬 작다. 4층 건물로 우리의 지방도청보다도 조금 작아 보인다. 이름은 총통부로 아직 권위주의 색채가 남아 있는 것 같지만, 실제로는 힘을 행사하고 나라를 한 손에 꽉 쥐고 가겠다는 욕심 같은 것은 별로 느껴지지 않는다. 사진을 함부로 찍으면 안 될 것 같아 지키고 있는 군인에게 물었다. 그런데 시원하게 괜찮단다. 게다가 정면 오른쪽 대각선 방향으로 건널목 하나만 건너면 여자고등학교가 자리를 잡고 있다. '타이베이시립 제1여자고등학교'. 청와대 바로 앞에 학교가 있는 격이니 낯선 풍경이기도 하다. 포근

한 느낌을 주는 모습이다.

권위를 뺀 담백한 기관들

총통부 주변에는 다른 권력기관들이 많다. 먼저 보이는 것이 사법원司法院. 우리의 대법원에 해당하는 것이다. 원장을 포함해 15명의 대법관이 우리의 대법관과 같은 역할을 한다. 그런 중차대한 일을 하는 기관이 무슨 세무서 하나 만하다. 인력이나 시설이 부족해 일을 하는 데 불편하지는 않을까 하는 걱정을 하게 만들 정도다. 모름

사법원.

법무부(위).
타이베이지방검찰서
(아래).

지기 나랏님과 정부가 시민을 걱정해주는 게 맞을 텐데, 거꾸로 시민이 정부의 불편을 걱정해주어야 할 정도이니 진정 시민이 편안한 사회는 이런 모양이어야 한다는 생각을 하게 한다. 사법원과 멀지 않은 곳에 법무부도 있다. 여기도 작다. 5층 건물인데 우리의 경찰서 하나 만하다. 그저 소탈하다고 할 밖에…….

관공서 명칭들도 소박하다. 우리의 서울중앙지방검찰청에 해당하는 기관이 대만타이베이지방검찰서臺灣台北地方檢察署이다. 청廳은 본래

범생 공화국, 대만

큰 방이라는 뜻이고 관청을 의미한다. 서署는 관아를 뜻한다. 어원적으로나 역사적 맥락에서 그 본래의 의미가 어떤 큰 차이가 있는지 자세히 알지는 못하지만, '청'하면 왠지 크고 높은 기관인 것 같고, '서'하면 우리 가까이에 있는 작은 규모의 기관으로 느껴진다. '타이베이지방검찰서'라고 하니 '검찰청'이라고 할 때 다가오는 위압감이 훨씬 덜어지는 것 같다. 내정부內政部(내무부) 이민국移民局도 이민국이라 하지 않고 이민서移民署라고 한다. 이런 식으로 정부의 외양부터 권위와 위엄을 빼고, 되도록이면 작게, 되도록이면 덜 부담스럽게 해나가는 모습이다.

그래서 중국하고는 분위기가 많이 다르게 느껴진다. 대학 총장을 총장總長이라 하지 않고 교장校長이라 부르는 것은 중국과 대만이 같다. 초등학교도, 중고등학교도, 대학도 그 수장은 교장이다. 권위를 빼고 일본식 용어 총장도 피해 교장이라는 담백한 용어를 쓰고 있는 것이다.

'총장'은 일본식 관직명이다. 모두를 하나로 다스려 엄격한 위계질서를 확립하는 사람이라는 의미로 '거느릴 총總'을 쓴 관직이다. 대표적인 것이 일본 검찰조직의 수장 검사총장이다. 일본의 조폭들도 자신들의 우두머리를 총장이라고 부르기도 한다. 우리는 대학의 총장과 함께 검찰총장, 각군의 참모총장 등의 직명에 총장이 여전히 남아 있다.

여하튼 대만은 중국하고는 사회적 분위기가 크게 다른데, 중국은 뭐든 크게, 웅장하게, 화려하게 하려 한다. KBS에서 기자로 일하던 시절 중국에 취재를 갔다. 2004년의 일이다. 정부의 국장을 만나러 관청에 들어가면 관청 자체가 엄청 커 놀랐다. 응접실로 들어가면 응접실도 필요 이상으로 커서 또 놀랐다. 상하이 푸둥구청으로 구청장 인터뷰를 하러 갔는데, 구청 건물이 대기업 본사만큼 컸다. 응접실도 너무 커서 구청장과 내가 한참 떨어져 앉아서 이야기를 나눠야 했다. 인터뷰를 할 때는 내가 너무 멀리서 질문을 하는 게 어색하고 방이 울리는 소리까지 녹음될 가능성이 있어서 의자를 하나 달라고 해서 가까이 다가가서 했다.

같은 한족인데 왜 대만은 이렇게 다를까 하고 생각을 해보았다. 대만 사람 대부분은 본성인이다. 1949년 장제스가 데리고 들어온 외성인들보다 훨씬 일찍부터 대만에 자리 잡고 살아온 사람들이다. 본성인도 외성인도 모두 한족漢族이다. 본성인은 명나라 시대 이후 주로 16~17세기에 대만으로 건너온 사람들이다. 민남인閩南人과 객가인客家人으로 나뉜다. 전자는 주로 복건성 남부에서, 후자는 복건성과 광동성, 광서성 등지에서 건너온 사람들이다. 이 본성인이 현재 인구의 85%(민남인 65%, 객가인 20%), 외성인이 13%, 본래부터 대만섬에 살던 원주민이 2% 정도 된다.

본성인은 원래 복건성과 광동성, 광서성 등에서 어렵게 살던 사람들이어서 대만에 넘어와서도 소박하고 소탈한 생활을 이어왔다. 이들이 지금 대만 전통의 큰 부분을 형성했다. 외성인은 제2차 세계대전 후 마오쩌둥군에 패배하면서 넘어온 사람들이어서 본래는 권력의지도 강하고 부에 대한 관심도 많던 사람들이다. 그래서 본성인을 지배하며 살았다. 갈등도 많았다. 그런 세월을 지나 1980년대 후반부터는 민주화의 시기를 맞게 되었고, 본성인과 외성인은 차츰 심한 알력 관계는 벗어나게 되었다. 그러면서 지금의 대만 문화는 본성인의 특성을 바탕으로 외성인의 성격이 조금 가미된 형태로 정착되었다. 그런 모습이 권위보다는 소박, 소탈한 양태로 사회 곳곳에 자리 잡고 있는 것이다.

교통체계는
사람이 최우선

오토바이를 위한 나라

타이베이에서 지내면서 마음은 편했다. 우선 매일 TV나 신문으로 전해지는 윤석열 계엄 뉴스를 보지 않았도 되었다. 21세기 대한민국에서 계엄이 이슈가 될 거라고 생각한 사람이 얼마나 될까? 이걸 뉴스로 매일 보고 들어야 하는 상황이 참 답답했다. 그런데 외국에 나오니 한 발 떨어져 있는 느낌이 들었다. 물론 아예 관심을 끌 수는 없어서 가끔 국내신문을 검색해보긴 했다. 하지만 무차별적 뉴스 공해에 노출되는 것이 아니라 선택적으로 뉴스를 볼 수 있었다. 또 이런저런 얽힌 관계들에 대해 깊이 생각할 필요가 없어서 좋았다. 한 번씩 그렇게 외국에 나가는 게 좋은 점이 이런 것이다.

그런데 타이베이에 살면서 안 좋은 점이 하나 있었다. 오토바이 매연이었다. 오토바이가 얼마나 많은지, 또 매연을 얼마나 펑펑 내지른지, 또 얼마나 사람 가까이 획획 지나가는지, 힘들 때가 많았다. 베트남 가서 "오토바이 참 많다" 했는데, 대만에서는 "오토바이 너무 많다"고

할 정도였다. 그도 그럴 것이, 1인당 오토바이 대수가 가장 많은 나라가 대만이다. 전체 인구가 약 2,300만 명인데, 오토바이는 약 1,400만 대다. 노인이나 어린아이 빼고는 오토바이 한 대씩은 가지고 있는 셈이다. 한국에서는 코로나19 피하느라, 그리고 겨울에는 방한을 위해 마스크를 쓰고 다녔는데, 타이베이에서는 오토바이 매연을 조금이라도 덜 마셔보려고 마스크를 열심히 썼다.

어쨌건 대만 사람들의 오토바이 사랑은 알아주어야 한다. 타이베이는 워낙 좁은 길이 많고, 교통 혼잡이 심해 차보다 오토바이가 편하기도 하다. 그런저런 이유로 대만 사람들은 오토바이를 웬만하면 한 대씩 갖고 있으면서 애지중지한다. 워낙 오토바이를 좋아하다 보니 오토바이를 잘 타기도 한다. 여성들도 남성들과 차이가 없다. 젊은 여성이 헬멧 쓰고 멋진 오토바이를 타고 씽씽 달리는 모습은 멋지기도 하다.

큰 사거리에서 신호를 기다리는 사이 여유 있게 내려 안장을 위로 올리고(안장 밑이 바로 사물함이다) 장갑을 꺼내 끼기도 하고 목도리를 꺼내 두르기도 한다. 젊은 아주머니가 앞에 아들, 뒤에는 딸까지 태우고 겁도 없이 큰길을 내달리는 모습도 쉽게 볼 수 있다. 남편과 아들을 태우고 가는 여성도 많이 보인다. 발 사이에 강아지를 싣고 다니는 모습도 어렵지 않게 볼 수 있다. 비 오는 겨울날에도 헬멧 쓰고 우비 하나 걸친 채 오토바이를 탄다.

대만에 이렇게 오토바이가 많은 데에는 그만한 이유가 있다. 첫째, 대만 땅이 좁다는 것이다. 섬 전체가 우리의 경상남북도 정도밖에 안 되는 데다가 주로 섬의 서쪽 바닷가로 도시가 발달되어 있다. 그러니 전국이라고 해봐야 오토바이로 못 갈 데가 없다. 둘째, 기후가 따뜻해

퇴근길 타이베이 거리의 오토바이들(위).
사거리 오토바이 존(오른쪽).

눈이 오지 않는다는 것이다. 두 바퀴로 가는 오토바이에 눈은 치명적이다. 그런데 대만은 북쪽은 아열대, 남쪽은 열대지방이어서 눈이 오지 않는다. 셋째, 오토바이를 위한 인프라가 아주 잘 갖추어져 있다는 것이다. 사거리의 오토바이 존, 오토바이 주차장 등이 너무 잘 되어 있다.

실제로 거리를 다니다 보면 오토바이를 위한 나라라는 느낌을 받을 정도로 오토바이 관련 제도와 설비가 잘 되어 있다. 그만큼 교통 소통에 도움을 주기 때문이기도 할 것이다. 큰 거리에는 예외 없이 길 한쪽에 오토바이 주차장들이 있다. 곳곳에 아주 많다. 무질서하게 세워진 오토바이 때문에 문제가 되지 않도록 아예 오토바이 주차장을 여기저기 만들어놓은 것이다. 나에게 아주 인상적인 것은 사거리마다 오토바이 존이 있다는 것이었다. 사거리에 차가 서는 자리 맨 앞쪽에 오토바이 존이 네모로 그려져 있다. 그래서 오토바이들은 유유히 차 사이를 빠져나와 여기에 떡하니 자리를 잡고 신호등을 기다린다. 이걸 보면서 참 잘했다는 생각을 했다.

오토바이는 많고 시민들이 좋아하는 교통수단이니 효율적으로 탈 수 있도록 대책을 세워준 것이니 아주 잘했다는 생각이 들 수밖에. 이렇게 안 했으면 어떻게 되었을까? 차 사이로 오토바이가 서 있고, 녹색 신호들이 켜지면 이 오토바이들이 앞서 나가려고 하다가 차와 부딪치고 하는 경우가 많을 것 같다. 시민들이 필요로 하는 것, 시민들이 원하는 것을 잘 찾아 해준 경우다.

작은 길에서 만나는 신호등

새로운 나라에 가면 새롭게 눈에 뜨이는 것이 많은데 대만에 가니, 또 하나 눈에 보이는 것이 작은 길의 신호등이었다. 인도를 따라 걷다 보면 오른쪽에서 나오는 작은 길들을 만나게 되는데, 그 길을 건너도록 신호등이 달려 있다. 넓이가 5미터 정도밖에 안 되고 차가 그렇게 자주 다니는 길도 아닌 듯한데도 신호등이 붙어 있다. 이렇게까지 할 필요가 있을까 하는 생각이 드는 곳도 많다.

처음에 나는 이런 것들을 무시하고 그냥 건넜다. 차도 안 오고 몇 발걸음 되지도 않는데 '무엇을 기다려' 하는 생각이었다. 그런데 웬걸, 대만 사람들은 모두 기다린다. 작은 길인데도 신호등을 기다린다. 그래서 나도 그걸 안 다음부터는 기다렸다. 로마에 가면 로마의 관습을 따라야 하지 않겠는가? 그런데 생각해보면 시민안전을 위한 것이다. 좀 더디게 가도 안전하게 가는 게 결국은 시민들에게 득이 된다는 사고로 이런 안전시설을 만들어놓을 것일 게다.

도로통행에서 시민의 안전을 우선시하는 모습은 골목길로 들어서면 더 실감나게 확인할 수 있다. 내가 살던 오피스텔에서 지하철역으로 걸어가는 길에 학교 담장을 따라 길게 이어진 길이 있었다. 폭이 5미터 정도 되는 일방통행로였다. 그런데 이 좁은 길에도 사람 가는 길이 따로 마련되어 있었다. 80센티미터 정도밖에 안 되는 좁은 인도였다. 앞에서 오는 사람과 교차할 때는 옆으로 서야 할 정도였다.

그렇게 작은 인도였지만 나에게 주는 안도감은 너무 컸다. 타이베이는 오래된 도시여서 골목길이 많다. 낡은 주택 사이에 꼬불꼬불한 길들도 많다. 그런데 그런 길에도 줄을 그어 인도를 따로 표시해둔 곳이 많다. 바닥에 '인행도人行道(사람 가는 길)'라는 큰 글씨와 함께.

타이베이는 훨씬 작은 길인데도 인도를 만들어놓았다. 대신 도로를 일방통행으로 해놓았다. 차보다는 사람이 우선이

작은 골목길에 설치된 신호등(위).
작은 길에 설치된 인도(아래).

라는 생각이 그대로 담긴 것이다. 걷는 사람이 우선이고, 그다음이 자전거(웬만한 인도의 한편에는 줄을 그어 자전거 도로를 만들어놓았다), 그다음은 오토바이, 맨 꼴찌가 자동차다.

　육교에도 자전거 길이 있다. 육교의 계단 가운데를 평평하게 만들어서 자전거를 끌고 갈 수 있도록 해놓은 것이다. 이걸 처음 보았을 때, 뭔가 했다. 육교에도 미적 감각을 더한 것인가, 아니면 누가 이렇게 한 번 만들어보자고 해서 만든 것인가, 여러 가지 생각을 했다. 그런데 어느 날 어떤 사람이 자전거를 그 길로 끌고 내려오는 걸 보고 "아! 이거였구나!" 무릎을 쳤다. 자전거 타는 사람들이 자전거를 쉽게 끌고 다닐 수 있도록 그렇게 평평한 길을 만들어놓은 것이다. 물론 육교 말고 건널목을 이용할 수도 있다. 하지만 강변도로 같은 곳에는 건널목이 거의 없다. 가끔 육교가 하나씩 있을 뿐이다. 그런데 자전거 타는 사람들은 주택가 쪽에서 강변도로를 건너 강가 자전거 길을 씽씽 달려보고 싶어 한다. 그러자면 육교를 이용할 수밖에 없다. 그런데 계단으로만 되어 있으면 어떻게 되겠는가?

　공원에 있는 작은 계단에도 자전거 길이 만들어져 있다. 육교의 계단과 똑같은 형태다. 이렇게 해놓으니 자전거는 물론이고, 유모차나 휠체어도 편하게 다닐 수 있다. 참 시민의 삶을 세밀하게 아는 사람들

육교의 자전거 길. 가운데 평평하게 자전거 길이 있다.

　범생 공화국, 대만

이 행정을 한다는 생각을 하지 않을 수 없다.

무더위를 피하는 치로우

타이베이는 아열대 지방이라 날씨가 덥다. 특히 6~8월은 아주 말 그대로 찐다. 35도를 넘는 날이 하루 이틀이 아니다. 이런 더운 지방에 사람들은 나름의 대책이 있다. 물론 시원한 빙수를 다양하게 만들어 먹는 것도 그중 하나다. 망고, 팥, 심지어는 순두부로 만든 빙수도 있다. 그런데 이런 것들은 시민들이 직접 하는 것이다.

행정당국에서 해놓은 대책 중에는 아주 훌륭한 게 있다. 건물 1층을 쑥 들어가게 파서 긴 회랑을 만들어 길로 이용하도록 한 것이다. 이게 바로 치로우騎樓라는 이름의 건물 양식이다. 1층에 있는 회랑 위에 올라탄騎 모습으로 세워진 건물樓이란 의미에서 그런 이름이 붙었다. 원래는 18세기에 인도를 차지한 영국이 더위를 피하기 위해 고안해낸 것이다. 이게 19세기 영국의 차지가 되는 홍콩으로 전해지고, 거기서 광저우 등 중국 남부 지역으로 확산된 뒤 대만까지 전해졌다. 대만은 영국과는 별 관계가 없는 줄 알았는데, 그렇지도 않은 것이다.

어쨌든 치로우는 법적으로는 사유지이지만 공적인 목적으로 사용되는 사지공유私地共有라는 특이한 개념에 따라 도로로 쓰인다. 여름에는 37도, 높은 습도에 따라 체감온도로는 47도까지 올라가는 대만에서 치로우는 너무 중요한 존재다. 이게 햇볕을 가리는 거대한 차양 역할을 해 여름에도 활동을 할 수 있게 하는 것이다. 큰 건물이 없는 길이

햇볕과 비를 피할 수 있게 해주는 치로우.

나 긴 건널목이 아니면 건물의 1층의 도로면으로 난 회랑을 따라 걸으면 웬만큼은 햇볕을 피하면서 다닐 수 있다.

싱가포르도 이 치로우가 아주 잘 되어 있다. 개발독재 시절 장제스 총통, 장징궈 총통 모두 싱가포르의 총리 리콴유李光耀와 통역도 필요 없이 중국어로 대화하며 교감을 하던 사이였으니, 서로 협의하며 더운 나라의 발전 전략의 주요 부분으로 열심히 추진했을 것 같다. 실제 리콴유는 열대지방에서 사람들의 일할 의욕을 북돋우기 위해서는 더위를 피할 수 있게 해야 한다며 초기부터 피서 대책에 큰 힘을 쏟았다. 선풍기, 에어컨 공급을 우선적으로 추진했고, 치러우 건설도 적극 추진했다. 그런 것이 주요 기반이 되어 싱가포르는 빠르게 발전할 수 있었다.

선진국은 대부분 위도가 높은 지역, 즉 쌀쌀하거나 추운 지역에 있다. 추위를 이기기 위해 부지런히 움직이면서 연구도 많이 해 경제발전을 이룰 수 있었던 것이다. 싱가포르는 열대지방에 위치하면서 일찌감치 선진국 대열에 합류했다. 열대지방에서는 선진국이 나오기 어렵다는 주장을 비웃기라도 하듯이.

여하튼 타이베이 날씨는 덥기만 한 게 아니다. 비도 자주 온다. 바람이 부는 날도 많다. 비가 오는 날에는 이 건물 차양 막은 우산이 된다. 우산을 안 갖고 나갔다가 비를 만나는 경우 치러우가 더없이 고마운 존재가 된다. 실제로 내가 살던 곳에서 연구실까지 지하철을 타고 다녔는데, 이 길은 우산 없이도 거의 비를 맞지 않고 갈 수 있었다. 집에서 지하철역까지 건물로 연결되어 있고, 지하철에서 내린 다음 연구실까지도 건물의 1층만 지나가면 비를 피할 수 있었다.

시민 편의는 시민 안전과 같은 맥락이라 할 수 있을 것이다. 시민들이 편하면서도 안전하게 살아가도록 하는 데 행정의 방점이 찍혀 있는 나라가 대만이다. 내가 출근하던 연구소 근처에 남문시장이 있다. 시장이라고 해서 좌판이 널려 있는 곳이 아니다. 현대식 건물에 조명도 훤하게 되어 있는 아주 모던한 모습이다. 1층이 각종 과일과 채소, 견과류, 만두, 떡, 육포 등을 파는 곳이고 2층은 음식점들이다.

1층에서 2층으로 올라가는 엘리베이터도 있다. 이 엘리베이터 옆에 공간이 꽤 넓다. 여기에 망이 처져 있다. 아이들이 장난하다 떨어지는 것을 방지하기 위해서다. 미관상으로는 별로다. 깔끔한 엘리베이터 옆에 그물망이 처져 있는 모습은 건축 미학상으로도 결코 좋은 평가를 받을 만한 일은 아닐 것이다. 그런데 여기에 과감히 안전망을 쳐놓았다. 외관보다는 실질을 훨씬 더 중시하는 대만 사람들의 생각을 여실히 확인할 수 있는 모습이다.

시장의 에스컬레이터 옆에
설치된 보호망.

관공서의 서비스 마인드도 보통이 아니었다. 시민 편의라는 게 이런 때 실현되는 것이구나 하는 생각을 하는 경우가 자주 있었다. 처음 타이베이에 도착해 다음 다음 날 내정부 이민서에 갔다. 외국인 등록증을 만들기 위해서였다. 6개월을 하루라도 초과해 거주하는 경우 이게 반드시 있어야 했다. 은행 계좌를 개설하기 위해서도 필요했다. 사람들이 많아 좀 기다리다 보니 오전 11시 반이 되었다. 그러자 안내방송이 나왔다. 직원들이 교대로 점심 식사를 하러 나가기 때문에 실제 일하는 사람이 적어져서 기다리는 시간이 좀 더 길어질 수 있다는 내용이었다.

그러면서 "사과드린다"는 말도 덧붙였다. 참 적응하기 어려웠다. 살면서 관공서에서 사과하는 경우는 처음 보았다. 우리도 주민센터나 구청이 옛날에 비하면 많이 친절해졌다. 하지만 사과를 하는 경우는 못 보았다. 무엇을 잘못했어도 사과는 안 하는 게 보통이다. "바로 해드리겠습니다" 정도로 대응하는 게 일반적이다. 사과를 하면 민원인이 더 세게 나올까봐 겁이 나서 그러는지도 모르겠다. 하지만 대만에서는 사과를 한다. 불편하게 해서 미안하다는 것이다. 쉽다. 단순하다. 꾸밈없고 담백하다. 그래서 복잡하게 따지고 대들 일도 별로 없는 것 같다.

철저한 이용자 중심의
버스와
지하철

내릴 곳을 쉽게 알려주는 버스 내 전광판

버스는 사람들이 너무 쉽게 이용할 수 있게 되어 있다. 외국에 나가면 보통은 좀 어리둥절해서 지하철을 많이 이용하게 된다. 역을 찾기 쉽고, 내리는 곳도 분명하게 표시되어 있고, 내리기 전에 안내도 여러 번 해주기 때문에 마음 편히 탈 수 있는 게 지하철이다. 지하철이 없으면 택시를 많이 이용하게 된다. 돈이 좀 들지만 갈 곳을 쉽게 찾아갈 수 있기 때문이다. 그런데 버스는 이용하기 어렵다. 정류장을 찾는 것은 그리 어렵지 않은데 내려야 할 때 내리기가 쉽지 않다. 그렇다고 해서 기사에게 일일이 물어보는 것도 어렵다. 영어가 통하는 나라도 많지 않다.

그런데 타이베이는 다르다. 버스가 지하철 같다. 지하철만큼 편하게 탈 수 있다. 정류장마다 전광판이 있다. 어느 버스가 몇 분 후에 도착하는지 표시되어 있다. 직전 정류장을 출발하면 '곧 도착'이라고 중국어即將進站와 영어comming로 표시를 해준다. 예측이 가능하니 불안하지 않다. 아주 늦게 오는 것으로 표시되어 있으면 지하철이나 택시를 이용하면 된다. 그런데 그런 경우도 거의 없다. 버스를 이용해도 "이 버스가 너무 늦게 오면 어떡하나?", "약속시간에 못 도착하면 어쩌나?" 이런 걱정을 할 필요가 없는 것이다.

버스를 타면 내부에도 큰 전광판이 걸려 있다. 앞에 하나, 뒤에 하나 두 개가 있다. 거기에 정류장이 순서대로 나온다. 버스가 가면서 지나간 정류장은 하나씩 화면에서 없어진다. 곧 정차하는 정류장은 맨 위 왼쪽에 빨간색으로 표시를 해준다. 그것만 잘 보고 있으면, 내릴 곳을 쉽게 확인할 수 있다.

지하철역과 연결되는 정류장은 지하철 표시까지 해준다. "○○에서 내려주세요", "○○정류장은 몇 정거장 남았나요?", "지하철 타려면 어디서 내려야 하나요?" 이런 질문을 전혀 할 필요가 없다. 요금도 너무 착하다. 보통 660원이고, 멀리 가봐야 1,200원 정도다. 나도 처음엔 다른 나라와 비슷한 것으로 생각하고, 버스는 타지 않았다. 주로 지하철을 이용했다. 두어 달 생활한 뒤 "그래도 타이베이에서 생활하는데 타

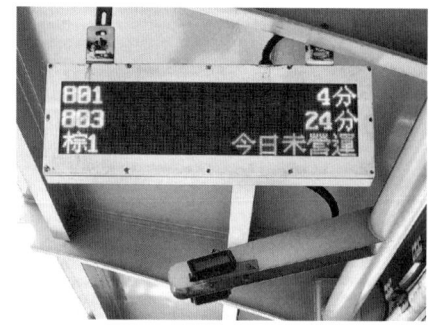

버스 정류장의 전광판. 어느 버스가 언제 도착하는지 표시되어 있다.

범생 공화국, 대만

이베이 버스는 타봐야 되겠지" 하
는 마음으로 타봤다. 그런데 너무
편했다. 이후로는 버스도 자주 이
용했다.

어떤 때는 지하철보다 훨씬 빨
랐다. 지하철을 타면 한두 번 갈아
타야 하는 곳을 버스는 한번에 질러
가는 경우가 많았다. 2025년 5월
초 진먼다오를 갔다. 중국과 거의
맞닿아 있는 대만의 최전방이니
가보지 않을 수 없었다. 타이베이
에서 국내선 비행기를 타려면 송

버스 안 전광판에 정류장이 차례로 표시
되어 있다. 맨 왼쪽 위 빨간색으로 표시
된 정류장이 곧 버스가 정차할 곳이다.

산공항으로 가야 한다. 내가 사는 신베이시 신디엔구新店區에서 지하철
로 송산공항을 가려면 두 번 갈아타야 했다. 시간도 1시간 걸렸다. 오
전 8시 10분 비행기를 타야 하니 그보다 한 시간 전인 7시 10분 정도
에는 공항에 도착해야 했다.

그런데 집 근처에 있는 샤오삐탄小碧潭(소벽담)역에서 첫 지하철이 6시
3분에 출발이었다. 이걸 타면 아슬아슬했다. 우버택시를 검색해보았
다. 2만 원 정도 요금이 나왔다. 타이베이에서 교통비로 한번에 2만 원
을 쓰는 건 마음에 내키지 않았다. 버스를 알아보았다. 다행히 한번에
가는 906번 정류장이 바로 집 앞에 있었다. 구글 지도로 살펴보니 30분
이면 갈 수 있었다. 첫차도 오전 5시 반부터 있었다. 그래서 결국 당일
오전 6시 10분에 906번 버스를 타고 송산공항까지 갔다. 6시 40분에

도착해 커피까지 한 잔 마시고 여유 있게 진먼다오행 비행기를 탈 수 있었다.

갈아타기 너무 쉬운 지하철

지하철도 다른 나라 도시보다 훨씬 편리하게 되어 있다. 특히 갈아타는 게 너무 편하다. 내 출근길은 샤오삐탄역에서 지하철을 타고 한 정거장 간 뒤 치짱七張(칠장)역에서 내려 녹색라인으로 갈아타야 했다. 그런데 치짱역에서 내려 녹색라인으로 갈아탈 때 따로 움직일 필요가 없었다. 내린 자리에 서 있으면 그 자리로 녹색라인 지하철 열차가 들어왔다. 맨 처음 이걸 탔을 때 "아! 이렇게 편리할 수가" 하는 감탄을 하지 않을 수 없었다.

운행시간을 초 단위로 맞추지 않으면 불가능한 일인데 문제없이 척척 잘도 했다. 지금 생각해도 신기할 따름이다. 다른 교차역들도 동선이 아주 짧게, 시민들이 헷갈리지 않고 편하게 갈아탈 수 있도록 되어 있다. 예를 들면 이런 식이다. 녹색라인 역 중에 쫑쩡지니엔탕中正紀念堂(중정기념당)역이 있다. 쫑쩡中正은 장제스의 본명으로 장제스의 기념관이 있는 역이다. 이 역에서는 적색라인으로 갈아탈 수 있다.

역에 들어서면 왼쪽에 녹색라인 상행선, 오른쪽에 적색라인 상행선이 있다. 에스컬레이터를 타고 한 층만 더 내려가면 녹색라인 상행선 바로 밑에 녹색라인 하행선, 적색라인 상행선 바로 아래 적색라인 하행선이 있다. 그러니까 한 층에 녹색라인 상행선과 적색라인 상행선이 있고, 그 아래층에 녹색라인 하행선과 적색라인 하행선이 있는 것이다. 이게 얼마나 편지한지 모른다. 녹색라인 상행선을 타고 오다 적색라인 상행선을 갈아타려면 바로 앞으로 10미터만 움직여서 타면 된다. 적색라인 상행선을 타고 오다가 적색라인 하행선으로 갈아타고 싶으면 에스컬레이터를 타고 짧게 한 층만 내려가면 된다. 이렇게 간결하고 편리하게 되어 있어서 중국어가 별로인 나도 지하철을 타고 여기저기 다니는 데 불편함이 없었다. 또, 기다리는 사람들이 애타지 않도록 다음 열차가 올 때까지 남은 시간을 정확히 표시해준다. 위에 달린 전광판에 녹색으로 현재시간, 노랑색으로 다음 열차까지 기다리는 시간이 명료하게 나와 있다.

기다리더라도 시간을 알고 기다리는 것과 그렇지 않은 경우는 현격

쭝쩡지니엔탕역. 왼쪽에는 녹색라인 상·하행선이 위아래층에 있고, 오른쪽에는 적색라인 상·하행선이 위아래층에 있다.

기다리는 시간이 표시된 전광판. 노랑색으로 '쏭
샨'으로 가는 열차가 올 시간이 3분 10초 남았다고
표시되어 있다(위).
지하철 양측 출입문 사이에 설치된 손잡이(오른쪽).

하게 차이 난다. 마냥 기다리면 지겹다. 하지만 남은 시간을 알고 기다
리면 지겨운 정도가 훨씬 덜하다. 예측가능성이란 게 그래서 필요하다.
행정이 지향해야 할 중요한 부분 중 하나가 예측가능성이다. 작년에 했
던 정책이 올해도 똑같이 시행되면 사람들은 안정감을 느낀다. 준비도
할 수 있다. 그런 것이 사람들의 행복도를 높인다. 반대로 작년 다르고
올해 다르면 사람들은 불안하다. 정부를 믿지 못한다. 사람들의 삶은
힘들어진다. 우리의 교육정책, 주택정책 등이 그렇다. 준비를 해놓으면
정책이 바뀌어 버린다. 사람들은 정부를 믿지 못하고, 언제 또 뭐가 바
뀌나 해서 좌불안석이다.

　시민 편의를 최대화하려는 마인드는 아주 작은 부분까지 미친다. 서
울에서 출퇴근 시간에 지하철을 타면 사람이 너무 많아 손잡이를 잡지
도 못하고 이리저리 흔들리면서 가기 일쑤다. 특히 양측 출입문 사이에

지하철 화장실 소변기 칸막이에 설치
된 받침대.

서면 진짜 잡을 것이 없다. 타이베이에서는 그럴 일 없다. 양측 문 사이
에도 손잡이가 잘 마련되어 있다. 가운데 봉을 세워 놓았는데, 이게 세
갈래도 되어 있어 여러 사람이 잡을 수 있게 되어 있다. 천장에는 둥근
철제 손잡이를 크게 달아 놓았다. 이걸 보면서 나는 "이렇게 하면 되는
구나" 하는 생각을 하지 않을 수 없었다.

타이베이 지하철 대부분의 역사에는 화장실도 역시 쉽게 접근할 수
있는 곳에 설치되어 있다. 그리고 화장실에 들어서면 남자 소변기 사이
에도 칸막이가 설치되어 있고, 칸막이 위에는 전화기나 작은 손가방 등
을 올려놓을 수 있는 받침대를 설치해 놓았다. 모든 역이 그런 것을 아
니었지만, 비교적 최근에 설치된 역의 화장실에는 이게 있었다.

버스도 지하철도 이렇게 편하게 되어 있으니 타이베이는 외국인이
와도 크게 불편하지 않은 도시다. 게다가 사람들이 친절하다. 길을 물
어보면 데려다주기도 한다. 이런 면은 일본 같기도 하다. 이런 점들 덕
분에 타이베이는 국제적 관광도시로 이름을 더 얻어가고 있다.

제4장
★
수수하고
담백한
사람들

생활은
소탈하게

수수한 옷차림

대만에서 생활하면서 늘 느꼈던 것 중 하나가 사람들의 생활은 참 소탈하다는 것이었다. 대부분 2,000원짜리 국수 한 그릇이나 만두 2~3개로 아침 식사를 대신한다. 타이베이 시내는 소박한 작은 식당들로 가득 차 있다. 이런 데서 우육면이나 돼지고기 덮밥 한 그릇을 점심과 저녁으로 즐기면서 살아간다. 이런 식당을 운영하는 사람들도 시간을 정해놓고 일정한 시간에만 일을 한다. 그 대신 음식을 정성을 다해 맛있게 만든다. 그래서 소박하지만 맛난 식사들을 많은 시민이 향유할 수 있도록 해준다. 사 먹는 사람도 만드는 사람도 그렇게 소탈함 속에서 움직인다.

사람들의 옷차림도 수수하다. 더운 계절이 길게 이어지니 가벼운 바지에 반팔 티셔츠 하나를 걸치고 지낸다. 겨울엔 까만색이나 회색의 바지에 경량 패딩 차림이 많다. 화려한 색의 옷차림을 한 여성은 잘 보이지 않는다. 짙은 화장도 별로 없다. 정장에 넥타이까지 맨 남자도 만나기 쉽지 않다. 지하철에서 사람들의 신발을 유심히 관찰해본 적이 있다. 나이키나 호카 같은 유명 메이커는 눈을 씻고 찾아봐도 만나기 어렵다. 20명에 한 명 정도나 될까? 그냥 대만산 중저가 신발들이 대부분이다. 어린아이들까지 나이키를 많이 신고 다니는 우리나라와는 사뭇 다른 풍경이다.

이런 모습은 어디서나 마찬가지다. 골프 연습장에 가끔 갔는데, 거기도 수수하다. 대만 사람들이 한국이나 일본 사람만큼 골프를 많이 치는 것도 아니어서 연습장 자체가 많지도 않지만, 연습장이 보통 고급스럽지도 않다. 내가 가던 연습장은 강변 공원에 자리 잡고 있었다. 세운지 30년이나 된 곳이다. 옆에는 테니스장이 있었고, 동네 아주머니 같은 두 분이 카운터를 맡고 있었다. 내가 들어가면 "니하오"를 아주 큰 소리로 밝게 해주던 분들이다.

공이 30개 들어 있는 한 박스에 우리돈 3,000원 정도를 받았다. 20만 원 정도 하는 카드를 사면 한 박스에 2,000원 꼴로 칠 수 있었다. 연습장이 우리처럼 아주 세련되지도 않았다. 넓은 땅에 우리처럼 망을 쳐서 만들었는데, 공중에는 망이 없었다. 높이 떠서 옆으로 나가는 공은 그냥 날리는 것이었다. 타석에 공 배급기도 없었다. 박스에 공을 받아와서 박스를 기울여 놓고 스스로 공을 하나씩 꺼내서 쳐야 했다. 티에 올려놓고 치고 싶으면 손으로 올려야 했다. 나이 드신 노인들이 많이 왔는데, 모두들 그렇게 손으로 공을 놓고 쳤다.

특히 여기는 강변에 자리 잡고 있어 큰 태풍이 올 때면 물에 잠기기도 했다. 그렇게 물에 한 번 잠기면 정상으로 돌리는 데에 많은 비용이 들었다. 그래서 전동시설도 갖추지 않고 모든 걸 아주 심플하게 수동식

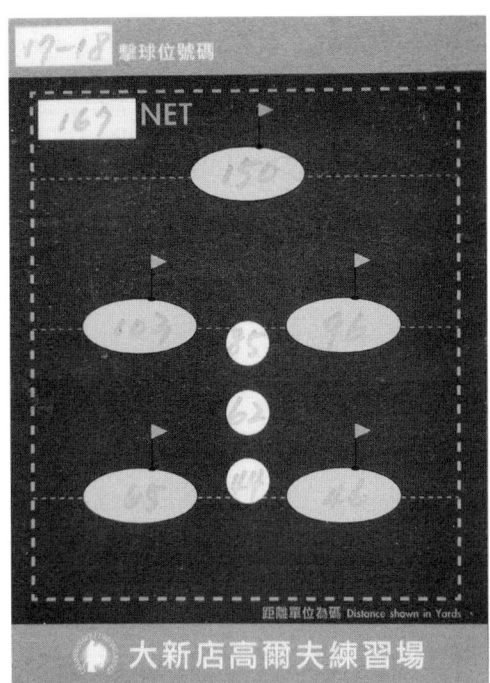

골프 연습장 타석에 붙어 있는 깃발까지의 거리 표시. 왼쪽 맨 위에 있는 것이 17번 타석과 18번 타석이라는 의미이고, 바로 아래 네트까지의 거리 167야드, 그 바로 전 깃발까지 150야드, 그 전 왼쪽 깃발까지 103야드, 또 그 전 깃발까지는 65야드라고 적혀 있다.

으로 해놓은 것이기도 했다. 시 당국에서는 아파트나 상가 등으로 활용할 수 없는 저지대를 운동시설로 허가해준 것인데, 땅이 좁은 섬나라가 토지를 최대한 효율적으로 활용하려 하는 모습이기도 했다.

그런데 그런 수수한 연습장도 우리나라의 연습장보다 훨씬 나은 게 하나 있었다. 거리 표시를 아주 정밀하게 해놓은 것이다. 타석 바로 뒤에 있는 탁자 위에 간단한 지도를 붙여 놓았는데, 거기에 바로 앞에 있는 깃발까지는 65야드, 그다음 깃발까지는 103야드, 또 그다음 깃발까지는 150야드, 네트까지는 167야드, 이런 식으로 적어놓은 것이다. 그런데 대충 적어놓은 것이 아니라 각 타석에서 정확한 위치를 재서 적어놓았다. 그래서 타석마다 적혀 있는 거리가 다르다. 100여 개의 타석에서 깃발까지의 거리가 모두 다르기 때문에 실거리를 정확히 측정해 각각 다른 거리를 적어놓은 것이다. 수수하고 소탈하지만, 다른 한편으로는 정확하고 세밀한 대만 사람들의 특징을 너무 잘 보여준다.

골프장의 철저한 안전의식

이 골프 연습장에 작은 카페트리아가 하나 있었는데, 음식값은 다른 데보다 비쌌다. 수수한 연습장과는 좀 어울리지 않는 모습이었다. 우육면 한 그릇에 8,000원이었으니 6,000원 정도인 다른 데보다 비싼 편이었다. 카페라떼 한 잔도 5,000원이었으니 다른 곳들의 3,000원 정도보다는 많이 비쌌다. 골프장 물가는 한국과 마찬가지로 대만도 인플레이션이 심한 것이다. 골플레이션golf+inflation이라고나 할까?

이 현상은 한국이 유독 심하지만, 대만도 만만치는 않았다. 골프장에서는 으레 그렇게 소비할 거라 여기고, 또 그럴 만한 사람들이 오는 것으로 여기고 그렇게 높은 가격을 매겨 놓은 것일 게다. 좀 합리적인 선으로 가격을 붙여놓으면 더 많은 소비를 유도할 수도 있을 텐데……. 한국이나 대만이나 장사하는 사람 중에 눈앞의 이익을 우선시하는 이들이 존재하는 것은 어쩔 수 없는 모양이라는 생각을 하지 않을 수 없었다.

대만 골프장은 우리나라 골프장과 비슷한 점이 많다. 큰 클럽하우스, 한 팀에 한 명씩 배정된 캐디, 5인승 카트 등이 똑같다. 조금 다른 점은 우선 이용료가 우리의 80% 정도로 싸다. 그린피, 가트 이용료, 캐디피를 한꺼번에 프런트에서 계산한다. 그래서 간편하고 깔끔하다. 우리처럼 라운딩이 끝나고 현금으로 캐디피를 캐디에게 직접 주는 일은 없다. 캐디에게 따로 주는 팁도 없다. 줘도 안 받는다. 팁 받은 사실이 알려지면 바로 해고된다고 한다.

캐디는 한결같이 친절하다. 한국은 가끔 그렇지 않은 경우도 있는데 대만은 그런 경우가 없다. 대만 사람들에게 물어봐도 친절하게 손님에게 봉사하는 게 자기 일인데 불친절한 경우는 있을 수 없단다. 그린 위에서 퍼팅 라이를 짐작해 공을 놓아주지는 않는다. 물어보면 어느 쪽 경사를 보는 게 좋다고 대답해주는 정도다. 특히 다른 부분은 그린 위 핀의 위치를 정확히 알려준다는 것이다.

카트의 캐디석 바로 앞에 각 홀의 핀 위치를 표시해놓은 커다란 종이가 붙어 있다. 1번홀 -7, 2번홀 +8, 이런 식이다. 1번 홀은 핀이 그린 가운데에서 7야드 앞쪽에 있고, 2번홀은 그린 가운데에서 8야드 뒤쪽에 있다는 뜻이다. 거리를 측정하는 단위는 미터를 쓰지 않고 야드를 쓴다. 이렇게 핀의 위치를 야드로 정확히 표시해놓은 것이다.

또 하나 골프장에서 확인할 수 있는 것은 철저한 안전의식이다. 캐디들은 챙이 넓은 헬멧을 쓰고 있다. 날아오는 골프공으로부터 머리를 보호하기 위해서다. 그린피 안에는 보험료가 들어가 있다. 1,000원 정도다. 상해를 입으면 보상해준다. 라운드 도중 골프채가 부러져도 보상이 된다. 홀인원을 하는 경우도 여기서 보상이 나온다. 88만 원 정도 된다.

간결한 게
좋아

"너무 심플하죠?"

대만은 원래 잘 몰랐다. 그런데 동북아 국제정치를 전공하다 보니 미중 관계에 관심을 갖게 되고, 그러다 보니 미중 전략 경쟁의 틈바구니에 낀 대만에도 관심을 갖게 되었다. 미국과 중국의 패권 경쟁이 심화되면서 중국은 대만에 대한 지배권을 강화하려 하고, 미국은 이를 막아내려고 애를 쓰고 있다. 그래서 미중 경쟁의 와중에 대만이 하나의 큰 발화점이 될 가능성이 높아지고 있다. 대만은 국제정치를 연구하는 사람이면 누구나 조금씩은 관심을 가질 수밖에 없는 곳이 되어 버렸다.

그 정도의 관심만 가지고 있던 내가 대만을 한 번 가볼까 하는 생각을 한 건 2018년 초다. 당시 나는 미국 하버드대학 옌칭연구소에서 방문학자로 연구를 하고 있었다. 어느 날 옌칭연구소 복도에 있는 게시판을 보니 타이완 펠로십 초빙 공고가 붙어 있었다. 자세히 보니 중국이나 대만 관련 연구이면 어떤 것이든 연구계획을 제출할 수 있고, 선정

되면 대만에서 6개월에서 1년까지 연구할 수 있도록 지원해준다는 것이었다. 그걸 보고 다음에 기회가 되면 한 번 신청해야겠다고 생각했다.

그러다 2024년 초 다시 연구년 계획을 세울 때 타이완 펠로십 생각이 났다. 우선 홈페이지에 들어가 신청 요강을 살펴보았다. 아주 심플했다. 신청 자격, 가능한 주제, 선정 시 지원 내용, 선정 후의 절차 등만 5페이지 정도로 아주 명료하게 제시해놓고 있었다. 저팬 펠로십Japan Fellowship과 완전히 달랐다. 저팬 펠로십 요강은 너무 복잡했다. 신청 자격, 주제, 신청 절차, 일본 연구자와의 공동연구 계획 등이 아주 세밀하게 묘사되어 있었다. 신청 요강이 30페이지는 되었던 것으로 기억된다. 그걸 보면서 일본 사람들은 참 생각이 많고 복잡하구나 생각했다.

그런 기억을 갖고 있는 가운데 타이완 펠로십 신청 요강을 보니 대만 사람들은 간결한 것을 좋아하는구나 하는 생각을 하지 않을 수 없었다. 그래서 타이완 펠로십에 연구계획을 제출한 뒤 선정되어 대만에 가게 되었다. 대만에 도착해서 대만 외교부의 위탁을 받고 타이완 펠로십에 대한 관리를 맡고 있는 국가도서관에 신고를 하러 갔을 때도 복잡한 것은 없었다. 간단한 인적사항을 받은 다음 연구와 대만 생활에 도움이 되는 설명을 해주었다.

이렇게 간편하고 간결한 것을 좋아하는 사람들이어서 그런지 국가도서관에서 주는 선물도 심플했다. 간편하게 매고 다닐 수 있는 헝겊 가방과 책갈피가 전부였다. 안내하는 직원도 겸연쩍은지 "너무 심플하죠?" 했다. '참. 생활은 단순하게 하면서도 선물은 많이 줘도 되는데' 하고 마음속으로 생각했다.

깔끔한 시장

대만 사람들이 간결한 것을 좋아한다는 것은 대만에서 살면서 자주 느낄 수 있었다. 지하철 노선도 설계가 아주 짜임새 있게 되어 있어서 갈아타기 너무 편했다. 국립대만대학 국제처에 방문학자로 등록할 때에도 절차가 아주 간단했다. 간단한 서류에 이름과 여권번호, 주소 쓰고 행정 비용만 내니 이미 만들어놓은 신분증을 내주었다. 사진까지 붙어 있었다. 사전에 이메일로 인적사항과 사진을 보내달라고 해서 보내 놓았는데, 그걸로 신분증을 미리 만들어 놓은 것이다. 심플하면서도 필요한 것은 확실히, 또 미리미리 준비해놓는 용의주도함도 보여주었다. 그 신분증으로 도서관과 체육관 등 시설을 이용할 수 있었다. 인문사회과학발전센터에 처음 갔을 때에도 간단한 서류 한 장 쓰니 바로 출입증을 주었다. 연구실도 주고, 와이파이 비번, 프린터 세팅 등도 일사천리도 해주었다.

월세 계약을 할 때도 비슷한 걸 느낄 수 있었다. 계약서가 복잡하지 않았다. 집주인과 내가 지켜야 할 것이 몇 가지 적혀 있고, 계약 기간, 월세액, 월세 납부일 등이 적혀 있을 뿐이었다. 세밀하게 집에 어느 정도의 손상을 있었을 때 어느 정도의 보상을 해야 한다 등등의 사항은 없었다.

하다못해 교통카드 하나도 충전하는 게 아주 간편했다. 지하철역마다 설치되어 있는 충전기에 카드를 올려놓고 돈을 넣은 뒤 버튼 하나만 누르면 끝이었다. 키오스크로 무엇을 할 때도 한참 헤매는 나 같은 기계치도 교통카드 충전은 쉽게 할 수 있었다.

간결하고 깔끔한 것을 좋아하는 대만인들의 면모는 시장에 가보면 잘 알 수 있다. 타이베이 중정기념당 옆에 남문시장이 있다. 나는 시장이라고 해서 난삽하고 정신없을 줄 알았다. 그런데 웬걸, 입구에 들어서자마자 '백화점 못지않네' 하는 느낌을 확 받았다.

타이베이 남문시장.

칙칙하지 않고 밝았다. 과한 호객행위 같은 것은 없었다. 가까이 가면 가만가만 설명을 해주는 정도였다. 그래서 부담스럽지 않았고, 구경도 마음껏 할 수 있었다. 진열된 물건들도 사람들도. 만두나 육포, 반찬들도 모두 포장이 되어 있어 사고 싶은 마음이 들게 했다. 그 바람에 캐슈넛을 좀 샀다. 돌아다녀 보니 전체적으로도 정리가 잘 되어 있었다.

지하는 야채상과 정육점, 1층은 견과류, 과자, 만두, 육포 등을 파는 상점들이 모여 있었다. 사람들이 이리저리 헤매지 않고도 자기가 원하는 것을 쉽게 살 수 있도록 되어 있었다. 물건을 산 다음 밥도 먹고 커피까지 마실 수 있게 되어 있었다. 고급지진 않지만 누구나 와서 몇 시간 저렴한 쇼핑을 즐기기엔 참 좋게 되어 있었다.

아직은 관료주의가 남아 있는 영역도 없진 않지만, 전반적으로 대만은 이렇게 뭐든 간결하고 심플하게 할 수 있도록 해놓았다. 사람들의 얼굴이 편안해 보이는 것도, 이런 간결한 시스템들과 관련이 있을 것 같다는 생각이 들 정도였다.

배려심 넘치는
사람들

지하철의 '박애좌'

대만 생활은 마음이 편하고 모든 게 심플해서 좋았다. 마음이 편한 것은 어딜 가도 배려해주는 사람들 덕분이었다. 내가 일하던 국립대만대학 인문사회과학발전센터에는 나 외에도 일본인 교환교수와 박사후 연구생 10명이 있었다. 나와 일본인 교수는 독립된 연구실을 사용하고 박사후 연구생들은 큰 사무실에 칸막이를 하고 각자의 연구를 하고 있었다. 현대 대만 사회의 문제점을 연구하기도 하고, 중국의 근대사를 연구하는 이도 있었다. 한 명은 영국인, 나머지 9명은 대만 사람이었다.

국립대만대학 메인캠퍼스에서 좀 떨어져 있는 시내 빌딩의 몇 개 층을 빌려 쓰고 있었는데, 큰 문을 열고 들어가면 쥐 죽은 듯이 조용했다. 누구 하나 발소리조차 크게 내는 사람이 없었다. 전화통화도 없었다. 통화를 하는 경우 사무실 바깥 복도로 나가서 했다. 화장실과 키치넷kitchenette은 항상 정리되어 있었다. 분리수거도 어기는 사람이 없었

범생 공화국, 대만

다. 내가 편하자고 자기 편의대로 하는 경우를 한 번도 본 적이 없다. 특히 연구하는 사람들이라서 조용하고 정돈된 환경의 중요성을 십분 인식하고 있어서 더 그런 것 같았다.

그런데 사실 이런 연구공간뿐만 아니라 일상에서도 사람들은 늘 배려의 마음이 몸에 베어 있는 모습이다. 지하철을 타면 모두 핸드폰을 볼 뿐 통화하는 사람은 보기 어렵다. 전화기 울리는 소리를 들어본 적이 거의 없다. 가끔 통화하는 겨우도 있기는 하다. 그런 경우도 전화기를 진동벨로 해놓고 있기 때문에 전화기 울리는 소리가 나지는 않는다. 통화를 하는 경우에는 한 손으로는 전화기를 잡고, 다른 한 손으로는 말하는 입을 가리고 조용하게 하는 경우가 많다. 내 앞에 앉은 할머니가 그런 모습으로 통화를 하는 것을 본 적이 있다. "저렇게까지는 안 해도 될 것 같은데" 하는 생각을 하기도 했다. 남을 배려하는 마음이 생활화되어 있기 때문에 이들에게는 그게 그냥 자연스러운 모습임을 생활하면서 알게 되었다.

지하철 안에는 '박애좌博愛座(박애석)'라는 이름으로 장애인이나 노약자들이 앉도록 마련된 자리가 있다. 일반석은 의자가 하늘색인데, 여기는 진한 청색이다. 사람이 많은 시간에도 이 자리는 일반인들이 앉지 않는다. 노약자나 장애인, 임산부, 아이를 가진 부인들이 앉도록 남겨둔다.

너무 붐빌 때는 이 자리에 젊은 사람들이 앉기도 한다. 꽉 밀린 지하철에서 이 자리를 비워둔다면 오히려 이상하기도 할 것 같다. 그런데 그런 경우에도 어르신이나 임산부 등이 타면, 그 자리에 앉아 있던 젊은이는 바로 일어나 자리를 양보한다. 나도 그런 양보를 받아본 적이

지하철에 청색의자로 마련된
박애석.

있다. 밤 9시쯤 지하철에 올라 무심코 손잡이를 잡고 섰는데, 그게 박애석 앞이었다. 그 자리에 어떤 여학생이 앉아 있었다. 핸드폰을 보던 그 학생이 고개를 들더니 나를 보고 깜짝 놀라듯 일어나면서 자리를 양보했다. 내 머리카락이 희다 보니 아주 노인으로 생각했던 것 같다. 아직도 마음은 한참 젊은데……. 그냥 앉아 있으라고 하니 그 학생은 마지못해 앉았다.

박애석이 아닌 일반석에서도 비슷한 일이 늘 일어난다. 일반석에 앉아 있는 학생들도 노인이 타면 일어나 자리를 양보한다. 지하철을 타면 이런 모습을 어렵지 않게 볼 수 있다. 1980년대 내가 대학 다닐 때에는 서울에서 볼 수 있는 흔한 풍경이기도 했다. 이젠 서울엔 없고 타이베이에는 있다. 멀리 다른 나라에 와서 이런 향수 어린 모습을 발견하고 기분이 묘해지기도 했다. 타이베이가 늦는 것인가? 이런 건 늦어도 좋을 것 같다.

혼자 가는 골프장

엘리베이터를 탈 때에도 배려의 마음을 느낄 수 있다. 먼저 타고 있는 사람은 나중에 타는 사람이 문에 걸리지 않도록, 으레 '열림' 버튼을 눌러준다. 그래서 타는 도중 문에 걸리는 경우가 없다. 내릴 때에도 먼저 내리려고 애쓰지 않는다. 오히려 다른 사람들이 먼저 내리도록 하는 데 더 신경 쓴다. 버튼 쪽에 있는 사람은 다른 사람이 다 내릴 때까지 '열림' 버튼을 누르고 있다가 맨 나중에 내린다. 생활 속의 작은 부분까지 주위를 생각하는 마음이 자리 잡고 있는 것이다.

대만도 골프장이 꽤 많다. 80여 개 된다. 인구 대비로는 꽤 많은 편이다. 게다가 작은 섬, 그것도 중앙 부분엔 큰 산맥이 있고, 사람이 살 수 있는 땅이 많지 않은 섬임을 감안하면 골프장이 적지 않은 것이다. 골프를 좋아하는 미국인과 일본인들의 영향을 많이 받은 데다, 선진국 수준의 경제적인 능력을 가진 지가 상당히 되었기 때문에 어느 정도 여유를 가진 사람도 많은 것이다.

나는 머리를 식히고 싶을 때는 가끔 혼자 골프장에 갔다. 내가 가던 골프장은 타이베이 북쪽 바닷가에 있는 단수이淡水 지역(행정구역으로는 신베이시 단수이구)에 있었다. 혼자 칠 수 있는 데가 여기밖에 없었다. 캐디도 없는 아주 싼 골프장이었다. 그래서 상태가 좋지는 않았다. 페이웨이나 그린 관리가 잘 되지는 않았다. 하지만 혼자 칠 수 있는 데다가 저렴해서 이용하기에는 좋았다. 게다가 풍광이 너무 좋았다. 꽤 높은 산에 자리 하고 있어 아래로 단수이강과 바다가 다 보였다. 특히 12번 홀에서 보는, 단수이강과 강 건너 도시, 그 오른쪽으로 보이는 대만해

협의 모습은 정말 그림 같았다. 특히 석양의 모습은 세계 최고라며 해질녁에 한 번 오라고 몇 번을 매니저가 강조했는데, 석양 시간에 맞춰서 가보진 못했다.

대중골프장이다 보니 스스로 카트를 몰고 치게 되어 있는데, 혼자서 한두 홀을 치면, 앞서 가던 대만 사람들은 꼭 기다려 주었다. 혼자 치니 먼저 가라는 것이었다. 어떤 때는 같이 치자고 권하는 사람들도 있었다. 혼자 치는 사람은 속도가 빠르니 느리게 가는 자기들을 기다리느라고 답답할 거라는 생각을 한 것이다. 나는 어떤 때는 그 사람들을 통과해서 먼저 가기도 하고, 함께 치기도 했다.

영국에서 생활할 때하고 좀 비교가 되었다. 영국 사람들은 뒤에서 혼자 치고 있으면 기다렸다가 먼저 가라고 하지는 않았다. 내가 "혼자 치는데 지나가도 되겠느냐?" 하고 물어보면 그러라고 했다. 영국 사람들이 신사지만 아주 친절하지는 않다. 생활 속에서 남의 불편을 먼저 생각하는 모습도 그리 많지는 않다. 대만 사람들이 그런 점에서는 좀 더 도저到底하다.

경쟁은
조금만

한국에 있다 대만에 가니 우선 느낄 수 있는 게 사람들이 서두르지 않는다는 것이었다. 뛰는 사람, 허둥대는 사람, 숨을 헐떡거리는 사람 보기 어려웠다. 물론 가끔 운동 삼아 뛰는 사람이 있긴 했다. 하지만 어디를 급히 가느라고 뛰는 사람은 찾아보기 힘들었다. 살면서 대만 사람들이 그렇게 서두르지 않는 이유를 알게 되었다. 기를 쓰고 남하고 경쟁하려 하지 않는 데에 그 이유가 있었다. 무조건 1등이 최고이고, 이를 악물고 경쟁자는 물리쳐야 되고, 내일을 위해서 오늘은 얼마든지 양보해야 되고, 이런 우리 사회의 분위기와는 많이 달랐다.

그런 것을 사람들의 생활 속에 좀 깊숙이 들어가면서 생생하게 확인할 수 있었다. 대만 생활을 시작한 지 한 달여 쯤 돼서 현지인들의 골프 동호회 모임에 가끔 가게 되었다. 2025년 3월 중순쯤 이 동호회의 골프대회에 참가하게 되었다. 이날 골프대회는 타이베이 근교 신주의 한 골프장에서 열렸다. 지어진 지 80년 정도 된 곳이었다. 오래된 골프장의 특징은 나무가 크고 많아 풍광이 좋다는 것인데, 이 골프장이 그랬다. 낙낙장송이 홀과 홀 사이 울창했다. 페어웨이 가운데에도 큰 소나

무들이 있어 운치가 그만이었다.

상큼한 소나무향을 즐기면서 운동을 하는 사이 이들이 어떤 게임을 하는지 유심히 보았다. 우리하고는 많이 달랐다. 우리는 그날 제일 잘 친 사람(메달리스트), 어느 한 홀에서 가장 멀리 친 사람(롱기스트), 또 어느 홀에서 가장 핀에 가까이 친 사람(니어리스트) 등을 선정해 상을 주는데 이들은 그렇게 하지 않았다. 니어리스트만 6명을 뽑았다. 파3 두 곳을 정해 핀에 티샷을 가장 가까이 붙인 사람, 파4 두 곳을 정해 거기서 두 번째 샷을 핀에 가장 가까이 친 사람, 또 파5 두 곳을 정해 거기서는 세 번째 샷을 핀에 가장 가까이 붙인 사람을 뽑았다. 그러니까 메달리스트와 롱기스트는 없고, 니어리스트만 여섯이 있는 것이었다.

왜 그렇게 하냐고 물었다. "동호회에는 노인도 있고, 청년도 있고, 실력이 출중한 사람도 있고, 그렇지 못한 사람도 있다. 메달리스트, 롱기스트는 젊은 사람, 실력 좋은 사람이 가져가게 되어 있다. 그러면 노인과 실력 좀 모자라는 사람은 소외되기 마련이다. 그래서 그런 상은 없다." 그렇다고 아무런 상도 없이 하면 밋밋하다. 대만 사람들도 너무 느슨한 것은 싫어한다. 적당히 경쟁하는 것을 좋아한다. 그래서 이런 식으로 니어리스트를 많이 뽑는 것이다. 너무 한쪽으로 치우치지 않으면서, 누구나 한 번씩 도전해볼 수 있는 방식으로.

놀이는 실력과 운이 함께 골고루 작용해야 재미있다. 화투나 윷놀이 등이 그래서 재미있는 것이다. 실력이나 기술 있는 사람이 늘 이기도록 되어 있으면 너무 삭막하다. 재미도 없다. 또 하나의 경쟁의 장일 뿐이다. 우리는 워낙 어릴 적부터 경쟁 속에 지내와서 놀이마저 경쟁적인 것을 해야 직성이 풀리는 것 같다. 경쟁의 틀 속에 살아와서 그 외의 것을 생각하지 못하는 것인지도 모르겠다.

　여기서 배운 것을 한국에 가서 적용해봐야겠다는 생각을 했다. 그런데 한국 사람들한테는 싱거울 거 같다는 생각이 들기도 했다. 한국 사람들은 일단 1등을 뽑아야 후련하게 생각하는 것 아닌가 하는 생각이 든 것이다. 나부터 한국으로 돌아가면 대만 기억은 싹 잊고 다시 경쟁 체제로 돌아가 '한국식이 재미있지' 하는 생각을 하게 될지도 모른다는 생각도 들었다. 어쨌든 대만은 우리와 다르다. 죽어라 경쟁하는 것보다는 어느 정도 여유를 가지고 일도 하고 놀이도 즐긴다.

한 우물만
판다

우산만 파는 가게

지하철역에서 '우산왕雨傘王'이라는 상점을 보았다. '우산왕'이라 우산만 파는 덴가 하는 마음에 가까이 가서 가게 안을 유심히 보았다. 진짜 갖가지 종류의 우산이 즐비했다. 큰 것, 작은 것, 빨간색, 파란색 가지가지였다. 다른 것은 없나 더 자세히 들여다 보았다. 비옷이 있었다. 그러나 많지는 않았다. 비옷 빼고는 온통 우산이었다. 이걸 보고 대만 사람들의 성격을 짐작할 수 있었다. 한 구멍을 열심히 파는 사람들임을 '우산왕'이 보여주고 있었다.

비가 좀 많이 오는 나라라고 듣기는 했지만, 우산만 파는 가게가 있을 거라고는 생각을 못했다. 이 세부 아이템을 전문화해서 상표화할 생각을 할 정도이면 하나에만 집중하는 특성이 유독 강한 게 틀림없다. 생활을 하다 보니 그런 대만 사람들의 성격은 여기저기서 드러났다. 만둣집도 큰 만두만 주로 파는 집이 있고, 작은 딤섬만 주로 파는 집이 따로 있다. 군만두만 파는 집도 따로 있고, 한쪽 면만 구워서 파는 집이 또

우산 파는 가게 '우산왕'.

따로 있다. 어떤 집은 화덕 벽에 만두를 붙여 한쪽 면만 구워서 판다. 그런 집들에 매료된 사람들이 줄을 서서 사 먹는다.

　나도 대만 사람처럼 좀 돼 보려고, 사람들이 길게 줄을 서 있는 집에 종종 줄을 섰다. 20분, 30분씩 기다리는 경우도 많았다. 그런데 기다리는 경우는 그만한 이유가 있었다. 줄 서는 집은 맛 없는 집이 없었다. 한쪽 면만 굽는 만둣집을 보고는 왜 저렇게 하지 하는 의문을 가졌는데, 사 먹어 보니 그 이유를 알 수 있었다. 한쪽 면만 구워 구운 쪽은 바사바삭했다. 반대쪽은 화덕의 화기로 서서히 익어 육즙이 아주 풍부하게 살아 있었다. 사서 먹어 본 다음에야 "아! 이래서 한쪽 면만 굽는구나" 깨달았다.

　이런 식당들은 대부분 가족끼리 운영한다. 부부가 하는 경우가 많다. 아들과 딸, 며느리, 사위가 함께 식당을 꾸려 가는 경우도 많다. 젊은이들도 아버지가 하는 식당에서 일을 시작하는 경우도 많다. 내가 만난 대만 사람들 중에도 아버지나 어머니가 운영하던 식당을 이어받아

키운 경우가 많다. 이렇게 대만은 여전히 가족 중심의 사회다. 생계도 가족끼리, 문제가 생겨도 가족 내에서 해결하려는 경향이 강하다. "자선은 가정에서 시작된다"는 대만 속담도 있다. 가족이 서로 잘되도록 돕고 지원하면 결국은 사회 전체가 잘 된다는 인식이 담겨 있다. 가화만사성家和萬事成의 대만 버전이라고 보면 맞을 것 같다.

대만 사람들의 신실성과 충직성

대만 경제의 중심은 여전히 중소기업이다. TSMC 같은 대기업도 있지만, 대만 경제를 받치고 가는 존재는 역시 중소기업이다. 전체 취업자의 80% 정도가 160만 개에 달하는 중소기업에 자리를 잡고 생계를 유지하고 있다. 이들이 나름의 특색과 특장을 가지고 제품을 생산해 국내외 시장에 지속적으로 판매하기 때문에 대만 경제는 안정적이다. 자기 분야에서 한 구멍만 열심히 파는 사람들이 오랫동안 대만 경제의 든든한 기둥 역할을 하고 있는 것이다.

대만의 장점인 IT산업의 현황은 하나의 일에 집중하는 대만 범생들의 모습을 잘 보여준다. 중소기업이 그렇게 많지만, 보통은 이것저것 하지 않고 하나만 한다. 컴퓨터의 메인보드만 만드는 기업이 있고, 모니터만 만드는 회사가 따로 있다. 컴퓨터 펜만 만드는 중소기업이 있는가 하면, 어떤 업체는 연결케이블만 만든다. 그렇게 하나로 특화된 수많은 기업이 대만의 튼튼한 컴퓨터 산업 생태계를 형성하고 있다.

하나의 특화에 성공해 작은 기업에서 대기업이 된 사례도 적지 않

범생 공화국, 대만

다. 에이수스ASUS는 컴퓨터의 메인보드만을 집중적으로 만들어 성공한 기업이다. 컴퓨터는 CPU(중앙처리장치), 컴퓨터 기억장치, 그래픽 카드, 사운드 카드, 모니터, 자판 등 많은 부속으로 구성되어 있다. 이 부속품들을 하나로 연결해주는 회로를 가지고 있는 기능이 있어야 컴퓨터가 비로소 기능을 할 수 있다. 그게 메인보드다.

미국과 유럽의 기업들이 메인보드에 크게 관심을 두지 않고 있던 1990년대부터 메인보드에 집중했다. 한 가지에 집중하다 보니 더 좋은 재료를 쓸 수 있게 되고, 불량률도 줄여 다른 나라 기업들보다 훨씬 더 좋은 제품을 효율적으로 만들 수 있게 되었다. 개인용과 기업용 등 다양한 제품도 내놓을 수 있게 되었다.

미디어텍은 모바일 기기의 두뇌에 해당하는 애플리케이션 프로세서AP 전문이고, 폭스콘은 IT하드웨어 위탁 생산 전문이다. 또 퀀타컴퓨터는 노트북 위탁 제조 전문이고, ASE와 SPIL은 반도체 패키징·테스트 전문이다. 하긴 TSMC도 반도체 위탁생산에 집중해왔다. 이렇게 대만의 세계적 대기업들은 문어발식이 아니라 하나로 승부하는 기업들이 대부분이다.

대만의 산업은 지역별로도 특성화되어 있다. 같은 업종의 기업들이 일정 지역에 모여 있는 것이다. IT 분야는 신주新竹와 신베이新北, 타오위안桃園에 집중되어 있다. 대만 중부지역에는 정밀공작기계와 자전거 관련 업체들이 클러스트를 이루고 있다. 남쪽인 가오슝高雄과 타이난臺南에는 볼트와 너트 관련 기업들이 모여 있다. 이렇게 관련 산업이 하나의 클러스터를 이루면서 시너지 효과를 내고 있고, 외국의 바이어에게는 한 곳에서 효율적으로 구매 활동을 할 수 있도록 해주는 효과도 발휘하고 있다.

　이렇게 대만인들은 작은 일 하나도 성실히 하고 자기 영역을 지켜가면서 거기서 생계를 해결하고 성취 욕구도 충족시켜간다. 이는 대만 사람들의 특성인 신실성이나 충직성과도 연결되어 있는 것이다. 대만에서 직접 생활을 해보면 대만 사람들의 이런 특성을 일생생활의 구석구석에서 체험할 수 있다. 나도 그런 경험들이 있다. 동네에서 알게 된 사람들이 초대해서 한 골프동호회의 월례대회에 몇 번 나간 적이 있다.

　인상적인 건 이 동호회의 총무이었다. 배가 두둑이 나온, 만나면 언제나 반갑게 인사를 해주는 후덕한 60대 아저씨였다. 대회 일정이 잡히면 이 총무 아저씨는 아주 바빠졌다. 일주일 전부터 세세하게 연락을 해주었다. 대회 장소와 시간은 물론이고, 요금, 결제 방법(현금만 되는지, 현금과 카드 다 되는지), 당일의 날씨 등을 면밀하게 체크해 참석자들의 단톡방에 올려주었다.

　대회 장소에 가기 위해 모이는 장소, 출발시각, 임대한 버스의 차량번호 등도 물론 공유해주었다. 대회가 끝나고 뒷풀이가 있는 동안에도 식사도 못하고 분주했다. 식사가 제대로 제공되도록 식당에 여러 번 당부하고, 시킨 것이 잘 준비되어 나오는지도 살폈다. 그러면서 시상식 준비도 혼자서 했다. 참석자가 30명 정도 되고, 시상이 이것저것 많다 보니 준비할 게 많기도 했다.

　상의 종류만도 8개여서 그에 따른 수상자와 시상자를 정리하고 상품을 분류하고 상금도 일일이 봉투에 담았다. 후원 상품도 꽤 많았는데, 이것들을 소개하고 누구에게 줄지도 정리했다. 벌금은 내야 할 사람들에게서는 벌금도 받았다(3퍼트를 한 사람들에게서 3퍼트 1회당 2,500원 정도의 벌금을 받았다). 이런 걸 차질없이 하려다 보니 자신은 식사를 못했다. 대신 도시락을 하나 시켜놓았다가 돌아가는 버스 안에서 먹었다. 버스에서 내리면 집까지 누가 어떻게 가는지 다 체크하면서 챙겼다. 나에게도 매번 "집에까지 누가 데려다 주느냐"고 묻기도 했다.

이 배 나온 아저씨를 보면서 저우언라이周恩來가 생각나기도 했다. 1949년 중국이 출범하면서 외교부 장관 겸 총리를 했다. 1958년까지 겸임을 하다가 이후에는 총리만 맡았다. 외교부 장관 당시 그는 숱한 주요 회담을 했다. 회담에는 오찬이나 만찬이 따르게 마련이었다. 저우언라이는 그런 식사 자리까지도 중시했다. 그래서 식사를 준비하는 식당에 미리 가보기도 했다. 무엇을 어떻게 준비하는지 일일이 체크했다. 그리고 국수 한 그릇을 청해 먹었다. 식사를 주문한 대로 잘 준비하고 있는지도 확인할 수 있고, 그걸로 자신의 식사를 미리 끝낼 수 있었다. 그런 다음 실제 회담 상대와의 오찬이나 만찬 시간엔 식사를 안 했다. 상대가 식사를 잘할 수 있도록 준비한 음식에 대한 이런저런 설명을 세밀히 해주고, 회담에서 못다 한 이야기를 했다. 그런 용의주도함으로 중국의 초기 대외관계를 정비해나갔다.

여하튼, 작은 일이든 큰일이든 하나를 맡으면 신실하고 성실하게 지속하는 것이 대만 사람들의 모습이다. 그것이 전체적으로는 대만의 사회와 경제를 아래에서 단단하게 받쳐주는 초석의 역할을 하고 있다. 꾸미는 것보다는 내공을 다지는 데 더 관심을 가지는 대만 사람들처럼 기업들도 화려함보다는 내실을 다지는 데 더 관심을 두면서 국민 경제의 핵심 역할을 하고 있는 것이다. 그래서 대만은 웬만한 위기가 닥쳐도 크게 휘청거리지 않는다.

제5장

★

합리적인
너무나
합리적인

신실하고
실용적이다

도교와 민간신앙

대만인들의 큰 특징 중 하나가 신실하다는 것이다. 믿음 직하면서도 착실한 성향을 가지고 있는 것이다. 그 바탕이 무엇인가 생각을 해보았다. 아마 생활 속에 녹아 있는 종교의 영향인 것 같다. 대부분 나름의 신앙을 가지고 있는데, 도교가 가장 많다. 통계상으로는 도교 64%, 불교 15%, 개신교 15%, 천주교 4%로 되어 있다. 살면서 느끼기로는 도교가 대부분인 것처럼 느껴진다. 동네마다 골목마다 도교 사당이 있다. 어른들도 젊은이도 이 사당에 들러 절을 하고 간다.

타이베이 시내 한가운데에도 도교 사당이 많은데, 지나가다 보면 가벼운 차림을 한 젊은 아가씨가 사당에 무릎을 꿇고 앉아 열심히 절을 하고, 그다음 한자로 빽빽하게 쓰여진 경전을 읽는 모습을 쉽게 볼 수 있다. 현대와 고대가 함께 존재하는 곳이 대만이구나 하는 생각이 들지 않을 수 없다.

도교는 원래 정령을 숭배하는 민간신앙에서 발전했다. 거기에 도가

와 음양오행, 불교 등의 색채가 다양하게 섞여 지금의 대만 도교가 되어 있다. 교단으로서의 체제와 조직을 갖춘 교단 도교도 있지만, 실제 시민들의 생활 속에 들어와 있는 것은 민중도교다. 민중도교는 주술적 성격이 강하다. 공자, 부처, 관음보살, 예수, 관우, 토지신 등 다양한 신을 개인적으로 정해 모시면서 안위와 현세 이익을 기원한다. 도교의 의식을 기본으로 따를 뿐, 민간신앙과 별로 다를 바가 없다.

이런 민중도교가 많은 대만 사람의 생활 속에 깊숙이 들어와 있는데, 시간 날 때마다 사당에 들러 기도하면서 마음을 가다듬는 모습이나 같은 외국인에게는 아주 낯설게 보이기도 하고, 우리하고는 많이 다르구나 하는 느낌도 주었다. 음력 설날이나 청명절(4월 5일), 중원절(음력 7월 15일) 등에는 대부분의 가정에서 조상이나 신에게 정성을 모아 제사를 지낸다. 대만 사람들은 중원절이 있는 음력 7월을 '귀신의 달'로 부르며 귀신을 위로하는 달로 여긴다. 음력 7월 1일 귀신들이 내려와 7월 31일 돌아간다는 도교 전설에 따른 것이다. 그래서 중원절을 포함한 음력 7월 한 달은 여기저기서 귀신을 위로하는 행사도 열리고, 큰 제사도 지낸다. 그 바람에 마트와 시장은 호경기를 맞기도 한다. 반면 결혼, 여행, 이사, 공사 등은 자제해 관련 업계는 비수기가 된다.

이러한 7월의 풍습은 한족의 이주 역사와도 깊이 연결되어 있다. 청나라 시대에 푸젠성과 광둥성 사람들이 대만으로 이주하기 시작했다. 살던 곳에서 먹고살 만한 사람들은 움직이지 않는다. 못 먹고 못 입는 사람들이 새로운 세상을 찾아 떠난다. 어느 나라나 이주의 역사는 먹고 사는 문제에서 시작한다. 1903년 두려움을 안고 미지의 세계 하와이로 한인들이 떠난 것도 먹고살기 위한 몸부림이었다.

푸젠성과 광둥성 사람들은 대만해협을 건너면서 많이 죽었다. 대만에 도착해서도 힘든 생활의 연속이었다. 토지를 차지하기 위해 다른 종족들과 전쟁을 하기도 하고, 원주민과 창을 들고 싸우기도 했다. 천재지변, 전염병을 만나기도 했다. 그렇게 해서 또 많은 사람이 목숨을 잃었다. 가족을 동반하지 못하고 남자 혼자서 외롭게 죽어간 사람이 부지기수다. 음력 7월이 되면 추수가 시작된다. 살아남은 사람들이 추수한 곡식으로 구천을 떠도는 귀신들을 위로했다. 그런 풍습이 도교 전설과

지전 태우기. 타이베이 시내 한 사당에 마련된 화로에서 한 시민이 지전을 태우고 있다.

만나 지금도 음력 7월이 되면 제사를 지내는 것이다.

제사도 지내지만 지전紙錢(종이로 만든 가짜 돈)을 태우기도 한다. 조상들이 저승에서 여유 있게 지내라고 돈을 보내주는 것이다. 직접 돈을 태우면 너무 부담스러우니 종이로 만든 가짜 돈을 사서 태운다. 지전을 태우는 모습은 길 가다가도 쉽게 볼 수 있다. 가게나 집 앞에 양철로 된 통을 내놓고 거기서 지전을 태운다. 공해가 되기도 하고 위험해 보이기도 하는데 많이들 한다. 공해와 위험성을 지적하는 사람들이 있긴 하지만, 민간신앙과 연결된 대만의 문화인 데다 그 역사도 오랜 것이어서 쉽사리 사라질 수는 없어 보인다.

이 지전 태우기의 기원은 당나라 때로 거슬러 올라간다. 당의 태종 이세민이 한때 죽음 직전까지 간 적이 있다. 의식을 잃고 있는 동안 그의 영혼은 잠깐 저승까지 갔는데, 거기서 어렵게 지내는 귀신들을 만나 금덩어리를 전해주기로 약속했다고 한다. 혼수상태에서 깨어난 태종은 그 약속을 지키기 위해 제사를 지내고 지전을 태워주어 귀신들이 가져가도록 했다는 것이다. 이후 조상이나 신에게 제사 지낼 때, 장례식을 치를 때 지전을 태우는 관습이 생겼다. 요즘에는 집이나 자동차, 노트북, 핸드폰 등을 종이로 만들어 태우기도 한다.

따지고 가리기보다는 실용적이다

사업을 하는 사람들은 특히 자신들이 정해놓은 신이나 조상을 열심히 섬긴다. 현실에서 성실히 일하는 것도 중요하지만, 조상이나 신의 보살핌 속에서 더 잘 될 수 있다고 믿는 것이다. 내가 만난 대만 사람 가운데 타이베이 시내에서 양고기 음식점 3개를 운영하는 40대 사업가가 있다. 사업하는 사람인데도 시사적인 문제, 세계 문제에도 관심이 많아 이야기가 통했다. 미국 유학을 한 것도 아닌데, 영국에서 공부한 나보다 영어를 더 잘한다. 대만이나 중국 사람 중에 영어 잘하는 사람은 아주 잘한다. 중국어 어순이 영어와 같아 잘할 수 있는 기반을 가지고 있기 때문이다. 대만은 미국과 친해 영어 교육을 많이 한다. 그

신베이시 남쪽 마을에 있는 사당 '신점포충의민묘'.

공부의 신, 중생 교화의 신, 전사자 보호의 신, 중생 구제의 신, 재물신 등을 모두 모신다고 쓰여 있다(왼쪽). 남녀 모두 환영한다고도 쓰여 있다(오른쪽).

래서 영어 잘하는 사람이 많다. 이 사업가도 그런 사람 중 하나다.

이 사업가는 토지신을 모신다. 시간 날 때마다 토지신을 모신 사당에 간다. 1년에 한 번씩은 날을 정해 토지신에 크게 제사를 지낸다. 좋은 음식을 차려놓고 제사를 지내면서 가족의 건강과 사업의 번창을 기원한다. 이날은 자신이 운영하는 음식점이 공짜다. 누구나 오는 대로 양고기로 만든 음식을 제공한다. 이렇게 하는 것이 자신과 주변 사람들을 즐겁게 하고 사업도 잘되게 하는 길이라고 여긴다.

이 사업가는 토지신을 모시지만, 여러 신을 한꺼번에 모시는 경우도 많다. 내가 살던 동네에도 사당이 하나 있었는데, '신점포충의민묘新店

襄忠義民廟'라는 사당이다. 이름의 의미는 '신점(동네 이름)에 있는, 충성스럽고 의로운 사람들을 기리는 사당'이다. 객가인들이 주로 가는 수수한 모습의 사당이다. 여기도 여러 신을 모셨다. 문창제군文昌帝君(공부의 신), 지장왕보살(중생을 교화하는 신), 의민야義民爺(전사자를 보살피는 신), 관세음보살(중생을 구제하는 신), 재신야(재물신) 등을 모두 모신 것이다.

이런 사당은 등록된 신자만 찾는 것이 아니다. 지나가던 사람도 들러서 절을 한다. 관광객이 가다가 들러도 된다. 누구나 환영이다. 실제 남녀 누구나 환영한다고 쓰여 있다. 가림과 구분이 없다.

뭔가를 믿고 거기에 의지하면서 그 신심으로 실제 생활을 충실하게 살아가는 게 대만인들이다. 그러면서도 따지고 가리기보다는 두루뭉실 실용적이다. 하나의 신만을 받들고 다른 것은 부정하기보다는 이것도 좋은 것, 저것도 좋은 것이니 모두 따르고 믿는다는 식이다. 실용정신이 넘친다.

실용정신이 충만하다 보니 '너무 개인주의적인 거 아냐?' 하는 느낌을 줄 때가 많다. 착착 자기 일을 하고, 특별히 협력할 일이 없으면, 남의 일에 관심이 별로 없다. 밥도 혼자서 먹는 경우가 많다. 식당에 가 보면 좌석의 절반 정도는 1인석이다. 가운데에는 2~4인이 먹을 수 있게 세팅이 되어 있고, 벽이나 창 쪽으로는 혼자 앉아서 먹을 수 있는 자리들이 마련되어 있다. 1인석이 없는 식당은 거의 없다. 좀 고급스러운 식당에 가도 1인석이 조금씩은 있다. 1인석이 다 차고 없는 경우에는 다인석에 합석을 아주 자연스럽게 해서 먹는다. 2인석에 한 사람이 앉아서 먹고 있으면, 그 바로 앞에 가서 태연하게 자리를 잡는다. 우리에겐 아주 어색한 일인데 대만 사람들은 잘한다.

가장 합리적인 민족

하루는 점심을 먹으러 좀 유명한 돼지고기덮밥(루러우판) 집에 갔다. 1층에 앉을 자리가 없어서 2층으로 올라갔다. 2층에도 빈자리가 없었다. 쭈뼛쭈뼛하고 있으니 안내하는 직원이 한 자리를 가리켰다. 4인석에 젊은 여성 한 사람이 먹고 있었다. 그 여성의 앞자리에 앉으란다. 직원이 앉으라니 앉았다. 그런데 영 어색했다. 바로 앞에 모르는 여성이 밥을 먹고 있는데, 그 맞은편에서 무엇을 먹는다는 게 내키지 않았다. 하지만 거기서 그냥 나가는 것도 겸연쩍은 일이었다. 그래서 불편을 참고 음식을 시켜 먹었다. "대만까지 왔으니 대만 사람처럼 해보자" 하는 생각으로.

편치 않은 마음으로 돼지고기덮밥에 야채를 시켜 먹고 있는데, 앞에 앉은 여성은 전혀 개의치 않고 잘도 먹고 있었다. 앞에 있는 사람 전혀 의식하지 않는 것 같았다. 그저 자기 식사를 여유 있게 즐기고 있었다. 그렇게 '불편한 첫 경험'을 한 이후로는 나도 좀 익숙해졌다. 한 번이 어렵지 두 번째는 그리 어렵지 않았다. 직원이 안내를 안 해주어도 먹고 있는 사람 앞자리에 앉기도 했다. "로마에 왔으면 로마의 관습을 따라야지" 속으로 그런 생각을 하면서. 사람처럼 적응을 잘하는 동물이 또 있을까?

대만 사람들은 식당뿐만 아니라 아무 데서나 혼자서 잘 먹는다. 공원에서, 길가 벤치에서, 길 가면서도 혼자서 먹는 것을 잘한다. 심지어 자전거를 타고 가면서도 오른손으로 핸들을 잡고 왼손으로 빵을 들고 먹는다. 내 연구실이 있던 건물의 수위 아저씨는 도시락을 시켜 건물

입구에서 일하면서 먹었다. 지나가는 사람마다 "니하오" 인사를 하면서 자연스럽게도 먹었다.

대만에는 만두나 빵, 떡 같은 종류의 음식이 많다. 이런 것을 사서 근처 벤치에 앉아서 아침이나 점심, 저녁을 해결하는 사람이 그렇게 많다. 만두나 빵을 사면 그냥 들고 혼자서 먹을 수 있도록 하나하나 작은 비닐에 넣어준다. 그 비닐을 살짝 벗기기만 하면 손에 음식을 묻히지도 않고 쉽게 먹을 수 있다. 나도 바쁠 때는 이렇게 많이 먹었다. 참 편리하고 돈도 적게 들고 시간도 절약하고 너무 좋았다.

이런 음식이 발달한 이유가 실용적이고, 개인주의 성향이 강한 민족성 때문인 것 같기도 하다. 다른 말로 하면 '합리적·이성적rational'이라고도 할 수 있겠다. 쉽게 말하면 '계산적'이라는 이야기이기도 하다. 세계에서 가장 합리적인 민족은, 잘 알려진 대로 유대인Jew이 될 것이다. 그다음으로는 네덜란드인Dutch, 스코틀랜드인Scottish, 한족Chinese이다. 대만인들도 한족이니 그런 합리적·이성적·실용적 특성을 가지고 있는 게 당연할 것이다. 그런 모습이 이들의 문화 여기저기에 스며들어 있는 것이다. 대만 사람들은 그런 실용정신과 합리성으로, 중국의 압박 때문에 하나의 나라로 인정받지도 못하면서도 세계의 많은 나라와 교류하면서 발전을 계속해 행복도 높은 나라를 만들어왔다.

딱 먹은 만큼만 내는
대만식 뷔페

한 만큼 받고, 번 만큼 낸다

타이베이의 거리를 걸어보면, 좀 과장해서 한 집 건너 하나씩 음식점이 있다. 종류도 다양하다. 만둣집, 덮밥집, 국숫집, 아침 전문집, 일식집, 한식집 등등. 그중 다른 어떤 것에 뒤지지 않을 정도로 많은 음식점이 대만식 부페다. 대식자조찬台式自助餐이라고 쓰여 있다. 크게 두 가지다. 하나는 스스로 담는 것, 다른 하나는 직원이 담아주는 것. 들어가면 음식이 쭉 차려져 있다.

먼저 음식을 담을 그릇을 들고 음식 있는 곳으로 가서 스스로 담거나, 음식 앞에 있는 직원들에게 말이나 손으로 필요한 음식을 지정하면 이걸 담아준다. 직원이 담아주는 경우, 음식 그릇을 직원 쪽으로 쭉 들이밀어 주면 편할 것 같은데 그렇게 하지 말란다. 그냥 줄을 따라 그릇을 줄의 진행 방향으로만 밀고 가다 멈추면 거기에 직원이 음식을 담아준다. 좀 먼 것 같은데 흘리지 않고 적절하게 담아준다.

음식은 보통 먼저 밥이 있고, 그다음에 돼지고기나 닭고기 등 고기류가 있다. 그다음 두부, 그다음에는 고등어, 도미, 연어 등 생선류, 다음으로는 콩, 옥수수, 채소 등이 놓여 있으며, 마지막에는 미역국, 계란탕 등 국 종류가 준비되어 있다. 담은 음식을 보고 마지막에 서 있는 직원이 값을 불러준다. 어떤 집은 그냥 무게로 달아서 값을 매기는 집도 있다. 보통은 직원이 보고 음식 종류에 따라 다르게 책정되어 있는 가격을 합쳐서 총합을 불러주는 집이 좀 고급스럽다. 값은 통상 8,000원 정도. 내가 먹는 양이 많지 않아서 그런지 먹을 만큼 충분히 담아도 8,000원 정도였다. 물론 아주 많이 담아서 1만 원이 훨씬 넘는 경우도 있다. 그렇게 먹는 사람도 보긴 했다. 하지만 통상은 그렇게 비싸지는 않다.

타이베이 생활을 하면서 이 대식자조찬에 많이도 갔다. 딱 내 스타일이었다. "그래 일한 만큼 받고, 죄 지으면 그만큼 벌 받고, 먹는 것도 먹는 만큼만 내야지" 생각하며 점심을 먹었던 기억이 난다.

이 대식자조찬이 대만 사람들의 사고방식을 그대로 보여주는 것 같

대만식 뷔페. 담는 대로 값을
내기 때문에 많이 먹을 욕심
을 내지 않는 게 좋다.

대만식 뷔페에서 담은 한 끼 식사. 닭고기와 생선, 고추잡채, 청경채, 숙주나물 등을 골고루 담아 한 끼 식사로 충분하다. 이게 7,000원어치다.

다. 그만큼 합리적이다. 한 만큼 받고, 번 만큼 내고, 자기가 행동한 대로 그에 따른 책임은 진다는 생각이다. 이 사람들에게 한국식 뷔페는 참 이상할 것 같다. 먹는 게 다 다른데, 어떤 사람은 15, 어떤 사람은 5를 먹는 데 모두 10을 내라고 하면 말이 안 된다고 생각할 게다. 대만도 호텔의 조식은 호텔 요금에 포함되어 있고, 마음대로 먹을 수 있게 되어 있기는 하다.

또, 고급 호텔이나 최상급 컨벤션센터 같은 데에는 큰 돈을 내고 마음대로 먹을 수 있는 고급뷔페가 있을 것 같기도 하다. 하지만 내가 그런 곳을 가볼 기회는 없었다. 있다 해도 많지는 않을 것 같다. 일반 사람들은 그렇게 이성적으로 합리적으로 생활한다. 일한 만큼 벌고, 번 만큼 적절히 쓰고, 자기 수준에서 즐길 수 있는 것을 즐기고, 그것에서 만족감과 행복감을 느끼며 살아간다.

시크한 걸까, 쿨한 걸까?

대만에 살면서 이런 합리성을 몸으로 느낄 때가 많았는데, 특히 모임에 참석했을 때다. 약속 장소에 가면 보통 원형 테이블이 있는 큰 방에 예약이 되어 있다. 여기에 둘러앉으면 음식이 나온다. 10명이면 보통 10가지 정도의 음식을 주문한다. 고기, 탕, 야채, 해물 등을 골고루 시킨다. 돌아가는 테이블을 천천히 돌려서 이 음식들을 접시에 담아 먹으면서 이야기를 하고 웃고 떠든다. 평소에는 조용조용한 대만 사람들인데, 이런 모임에서는 왁자지껄하다. 이럴 때 평소의 스트레스를 푸는 것이다. 술도 함께 마신다. 점심에는 맥주, 저녁에는 고량주 같은 백주를 보통 마신다. 하지만 고주망태가 될 정도는 아니다. 3~4잔, 많으면 5~6잔 정도 마신다.

요리들이 나오다가 디저트가 나오면 음식은 끝난다. 디저트는 과일, 빙수, 작은 찐빵 등이 주로 나온다. 그렇게 디저트가 나오면 그걸 먹고 10~20분 정도 더 있다가 자리를 파한다. 2~3시간 정도면 모임은 보통 끝난다. 물론 아주 가까운 친구들 사이면 노래방 등 2차를 가는 경우도 있지만, 보통은 여기서 마무리한다. 남은 음식은 포장해서 필요한 사람이 가져간다. 자리를 파할 때도 시간을 길게 지체하지 않는다. 그 자리에서 한 사람씩 총총히 떠난다.

음식을 들고 가는 사람도 있고, 화장실에 들렀다 가는 사람도 있고, 옆사람과 이야기를 조금 더 하다가 가는 사람도 있다. 우리처럼 식당 앞에 나와서 다 모여서 일일이 악수를 하고 헤어지는 번거로운 과정은 없다. 시크chic하다고 해야 할까, 쿨cool하다고 해야 할까? 나는 처음에 이게 참 이상하게 느껴졌다. 모임을 하고 헤어질 때면 일일이 인사를 하고 "나 갈게. 잘 지내", "한 달 후에 또 만나" 뭐 이런 식의 인사들을 하고 서로 아쉬워하면서 떠나는 과정이 있어야 할 텐데 그런 게 없었다. 하지만 그것도 몇 번 하니 적응이 되긴 했다.

함께 여행을 갔다가 돌아오는 경우에도 마찬가지다. 한 번은 진먼다오金門島에 몇 사람이 같이 갔다. 함께 잘 구경하고 타이베이 송산공항에 도착했다. 비행기에서 내려 짐을 찾고 나와서 함께 모여 서로 작별을 해야 할 텐데 그런 게 없었다. 각자 짐 찾고 그냥 떠났다. 좀 섭섭하기도 했다. 하지만 보통 모임 뒤 헤어지는 과정을 생각해보면, 대만 사람들에게는 이게 자연스러운 것이다. 유대인, 네덜란드인, 스코틀랜드인들이 합리적이라고 하지만, 이런 점을 보면 한족, 특히 대만의 한족은 이들보다 더 이성적인 것 같다.

질서는
나의 생활

빨간불이면 멈추고 녹색불이면 건넌다

대만 사람들은 질서를 지키는 것이 체화되어 있다. 신호등이 있으면 지키고, 줄이 그려져 있으면 넘지 않는다. 지하철역에는 기다리는 사람들이 줄을 서도록 줄을 그어 놓았다. 사람들은 자연스럽게 거기에 선다. 사람이 많거나 적거나 상관없다. 줄이 그어져 있으니 나는 거기에 선다는 식이다. 사람들이 거의 없는 주말 낮시간에도 거기에 선다. 한두 사람 기다릴 때에는 아무 데나 서서 기다려도 될 것 같은데 이들은 선을 따라 서서 기다린다.

전철이 들어오면 내리는 사람을 기다려주고, 그다음 줄을 따라 천천히 탄다. 갑자기 뛰어오는 사람도 줄의 맨 뒤에 서서 차례로 탄다. 나도 처음엔 몇 번 실수를 했다. 지하철이 들어오는 걸 보고 급하게 달려가 사람들 사이에 섞여서 탔다. 그렇게 몇 번을 하고, 언젠가 내가 잘못하고 있음을 문득 깨달았다. 바삐 달려가다 보니 사람들에 섞여 그냥 탔는데, 알고 보니 그렇게 하면 안 되고 줄의 뒤에 서야 하는 것이었다. 사

지하철역에서 선을 따라 서서 기다리
는 사람들.

실 문은 넓게 열려 있고, 줄 선 사람들은 한쪽으로 얌전하게 타고 있으
면, 반대쪽에서 달려오다가 그냥 빈공간으로 들어가기 쉽다.

　타이베이 타오위안 공항에 손님을 마중하러 나갔다가 그런 모습을
여러 번 보았다. 나 같은 사람이 많은 것이다. 공항에는 대만에 처음 오
는 사람이 많으니 그런 사람이 더 많을 수밖에. 그런데 내가 초기에 몇
번 그런 실수를 할 때도 누구 하나 말하는 사람은 없었다. 내가 갑자기
깨닫게 될 때까지 그들은 그냥 별 이야기 없이 지켜봐주었다.

　작은 골목길 같은 곳에 신호등이 있는 경우가 있는데, 빨간불이면
기다린다. 차도 별로 없고, 길의 폭도 5미터 정도로 아주 작은데도 건
너지 않는다. "이때는 이렇게 해도 되겠는데", "저때는 저렇게 하는 게
더 나을 것 같은데" 이런 류의 잡생각이 없는 것 같다. '그냥 빨간불이
면 멈추고 녹색불이면 가는 거지.' 이렇게 단순하게 생각하고 사는 것

엘리베이터 앞에 줄 서 있는 사람들.

같다.

심지어는 엘리베이터를 타는 데에도 줄을 선다. 내가 일하던 연구소도 15층짜리 건물에 세를 들어 있었는데, 사무용 건물이다 보니 점심시간에는 식사를 하러 나갔다가 들어오는 사람들로 조금 붐빌 때가 있었다. 그럴 때면 1층 작은 로비에 일렬로 줄을 섰다. 엘리베이터가 좌우에 두 개 있었는데, 그 가운데 줄을 서서 먼저 내려오는 엘리베이터를 차례로 탔다.

사실 그렇게 이용자가 많은 것도 아니어서 대충 서 있다가 내려오는 엘리베이터를 타도 기다리는 사람들을 못 태울 정도는 아니었다. 그런데도 줄을 섰다. 3~4명만 모여도 그렇게 줄을 섰다. 그냥 대충 서 있다가 탄다는 개념 자체가 없는 듯했다. 줄 서는 게 몸에 배어 있고, 그러다 보니 그게 편한 것 같았다. 한 사람이 앞에 있으면 다음 사람은 그냥 자연스럽게 그 뒤에 서고, 그다음 사람은 다시 그 뒤에 섰다. 별생각 없이 그렇게 줄을 서서 핸드폰을 보기도 하고 서로 대화를 하기도 했다. 그게 습관이고 생활이었다.

뜰마다 장미가 피는 나라

내가 가끔 가던 골프 연습장은 이용객들이 드나드는 문이 3개였다. 가운데에 큰 입구가 있고 양옆에 하나씩 있었다. 평소에는 아무 데로 들어가도 상관없었다. 그런데 주말에는 양옆의 문을 잠갔다. 궁금해서 왜 그러냐고 물었다. 주말엔 이용객이 너무 많아 차례를 지키도록 하기 위한 것이란다. 타석이 꽉 차 있을 때는 중앙의 입구에서 차례를 기다려야 했다. 그런데 잘 모르고 양옆의 문으로 들어가는 사람이 있단다. 그러면 가운데 문에서 차례를 기다리던 사람이 피해를 보게 되니 양옆의 문을 잠그는 거란다. 질서, 차례, 정리를 중시하는 대만인다운 조치다.

내가 살던 오피스텔은 대단지 아파트와 하나의 단지로 연결되어 있었다. 강변을 따라 길게 늘어선 단지의 한쪽에는 산책로가 잘 갖추어져 있었다. 강 옆으로 심호흡을 하면서 걸으면 마음이 맑아지는 그런 길이었다. 당연히 사람이 많았다. 대만도 애완동물을 키우는 사람들이 많아져 강아지를 데리고 나오는 사람들도 적지 않았다. 겨울에는 온몸에 털옷을 두른 강아지가 주인을 따라 꼬리를 흔들며 종종걸음을 치는 모습도 볼 수 있었다.

범생 공화국, 대만

어디서나 애완동물들은 대소변이 문제다. 여기서도 그게 문제가 되는지, 대변을 꼭 치워달라는 표지판이 띄엄띄엄 붙어 있었다. 하루는 강아지 뒤를 따라가는데 잠시 멈추더니 다리를 들고 쉬를 했다. '음, 곧 가겠지' 하고 잠시 서 있는데, 주인이 작은 가방에서 물병을 꺼냈다. 주인이 물을 강아지가 쉬한 곳에 부었다. 소변 본 자리를 물로 희석시킨 것이다. 한국에서는 보지 못한 장면이었다.

이런 질서 의식은 언제부터 자리를 잡은 것일까? 자료를 찾아보니 이미 1950년대부터 대만은 질서, 시간 엄수, 청결 등이 정립되고 있었다. 1957년 우리나라의 문인들로 구성된 친선방문단이 대만을 방문했다. 시인 조병화, 소설가 정비석 등이 갔다. 이들의 눈에 비친 대만은 민족, 민권, 민생을 핵심가치로 하는 삼민주의를 실행해 경제적으로, 사회적으로 발전하는 나라였다. 물론 본성인-외성인 갈등, 자유의 부재 등 부정적인 측면도 있지만, 농촌을 비롯해 생산력이 증가하고, 준법정신이 높아 배울 점이 많은 나라라는 것이었다. 당시 대만을 둘러보며 느낀 감상을 묘사한 조병화의 시 「장미의 선물」을 읽어보자.

타이완은 뜰마다 장미가 피는 나라

고요한 나라

우리들 극동의 남쪽 물결치는 나라

고요한 나라

모두들 한 가족 장미를 키우는 나라

마음마다 한 그루 따뜻한 나라

고요한 나라

어질고 순박하고 따뜻이 정과

사랑이 흐르는 나라

장미를 키우는 나라

한 가족 한 뜰에 뜰마다 장미를 가꾸는 나라

내일의 아침 아침의 그리운 악수를 위하여

따뜻한 장미를 키우는 나라

검은 물결치는 해변과 들과 산과 골짜기

골짜기

마을마다

따뜻이 키우고 사랑하는 장미의 나라

극동의 아침

아시아 들판

장미의 나라

소곤소곤 사랑과 이야기와 내일이

우리들 가슴마다 피어오르는 장미의 나라

타이완은 뜰마다 장미 장미가 피는 나라

내일이 잠자는 나라

고요한 나라

시인 조병화는 대만 가정의 장미를 통해 풍요와 여유, 사랑, 희망을 보고 있었다. 3년간의 전쟁 후 여전히 전화戰火의 질곡에서 벗어나지 못하고 있던 한국에 비하면 당시 대만은 문명과 문화의 수준이 크게 앞서는 것으로 보면서, 그에 대한 동경을 시로 표현한 것이다. 지금도 대만은 장미를 많이 기른다. 집에서도, 농장에서도. 가끔은 담장을 타고 넘어온 장미넝쿨도 보인다. "이 장미넝쿨을 자르지 마시오"라는 표시가 붙어 있기도 하다. 색색의 장미들로 꾸며진 장미공원들도 곳곳에 있다. 1957년 당시 그런 장미가 시인 조병화에게는 부러움을 샀던 것 같다.

당시 장제스의 국민당 정부는 강력한 독재로 사회질서의 확립을 추진하면서 미국의 원조를 받아 경제발전을 이루어 나가고 있었다. 권위주의 정권이 추진한 준법정신, 질서 의식 확립 등의 사회적 캠페인이 오랫동안 시행되면서, 지금은 질서 의식이 하나의 사회상규로 사람들에게 체화되어 있다.

땅 위에 쓰레기는 없다

쓰레기를 처리하는 모습도 공공질서를 지키는 모습처럼 깔끔하다. 일단 거리에 쓰레기가 거의 보이지 않는다. 그게 대만 정부의 모토이기도 하다. 1997년부터 '땅 위에 쓰레기는 없다'는 모토를 내걸고 강력한 쓰레기 처리 정책을 실시했다. 그전까지는 일정한 곳에 쓰레기를 모아두면 쓰레기 수거차가 와서 가져가는, 우리와 비슷한 시스템이었다. 하지만 우리와 대만은 사정이 완전히 다르다. 대만은 북부는 아열대, 남부는 열대지방이다. 쓰레기를 하루라도 모아두면 바퀴벌레와 쥐들이 극성이다. 그래서 생겨난 모토가 '땅 위에 쓰레기는 없다'이다.

1997년부터 쓰레기 수거 방식을 완전히 바꾸었다. 모아놓는 것이

쓰레기 수거차. 노란색은 일반 쓰레기, 흰색은 재활용 쓰레기를 수거하는 차량이다.

아니라 집에서 잘 갖고 있다가 쓰리기 수거차가 올 때 가지고 나오도록
한 것이다. 그러면서 거리에 쓰레기가 없어졌고, 바퀴벌레와 쥐도 줄었
다. 이 정책이 지금도 시행되고 있고, 수요일과 일요일을 제외하고 매
일 두 차례씩 쓰레기차가 주택가를 돈다. 주민들은 자기 지역에 쓰레기
차 오는 시간을 기억해 두었다가 그 시간에 나가 쓰레기를 버린다. 시
간을 잊어버려도 별 상관은 없다. 쓰레기차가 큰 음악소리와 함께 등장
하기 때문이다.

　음악소리는 보통 베토벤의 〈엘리제를 위하여〉이다. 자신이 심혈을
기울여 만들어낸 곡이 쓰레기 수거에 쓰인다는 걸 알면 베토벤이 좋아
할지는 모르겠지만, 실제 그렇게 쓰이고 있다. 주민 생활의 편의를 위
해 활용되는 것이니 싫어할 이유는 없을 것 같기도 하다. 그런데 왜 하
필 이 곡이 여기에 쓰였을까? 사연은 단순하다. 1997년 당시 이 정책
을 추진하던 대만 정부 위생복리부 장관이 자신의 딸이 자주 연주하던

〈엘리제를 위하여〉를 쓰레기 수거차 음악으로 쓰도록 했다고 한다. 지금은 지역에 따라 바다르체프스카의 〈소녀의 기도〉를 쓰기도 한다. 내 연구실이 있던 중정기념당 지역에서도 수요일과 일요일을 제외하고 매일 하루 두 번, 오후 6시와 9시에 〈소녀의 기도〉가 자명종처럼 울렸다.

어쨌든 그런 과정을 거쳐 대만은 땅 위에서 쓰레기를 거의 보기 힘든 나라가 되었다. 주민들은 귀찮지만 전체의 위생을 위한 일이니 적극 협조한다. 쓰레기를 버리기 위해서 쓰레기차를 기다리면서 이웃들이 얼굴 보며 이런저런 살아가는 이야기를 나누기도 한다. 어떤 동네에서는 위탁업체를 선정해 그 업체에 수거해가도록 하기도 한다. 큰 아파트에서는 관리사무소가 수거 장소의 위생상태를 철저히 관리·운영하면서 주민들이 거기에 쓰레기를 버리게 하기도 한다.

내가 살던 오피스텔도 아무 때나 수거장에 버리도록 되어 있었다. 그 쓰레기 수거장은 냉장고 냉동실 정도의 저온이었다. 더운 대만에서도 거기는 빨리 들어갔다 빨리 나와야 할 정도로 추웠다. 문을 열고 들어가 얼른 쓰레기봉투를 버리고 재빨리 나와 얼른 문을 닫았다. 이렇게 수거장이 철저히 관리되는 곳에서만 아무 때나 쓰레기를 버릴 수 있게 하는 것이다. 어쨌든 쓰레기가 방치되어 비위생적인 상태가 되어서는 안 된다는 것이다. 대만 시민들은 그런 취지에 맞춰가면서, 또 그 속에서 조금씩은 융통성도 발휘해가면서 살아가고 있다.

절약
또
절약

전기난로 금지

대만에서 재미있게 생활하는 가운데서도 힘든 게 몇 가지 있었다. 그중 하나가 너무 절약한다는 것이다. 2024년 2월 타이베이 남쪽 신티엔新店 지역에 처음 집을 얻어 생활하기 시작했다. 2월 타이베이의 날씨는 꽤 춥다. 최저 10도에서 최고 17도 정도 되는데 17도가 되어도 따뜻하다는 느낌이 별로 안 든다. 비가 자주 오고 습도가 높아서 그런 것 같다. 더욱이 건물 안으로 들어가면 더 춥다. 건물이 온기가 전혀 없고 오히려 냉기가 가득하기 때문이다.

내가 살던 곳은 29층 오피스텔이었는데 건물에 들어서면 차가운 시멘트 냉기가 확 몸을 감쌀 정도였다. 그도 그럴 것이 방에 들어서도 따뜻하게 하는 장치라고는 없다. 난방장치는 자체가 없고, 천장은 유독 높다. 우리 아파트의 1.5배는 된다. 층간 소음은 없어서 좋다. 하지만 그렇게 천장은 높은데 벽지도 없이 시멘트벽에 페인트칠만 해놓았으니 방 안이 차갑지 않을 수 없다.

그런 방에서 2~3월을 지내느라 아주 혼났다. 한국에서 혹시 하는 마음으로 작은 전기장판을 가져갔는데, 그게 없었으면 큰일 날 뻔했다. 이불도 비교적 얇은 것을 가져갔는데, 전기장판에 의지하며 얇은 이불을 덮고 그 겨울을 나느라 적잖이 고생했던 기억이 지금도 생생하다. 화장실 천장에 작은 온풍기가 하나 붙어 있기는 했다. 샤워할 때 너무 추우면 쓰라고 달아놓은 것이다. 퇴근 후 방에 들어가자마자 그 작은 온풍기부터 틀었다. 그 온기가 방으로 좀 전해지기를 바라면서. 하지만 그런 일은 없었다. 온풍기가 너무 작았다. 다만 샤워할 때는 그나마 좋았다. 이거라도 있으니 너무 다행이다 하는 생각을 하면서 샤워를 했던 기억도 난다.

내가 출근하던 국립대만대학의 연구실도 춥기는 마찬가지였다. 난방기구는 아예 없었다. 전기난로 등을 쓰는 것도 금지되어 있었다. 맨 첫날 나에게 준 연구소 지침에 전열기는 쓰지 못한다고 되어 있었다. 그래서 나는 늘 패딩을 입고 일해야 했다. 어떤 날은 손이 시려 주머니에 손을 넣고 책을 보는 경우도 있었다. 주말에는 인터넷이 안 되었다. 공유기를 주말에는 아예 꺼버리는 것이었다.

연구소 출근 첫날 주말에 와서 일을 해도 상관없느냐고 물었다. 카드로 문을 열고 들어와 연구실에서 일하는 것은 문제없는데, 인터넷은 안 될 수 있다고 했다. 나는 그 말을 들으면서 설마 인터넷이 안 되게 하겠나 했는데 실제 주말에 나가보니 그랬다. 구석진 곳에 위치한 화장실 쪽은 늘 어두웠다. 갈 때마다 좀 꺼림직한 느낌이 들어 내가 이용한 다음에는 그냥 불을 켜놓았다. 그런데 그다음에 가보면 꼭 불이 꺼져 있었다. 같은 층에 있는 박사후 연구생들이 이용 후 불을 끄는 것이었다.

일하는 사무실 전기를 아끼는 것도 생활화되어 있다. 내가 일하던 연구소는 큰 사무실 전체가 몇 개 구역으로 나뉘어 있었는데, 자기 구역에서 마지막으로 나가는 사람이 해당 구역의 전기는 끄고 나가게 되어 있었다. 보통 내가 제일 늦게 퇴근을 했는데, 내 연구실의 불을 끄고 전체 사무실 입구 주변의 불을 끄고 나가야 했다. 거기까진 한국에서도 있을 수 있는 일이니 의당 해야 하는 일로 생각했다. 문제는 바로 다음이었다.

사무실의 불을 끄면 갑자기 깜깜해져 약간 무서운 생각이 들어 얼른 바깥으로 나갔다. 바깥 복도도 깜깜했다. 불 켜는 곳은 아무리 찾아봐도 없었다. 겨우 엘리베이터 버튼만 찾을 수 있을 정도의 작은 불이 있을 뿐이었다. 내려가는 버튼을 눌러놓고 14층까지 오는 엘리베이터를 기다리는 시간이 아주 길게 느껴졌다. 그때마다 "참 이렇게까지 해야 되나?" 하는 생각을 했다. 하지만 그들은 그렇게 불편을 감수하면서 아끼고 절약하는 것을 더 큰 미덕으로 여기며 산다.

종이컵이 없다

내가 살던 집에 샤워용 소형 온풍기를 달아놓은 것을 보면 대만 사람들도 겨울에는 추위를 타는 것이 분명하다. 겨울 옷차림도 패딩에 꽤 두꺼운 바지들을 입고 다니는 것을 보면 우리가 추위하는 것과 별 다르지 않아 보였다. 그런데도 집에 난방시설은 다들 안 해놓았단다. 물론 12월에서 2월 정도만 춥고 나머지 계절은 추위보다는 더위와 싸워야 하니 난방시설보다는 에어컨이 훨씬 더 중요하긴 하다. 그래도 그렇지……. 겨울 3개월 동안 추위가 만만치 않은데 그냥 그러구러 살아간다. 절약하는 것이 몸에 배어 있고, 그렇게 사는 것이 마음들이 편한 것 같다. 절약이 체화되었다고나 할까?

종이컵을 보기도 어려운 나라가 대만이다. 관공서에도 학교에도 종이컵은 없다. 지하철역에 물 마시는 음수대가 있는데, 여기도 컵은 없고 버튼을 누르면 물이 위로 올라와 그냥 입을 갖다대고 마시면 된다. 내가 일하던 연구소에도 정수기는 있는데, 그 옆에 있을 법한 종이컵을 없었다. 모두 텀블러를 들고 다니거나 자기 컵을 하나씩 가지고 있으면서 그걸로 물을 마셨다. 편의점에서 종이컵을 팔긴 판다. 하지만 포장 단위가 우리나라에서 보는 것보다 작다. 많이씩 사가는 사람이 거의 없는 것이다. 사가는 사람이 있기나 한 것인지 궁금하기도 하다.

어디에서도 종이컵 쓰는 곳을 발견하지 못했는데 어디에서 쓸까 하는 생각이 들지 않을 수 없다. 파티를 하거나 단체로 모임을 하는 경우 쓸지도 모르겠다. 절약 정신에 몸에 배어 있기 때문일 것이다. 거기에 최근에는 지구를 보호한다는 에코 의식까지 많이 퍼져 대만에서 종이컵 찾기는 더 어려워질 것 같다.

그런 대만 사람들을 보면서 영국에서 유학할 때 생각이 났다. 영국은 서안해양성 기후라서 심한 추위는 없다. 하지만 겨울에는 기온이 0도까지 내려가는 경우도 있고, 게다가 겨울이 우기여서 비가 추적추적 오는 경우가 많다. 그래서 때로는 한국의 겨울 못지않게 춥게 느껴지는 날도 있었다. 그런 날이면 우리 가족들은 한국에서 가져간 전기장판 위에 옹기종기 모여 있었다. 영국 사람들은 그런 추위를 그냥 견딘다. 창문도 유리가 이중으로 되어 있는 이중창이 아니라 유리 한 장으로 되어 있는 단창인 경우가 많았다. 우리보다 잘 사는 선진국 영국의 보통 사람들도 그렇게 절약하며 지냈다.

영국에서 내가 세들어 살던 집의 주인 할머니는 훨씬 더 자린고비였다. 살림이 어려운 편이 아닌데도 옷도 신발도 아주 오래오래 입고 신었다. 몰고 다니던 자동차도 20년이 넘은 소형차였다. 기어도 오토매틱이 아니고 완전 수동식이었다. 창문도 버튼 눌러서 내리는 게 아니라 손잡이를 돌려서 내리는 것이었다. 70세가 넘은 할머니가 그런 차를 몰고 다녔다. 거기도 그렇게 절약이 생활화된 사람들이 많았다.

다만 영국 사람들은 1년에 두 번 크게 쓴다. 4월에 있는 부활절, 12월 크리스마스 때다. 이때는 보통 지중해 해안이나 프랑스, 스페인 등지로 여행을 간다. 2주 정도 간다. 영국 사람들은 1년에 이렇게 두 번 잘 놀기 위해 평소에 절약하고 휴가도 아끼고 한다. 대만이나 영국이나 절약하는 생활은 비슷하지만, 쓰는 것은 이렇게 좀 다르다. 대만도 영국처럼 선진국으로 오랫동안 자리하게 되면 생활양식이 좀 달라질지도 모르겠다. 인간의 본성이 절약과 친하지는 않을 것 같다. 오히려 잘 먹고 잘 쓰는 쪽과 친할 것 같다. 더 잘 살게 될수록 본성과 본능에 충실하려 하는 게 인간 아닐까.

범생 공화국, 대만

열린
마음

동성끼리 결혼할 수 있다

오래전부터 서구의 영향을 받아서 그런지 대만은 개방적이다. 특이하다. 범생들이 사회 대부분 영역을 이끌어가는 사회이면서도 융통성이 있다. 꽉 닫혀 있다는 느낌은 전혀 없고 반대로 활짝 열려 있다는 인상이다. 문물을 수용하는 것도, 마음가짐도. 대만인들의 개방적인 태도를 단적으로 알 수 있게 하는 것이 동성결혼이다. 아시아에서는 처음으로 2019년 동성끼리, 즉 남성과 남성 또는 여성과 여성이 결혼할 수 있도록 허용했다. 아시아 최초로 민주공화국을 수립한 나라는 1911년 신해혁명 후 1912년 1월 1일에 세워진 중화민국이다. 그 중화민국을 계승한 나라가 대만이다.

동성결혼 허용과 관련해서는 물론 많은 논란이 있었다. 찬반 양측이 나뉘어 결론을 내기 힘들었다. 결국 법정으로 갔다. 대만 최고법원인 사법원은 2017년 동성결혼을 금지한 민법의 혼인 조항에 대해 위헌 결정을 내렸다. 그러면서 2년 내에 관련 법을 제정하도록 했다. 다시 논란이 일었다. 구체적으로 어떤 내용을 담아 법을 만들지를 두고 갑론을박을 하게 된 것이다. 긴 논쟁 끝에 결국은 동성결혼을 허용하는 특별법이 2019년 국회를 통과했다.

그래서 지금 대만에서는 동성끼리 결혼을 할 수 있다. 길거리에 여성들끼리 손을 잡고 가는 경우가 있는데, 거기까진 우리나라에서도 볼 수 있는 풍경이니 특별한 게 아니다. 하지만 그런 여성들이 길거리에서도 뽀뽀를 하는 경우가 있다. 그걸 보고 나도 처음엔 좀 놀랐는데, 이내 '아! 대만은 동성결혼이 허용되는 나라이지' 하는 사실을 새삼 깨닫게 되었다.

이와 관련해서 대만 사람들하고 이야기할 때 주의할 점 한 가지가 있다. 중국어를 배울 때 '동지同志'는 '동료'를 의미한다고 배운다. 그런데 그렇게 배운 것을 대만에서 그대로 쓰면 큰일 난다. 여러 번 만나 "이제 우리는 동지다" 이런 식으로 쓰면 상대는 엄청 당황한다. 왜냐? 대만에서 동지는 바로 동성애자를 말하기 때문이다. "이제 너와 나는 동성애자다" 이렇게 말하면 당황하지 않을 사람이 어디 있겠는가?

중국어 이야기가 나왔으니 좀 더 나가보자. 골프장에서 굿샷을 날리면 중국 사람들은 "와! 너무 멋지다. 아름답다很漂亮"라며 탄성을 지른다. 영어로는 보통 "Wonderful. It's a bueaty"라고 하는데 중국도 거의 같은 표현을 쓰는 것이다. 대만은 어떤가? 상대가 공을 아주 멋지게 날리면 대만 사람들은 "좋네. 좋은 공이야好球"라고 한다. 물론 즐거운 분위기에서 노는 것이니, 그 느낌이 크게 차이 나지는 않겠지만, 어감이 좀 다르긴 하다.

'헌퍄오량很漂亮'은 아주 아름다운 여성, 그림 같은 장면 등을 묘사할 때 쓰는 표현이니 감성을 꾹꾹 눌러 담은 느낌인 반면, '하오추好球'는 좀 드라이한 느낌을 준다. '동지'도 그렇다. 중국에서는 '즈志(뜻)'를 느낌과 정서로 보아, 그런 것을 공유하는 사람을 동지라고 하는 것 같다. 그래서 동지는 동료가 된다. 반면에 대만에서는 '志'를 의식과 지향점 등 이성적인 의미로 보아, 생각과 의식이 같은 사람을 동지라고 하는 것 같다. 그래서 동지는 성적 지향에 대한 인식이 같은 사람이 되는 것이다. 이렇게 같은 한족이라도 중국과 대만은 조금씩 다르다.

아무튼 동성결혼 이야기로 다시 돌아가서, 이렇게 논란이 많은 이슈를 다루는 데 정부의 태도가 중요할 수밖에 없다. 대만 정부는 열린 자세로 대응했다. 충분히 토론을 하도록 하고, 결론이 나지 않자 최고법원의 판단에 맡겼다. 사법부도 고리타분하지 않았다. 열린 자세로 다양한 의견을 충분히 듣고 변화하는 사회상을 충분히 반영해 깨어 있는 결정을 했다.

미성년자의 성전환수술과 양심적 병역거부

거기서 한 발 더 나가 대만은 미성년자도 성전환수술을 할 수 있도록 했다. 2024년 성소수자에 대한 의료 가이드라인을 제정해 미성년자 성전환수술을 허용한 것이다. 물론 원한다고 무조건 해주는 것은 아니다. 12세에서 18세 사이 미성년자가 성전환수술을 하려하는 경우, 전문가팀에 본인 성별 적응 곤란에 대한 평가를 신청할 수 있고, 여기서 승인되는 경우에만 성전환수술을 할 수 있다. 이 문제도

뜨거운 이슈다. 여전히 반대하는 쪽이 있다. 특히 학부모 단체들이 반대한다. 나중에 성인이 된 뒤 수술을 후회하는 경우, 누가 어떻게 책임질 것이냐며 반대 의견을 계속 내고 있는 것이다.

반면 성소수자 단체에서는 당연히 환영이다. 성별에 대한 자기결정권은 늘 존중되어야 한다는 주장이다. 어떻든 대만 정부는 전문가팀이라는 완충장치를 통해 성전환수술의 남용을 방지하면서 성소수자들의 인권을 존중하는 방향으로 정책을 결정했다. 네거티브 중심, 처벌 중심, 규제 중심의 닫힌 사고로는 생각하기 힘든 정책을 다시 한번 택한 것이다.

양심적 병역거부도 인정한 지 꽤 오래 되었다. 2000년에 양심적 병역거부자에 대해 대체복무를 신청할 수 있도록 했다. 그전까지는 우리처럼 종교적인 이유 등으로 병역을 거부해 오랫동안 감옥 생활을 하는 사례가 많았다. 물론 대만에서도 양심적 병역거부가 인정될 때까지 지난한 과정이 있었다. 시민사회와 뜻있는 법률가들의 꾸준한 노력이 있었다. 그 결과 새로운 제도가 도입되어 양심과 종교적 신념에 따라 집총을 거부하는 사람들이 구제될 수 있는 길이 열린 것이다.

신청자가 소정의 절차에 따라 신청하면 정부의 심의위원회가 심의해서 결정하는 시스템인데, 특히 대만은 다른 나라에서 찾아보기 어려운 관찰 기간 제도도 두고 있다. 심의는 3개월 내 마치도록 되어 있는데, 판정을 내리기 모호한 경우 1년 내의 관찰 기간을 두어 추후 다시 결정할 수 있도록 하고 있다. 섣불리 결정하지 말고 되도록 심사숙고해 억울한 피해자가 나오지 않도록 하기 위한 제도다.

우리는 대만보다 20년 늦은 2020년이 되어서야 겨우 양심적 병역거부가 인정되었다. 양심적 병역거부에 대해 대체복무제도가 마련되지 않은 상태로 양심적 병역거부자에 대해 처벌하는 것은 헌법에 어긋난다는 헌법재판소의 결정이 2018년 6월에 나온 뒤에야 법을 마련하기 시작해 1년 반 뒤인 2020년 1월 '대체역의 편입 및 복무 등에 관한 법률(대체역법)'이 제정, 시행되게 되었다. 많은 논란 끝에 도입되었고, 지금도 관련 이슈들은 지속적으로 제기되고 있다.

더 넓게 인정하자는 주장에서부터 아예 없애자, 대체복무 기간이 너무 길다, 대체복무 방법도 다양화해야 한다 등등의 주장이 지속적으로 나온다. 우리 사회에서 입시와 함께 병역은 누구에게나 공정한 방식으로 시행되어야 한다는 컨센서스가 있기 때문에 많은 사람이 관심을 갖고 있다. 조금이라도 불공정한 면이 발견되면, 우리 사회의 한쪽 벽이 무너질 수 있는 주요 이슈다.

그럼에도 양심적 병역거부자에게 무조건 군복무를 명하고 어기면 처벌하는 식은 너무 협량한 제도였다. 그런 협애한 방식을 너무 오랫동안 지켜왔다. 양심적 병역거부는 장구한 역사를 가지고 있다. 로마 시대부터 있었다. 기원전 295년에 막시밀리아누스Maximilianus가 기독교 신념을 내세워 징집을 거부했다고 한다. 그 때문에 그는 21세의 나이에 처형을 당했다. 나중에 가톨릭 성인으로 추존되기는 했다. 영국에서는 1757년부터, 미국에서는 1790년부터 양심적 병역거부가 인정되기 시작했다.

19세기 초 유럽 국가들이 징병제도를 도입하기 시작하면서 양심적 병역거부가 주요 이슈가 되었고, 그런 과정을 거쳐 많은 나라가 이를 제도적으로 인정하게 되었다. 노르웨이는 1900년에, 덴마크는 1917년에, 스웨덴은 1920년에, 네덜란드는 1922년에, 핀란드는 1931년에 양심적 병역거부를 인정했다. 우리도 늦게라도 이를 수용하게 되어 다행이지만, 대만이 우리보다 20년을 앞서갔다는 점은 대만을 새삼 다시 보게 한다.

일찍부터 서구문화를 접하다

범생 사회 대만의 융통성을 잘 보여주는 또 하나의 사례는 오드리 탕이다. 2016년부터 2024년까지 IT 장관을 지냈고, 지금은 총통의 디지털 담당 특사를 맡고 있다. 범생이 주목받고 범생이 중요한 일들을 맡아서 하는 대만 사회에서 그는 많이 튄다. 1981년생인데, 어릴 때부터 컴퓨터 천재였다. 대부분의 천재가 그렇듯 그도 학교생활에 적응하지 못하고 14세 때 학교를 그만두었다. 이후 독학으로 소프트웨어 프로그래밍을 익혔다. 대만 최초의 온라인 경매 사이트 CoolBid를 만들고, 대만 최초의 소셜미디어 사이트 CyberEye를 몇몇과 함께 만들었다. 검색엔진 회사를 창업하기도 했다. 19세 때에는 미국으로 진출해 애플과 밴큐 등에서 일했다. 24세 때에는 남성에서 여성으로 성을 전환했다.

범생의 눈으로 보면 참 적응하기 힘든 인물이다. 똘아이라고 왕따를 당하기도 쉬운 존재였다. 우리 사회에서 많은 천재가 그렇게 괴롭힘을 당했다. 하지만 범생의 나라인데도 그런 '똘아이'에게도 박수를 치며 칭찬을 해주었고, 그의 특장을 살릴 수 있도록 해주었다. 2016년 차이잉원 정부는 35세 밖에 안 된 그를 IT 장관으로 기용했다. 대만 역사의 최연소 장관이다. 그의 능력을 십분 활용해 대만의 디지털 선진화에 박차를 가했다.

2020년 코로나19의 위기를 맞았을 때 그의 능력이 빛을 발했다. 그의 디지털 마인드와 IT 능력으로, 초기 단계에서는 우선 마스크 실명제를 실시해 매점매석을 철저히 차단하고, 마스크가 적절하게 분배되도록 했다. 그는 곧 마스크 재고를 쉽게 확인할 수 있는 앱을 만들어내 누구나 쉽게 마스크를 구입할 수 있도록 했다. 지금도 그는 총통을 도와 대만이 반도체 생태계를 더욱 선진화해 AI 시대에 슬기롭게 대처해 나갈 수 있도록 하고 있다.

거리는 조용하고, 지하철에서는 여전히 학생들이 어른들에게 자리를 양보하고, 공부 열심히 하고 성실한 사람들이 대접받는, 유교 전통이 농후한 대만에서 동성결혼, 오드리 탕 이야기를 들었을 때 많이 어리둥절했다. "어느 게 진짜 대만이지?" 의문이 들지 않을 수 없었다. 하지만 대만의 근현대사를 살펴보면서 그 개방성과 융통성을 이해할 수 있게 되었다. 일찍부터 대만은 다른 문화와 문명을 접하게 되었고, 그런 역사 속에서 열린 사고를 갖게 되었다.

1624년 네덜란드가 타이난을 본거지로 해 대만을 지배할 때부터 대만은 서구문화를 접했다. 네덜란드가 대만 남부를 점령하고 있는 사이 스페인은 1626년 대만 북부지역을 차지했다. 네덜란드는 1642년에는 북부지역의 스페인을 내쫓고 1662년까지 대만을 지배했다. 이후에는 중국 본토에서 건너온 정성공鄭成功이 네덜란드를 몰아내고 새로운 나라를 세웠다. 정씨 왕국은 1683년 청나라 군대에 의해 멸망하고 이후 대만은 청나라의 땅이 되었다. 그러다가 1895년 일본 땅이 되었고 1945년 일본이 망하면서 외성인들(장제스 세력)이 들어와 독립적인 나라를 세웠다.

이렇게 외세의 지배가 계속되면서 대만에는 다양한 문화와 제도가 수입되었다. 지금도 타이난에 가면 네덜란드가 행정관청으로 쓰던 시설이 남아 있다. 당시 실제 아시아에서 활동하던 것은 네덜란드의 동인도회사였다. 네덜란드 동인도회사는 1624년 타이난 점령 직후 타이난 서쪽 안핑安平에 잘란디아 요새를 건설해 행정관청을 지어놓고 통치했는데, 그 요새가 지금도 '안핑구바오安平古堡'라는 이름으로 남아 있다. 1653년에는 안핑에서 내륙인 동쪽으로 조금 들어간 지역에 프로빈티아 요새를 건설해 행정관청을 그리로 옮겼다. 그곳은 나중에 정성공이 점령하면서 츠칸러우赤嵌樓라는 이름으로 재건축되었고, 지금도 잘 보존되어 있다.

스페인이 지배하던 지역인 단수이에 가면 스페인이 행정관청으로 쓰던 건물이 홍마오청紅毛城이라는 이름으로 보존되어 있다. '홍마오'는 서양인을 가리키는 말이다. 당시 대만 사람들은 서양인들을 붉은 털을 가진 요상한 존재들로 보았던 것이다. 그런데 지금은 그것도 옛일로 여기면서 그들이 남긴 것을 잘 보호하고 있다.

네덜란드와 스페인이 한때 지배했지만, 이후 청나라 시기를 거쳐 다시 대만을 점령한 일본의 영향은 두 서양제국보다 훨씬 진하다. 거리 곳곳에는 일본식 음식점, 선술집들이 많다. 타이베이 시내를 걷다가 작은 골목으로 들어가 보면 일제시대 지어진 목조 2층집이 많다. 그대로 보존되는 것들도 있고, 운치 있는 작은 식당이나 찻집으로 개조된 경우

범생 공화국, 대만

타이베이 시내에서 쉽게 발견되
는 일본식 선술집.

도 많다. 대만인의 일상에도 일본은 들어와 있다. 일본식 음식도 많다.
소고기덮밥, 돼지고기덮밥, 돈까스, 우동, 초밥 등이 대만 사람들의 일
반적인 식사가 되어 있다. 술과 간단한 요리를 제공하는 일본식 선술집
이자카야도 많이 보인다.

일본과 미국의 영향

길거리를 다니다 보면 '○○벤당便當'이라는 간판이 참으
로도 많이 보인다. 일회용 종이그릇에 밥과 고기, 나물 등을 담아주는
집들이 대부분이다. 물론 다른 종류들도 있다. 만두나 빵 종류를 담아

주는 집도 있고, 생선과 밥을 주는 집도 있다. 이 '벤당'이란 말이 일본말 '벤토弁當'에서 온 것이다. 이 벤당을 대만 사람들은 잘도 이용한다. 아이부터 노인까지 이 간단한 식사를 하나씩 들고 거리에 앉아서 먹기도 하고, 사무실에서 시켜먹기도 한다. 학교에서 단체로 주문하기도 한다.

벤당이라는 말도, 실제 벤당도 대만인들에게는 생활의 큰 부분이 되어 있다. 된장이라는 일본말 '미소味噌'도 그대로 쓰인다. 발음은 달라져 '웨이청味噌'이라고 읽는다. 부모와 자식을 가리키는 일본말 '오야코親子'도 '친쯔'라는 발음으로 그대로 남아 쓰이고 있다.

대만의 대부분 대학에는 일본어학과 또는 일어일문학과가 있다. 국립대만대학에도 일본어문학과가 있다. 서울대에는 일어일문학과가 없는데, 국립대만대학에는 1994년부터 일본어문학과가 설립, 운영되고 있다. 학생들이 일본을 좋아해 일본 어문학계열은 여전히 인가가 높다. 학과들끼리 체육대회 등의 행사를 할 때 어문계열은 해당하는 나라의 국기를 들고 나오는 경우가 많다. 일본어문계열도 예외는 아니다. 일장기를 들고 나와 모두들 일장기 뒤를 따르는 모양을 연출하기도 한다. 이런 것을 대만 사람들은 꺼리지 않는다. 일본에 대한 감정이 우리와는 크게 다른 것이다. 일본과 대만의 관계가 우리와 달랐기 때문이기도 하겠지만, 대만 사람들이 기본적으로 개방적인 태도를 가지고 있기 때문이기도 하다. 외국의 좋은 것은 받아들이는 게 좋다는 생각이다. 그 외국에 나라별 차별이라는 것은 없는 것 같다.

일본을 거쳐 다시 대만 사회에 심대한 자극과 영향을 주고 있는 나라는 미국이다. 중국과 긴장관계를 유지하고 있기 때문이다. 중국과 군사적인 충돌이라도 발생하면, 바로 미국의 도움을 받겠다는 생각이다.

그래서 미국과 경제적·군사적 관계가 아주 돈독하다. 미국의 무기를 보통 매년 수조 원어치씩 사준다. 미국은 중국을 견제하는 차원에서 대만에 대한 지원을 계속하고 있다.

미국과 대만의 관계는 꽤 오랜 역사를 갖고 있다. 중국 본토에서 장제스가 일본, 중국공산당군과 싸울 때부터 지원을 아끼지 않았다. 그럼에도 장제스가 마오쩌둥에게 패하고 대만으로 쫓겨왔을 때 미국은 대만을 포기했다. 그런데 6·25 전쟁이 일어났다. 사회주의 세력이 한반도뿐만 아니라 대만까지 차지할 기세였다. 미국은 즉각 대응했다. 한반도에 미군을 파견하고, 대만해협에도 7함대를 보냈다. 아시아에서 사회주의 세력의 확산을 막기 위한 조치였다. 자본주의 세력의 보루 역할을 하고 있는 미국의 세계적 입지를 굳건히 유지하기 위한 대응책이기도 했다. 1954년에는 미국-대만 상호방위조약까지 체결되어 미군이 주둔하게 되었다. 미군 주둔지 인근에는 영어 간판을 단 음식점과 술집들이 생겨나기 시작해 점점 많아졌다.

미국의 대만에 대한 경제원조도 다시 시작되었다. 타이베이 시내 중심에 있는 중정기념당에서 나와 총통부 쪽으로 가면 '런아이루仁愛路'라는 큰 길이 나온다. 타이베이 시내를 동서로 가로지르는 큰길 중 하나다. 1950년대 미국의 원조가 시작될 당시부터 있던 길이다. 이 길은 가로수가 크고 우람하고 멋지다. 여기엔 사연이 있다.

미국은 원조를 한 뒤 그냥 방관하지 않았다. 돈과 물자가 어디에 쓰이는지 점검했다. 경제와 군사력을 강화하는 데 제대로 쓰이도록 감독을 강화한 것이다. 그래서 미국의 관료들이 타이베이에 자주 갔다. 그당시 이용하던 공항이 송산공항이다. 타이베이 시내 가운데에 있다. 지

타이베이 런아이루의 멋진 가로수. 이 길은 1950년대 미국 관료들이 공항에서 총통부로 가는 길이었다.

금도 있지만, 주로 국내선용으로 쓰인다. 미국 관료들이 송산공항에 내려 둔화루敦化路를 타고 남쪽으로 쭉 내려오다가 우회전해서 런아이루로 들어서 직진하면 총통부다.

지금도 총통부가 같은 자리에 있기 때문에 송산공항에서 총통부로 가는 길은 변함이 없다. 1950년대 대만은 미국 관료들이 지나던 이 큰 길을 멋진 가로수로 수놓았다. "당신들이 준 돈으로 대만이 날로 좋아지고 있다" 하면서 보여주기 위한 것이었다. 언제나 그렇게 작은 나라는 비애를 안고 산다. 그런 비애와 굴욕의 시간을 넘어 발전을 이룬 나라는 그나마 낫다. 대표적인 나라가 대만과 한국이다. 대부분의 약소국들은 여전히 그렇게 산다. 오늘도 강대국의 비위를 맞추면서. 그 와중에

알량한 원조로 자기 배를 채우는 족속도 많다. 나라가 어디로 가든 나만 챙기면 된다는 식의 모리배가 많은 것이다. 그 바람에 약소국의 민초들은 여전히 간난신고의 나락에서 헤어나오지 못하고 있는 것이다.

장미 장미 사랑해

1960~1970년대에는 베트남전쟁을 치르고 있는 미군의 휴양지로 대만이 십분 활용되었다. 1967년 미국이 마련한 'R&R 휴식휴양 프로그램Rest and Recuperation Program'을 마련했는데, 전쟁 중인 장병들에게 휴가를 주어 사기를 북돋우려는 것이었다. 이 프로그램에 따라 1975년 베트남전쟁이 끝날 때까지 참전한 연인원 300만 명의 미군이 말레이시아, 태국, 싱가포르, 홍콩, 대만, 필리핀, 일본 등에서 돌아가면서 휴가를 지냈다. 한번에 5박6일의 휴가가 보통이었다.

대만의 휴양지 가운데 타이베이 북부에 있는 베이터우北投 온천은 특히 미군들에게 인기가 높았다. 지룽基隆, 타이난臺南, 가오슝高雄, 화롄花蓮 등도 미군들로 북적였다. 미군들은 여기서 먹고 마시고 성적인 욕구까지 해결한 뒤 다시 베트남 전선으로 돌아갔다. 시사주간지 『타임』에 '타이베이에는 부드러운 여자와 먹을 것이 많다'는 내용의 기사가 실릴 정도였다. 기사와 함께 베이터우 온천에서 미군 하나가 대만 여성 2명과 함께 목욕을 하는 사진에 게재되어 장제스가 노발대발하기도 했다.

당시 대만의 상황을 다룬 영화가 있다. 〈장미 장미 사랑해玫瑰 玫瑰 我愛你〉다. 영화 속에 그려지는 지역은 대만 동부 화롄. 미군이 여기로

Twenty minutes by taxi from Taipei is Peitou, a hot-sulphur spa with some 75 hotels, among which one of the most rewarding is the Literary Inn. Not every G.I. is inclined to tear himself away from the pleasures of Taipei to seek it out. But those who do, like Corporal Allen Bailey, 21, a Marine MP from Cincinnati, have never regretted the decision.

『타임』에 '타이베이에는 부드러운 여자와 먹을 것이 많다'는 내용의 기사가 실렸는데, 이 기사를 보고 장제스가 노발대발하기도 했다.

300명을 휴가 보내기로 한다. 그런데 당시 화롄에는 유흥시설이 없었다. 지역사회 유지들이 나선다. 정치인, 변호사, 의사 등이다. '속성 바걸 육성반'을 만들어 미군에게 서비스를 제공할 여성들을 길러내기로 한다. 공창관公娼館, 즉 성매매 업소까지 설치하기로 한다. 모두 미군이 무엇을 하러 오는지 알면서 반대는 없다. 환영 일색이다. 돈을 뿌리는 사람들이었기 때문이다. 영화는 그렇게 지역사회가 모두 나서 미군을 맞이하는 모습으로 당시 대만의 미국 지향성을 적나라하게 보여준다.

영화 제목의 '장미'는 중의적이다. 하나는 미국이라는 의미다. '玫瑰(장미)'의 중국어 발음, 특히 장제스의 고향 저장성의 발음이 '메이구

범생 공화국, 대만

이'다. '美國(미국, 메이커)'과 발음이 비슷하다. 그래서 장미는 미국을 상징한다. 다른 하나는 매독이라는 뜻이다. 당시 미군이 득실득실한 베트남 사이공에는 매독이 창궐했다. 그래서 매독을 '사이공의 장미'라고 불렀다. 그런 문맥에서 영화 제목의 '장미'는 매독을 의미하기도 한다. 슬픈 제목이다. 당시 대만은 그렇게 가시 돋친 장미를 좋아했고, 미국을 사랑했다. 미군이 다니던 도시들에는 미군들이 가는 술집들로 새로운 거리가 생기기도 할 정도였다.

영어 공용화 정책

그런 역사를 지나 1970년대 초 미국과 중국이 가까워지면서 대만과 미국 사이가 좀 소원해지기도 했다. 1971년에는 대만 대신 중국이 유엔회원국이 되고, 유엔안전보장이사회 상임이사국이 되었다. 1979년에는 미국과 대만이 단교하고, 대만 주둔 미군도 철수했다. 그런 가운데에서도 미국은 대만에 대해 무기 판매를 계속하고, 경제 관계는 돈독히 해왔다. 그러다가 1990년대 중국 경제가 크게 성장하고 중국이 점점 아시아의 패권국이 되어가면서, 중국 견제를 위한 대만과 미국의 연대는 강화되었다. 지금은 중국의 경제패권, 기술패권, 군사패권 추구 경향이 강화되면서 대만과 미국은 중국 포위의 전선을 공동으로 형성하고 있다.

이렇게 끈끈한 관계를 이어오다 보니 대만에서는 영어를 아주 중시한다. 학생들은 물론이고 어른들도 영어를 잘하는 사람이 많다. 어느 날 내가 사는 오피스텔 1층에서 엘리베이터를 기다리는 데 옆에 할머니가 서 있었다. 키가 자그맣고 단아한 70대 할머니였다. 엘리베이터가 너무 더디게 내려오길래 내가 할머니를 보면서 "너무 늦다"고 영어로 이야기해보았다. 곧바로 "늘 그래요. 건물이 너무 높아요. 사람도 많고" 이런 답이 왔다. 영어로. 그러고는 '아이고 심심한데 잘됐다'는 듯 이야기를 줄줄 이어갔다. "어디서 왔냐? 왜 왔냐? 얼마나 있을 거냐?" 이런 질문에서부터 "나는 여기 혼자 사는데, 딸은 뉴욕에 살아. 가고 싶은데 너무 멀어. 요즘은 타이베이에서 직접 가는 비행기도 있는데 너무 긴 비행시간은 내가 감당하기 어려워." 이런 이야기들을 계속 이어갔다. 어떻게 그렇게 영어를 잘하시냐고 물었더니 미국인들이 있는 회사에서 일하던 어머니가 가르쳐주었단다. 어머니와 영어로 대화를 많이 해서 좀 잘할 수 있게 되었단다.

어느 날 거리의 신호등에 서 있는데 옆쪽에서 꼬마가 "애플apple" 하며 귀엽게 말하는 소리가 들려 돌아보았다. 엄마의 손을 잡은 4세쯤 된 남자아이였다. 엄마가 "핑궈蘋果(사과)" 하니 아이는 영어로 "애플" 하고 있었던 것이다. 등에 노란 영어학원 가방을 맨 아이는 그렇게 엄마가 "탸오쯔桃子(복숭아)"하면 "피치peach", "첸비鉛筆(연필)"하면 "펜슬pencil" 하고 있었다. 영어 조기교육을 학원에서 받고 엄마한테서 반복 교육을 받고 있었다.

영어에 대한 관심이 이 정도이니 타이베이에서는 영어가 웬만큼 통한다. 우선 지하철을 타면 표준어가 제일 먼저 나오고, 그다음 같은 말을 영어로 해준다. 그다음 민남어, 객가어로 차례로 방송이 나온다. 관공서나 은행, 도서관 등에서는 영어로 해도 일이 다 된다. 가끔 안 되는 경우가 있는데, 그런 경우에도 조금 기다리면 영어를 하는 사람을 찾아온다. 작은 식당들을 다녀봐도 3군데 중 하나는 영어로 해도 별 문제가 없다. 일반인들도 웬만한 식자층은 대부분 중국어 이름과 함께 영어 이름을 갖고 있다. 제니퍼Jeniffer, 민디Mindy, 미셸Michael 등 미국이나 영국에서 많이 쓰는 이름들이다.

그도 그럴 것이 대만 정부는 2030년부터 영어를 중국어와 함께 공용어official language로 공식지정해 사용하려는 내용의 '2030 이중언어 정책'을 추진하고 있다. 이를 위해 영어교육 강화를 위한 시스템을 강화하고, 영어 교사 확충 등의 작업도 진행하고 있다. 계획대로 된다면 2030년부터는 정부 공문서, 공공서비스가 중국어와 함께 영어로도 시행된다. 싱가포르나 홍콩처럼 되는 것이다. 자원 없는 작은 나라가 세계화 시대에 국가경쟁력을 더 강화하기 위해서는 영어라는 언어 자산을 더 분명하게 확보하는 게 중요하다는 판단이다. 중국어(번체자) 교육도 종전대로 잘하면서 영어를 하나 더 할 수 있도록 하면, 개개인의 경쟁력은 높아지고 나라의 경제·외교적 역량도 훨씬 높아질 것으로 보고 있는 것이다.

여하튼 대만은 우리보다 훨씬 친미적이다. 영어를 공용화하는 정책을 추진할 정도이니. 우리가 그런 정책을 생각할 수 없는 분위기인 것과는 크게 다른 상황이다. 반미 움직임을 찾아보기는 더욱 어렵다. 미국과 떼려야 뗄 수 없는 관계인 것은 우리와 비슷하지만, 우리와는 달리 친미에서 나라의 발전 전략을 찾아가는 대만은 앞으로 10년 후쯤 어떤 모습일까? 우리와 어디가 얼마나 더 달라져 있을까? 예의 지켜보는 것도 재미있을 것 같다.

제6장
★
극단은
싫어

한쪽으로
막가는 건
No

중도를 선호하다

대만에 살면서 우리하고 다르다고 생각한 게 많지만, 또 하나가 한쪽으로 막가지 않는다는 것이다. 극단적이지 않다. 우리는 어떤 주장도 한쪽으로 확실히 해야 선명하다고 하고 칭찬 받는다. 시사 유튜버들이 특히 그렇다. 말이 되든 안 되든 선명하고 확실하게 이야기한다. 그래야 그런 이야기를 듣고 싶어 하는 사람들을 만족시킬 수 있고, 그래서 구독자가 많아져 돈을 벌 수 있다. 그러다 보니 주장은 더 극단으로 간다. 이들에게 팩트는 별로 중요한 게 아니다. 사람들이 보게 해서 돈을 벌면 되는 것이다. 팩트를 챙겨서 논리적으로 설명하고 주장하는 채널은 살아남기 어렵다.

대만은 이런 우리 사회의 분위기와는 크게 다르다. 중국하고 완전히 통일하자고 주장하는 세력은 적다. 반대로 지금 당장 완전 독립을 추진하자고 말하는 사람들도 적다. 현상 유지가 대세다. 중국과 큰 문제 없이, 크게 싸우지 않고, 경제 교류 적절히 하면서 지내자는 쪽이 많은 것이다. 당장 통일하자고 주장하는 사람은 극단적 친중파로 힘을 얻지 못한다. "그래서 중국처럼 공산주의 하자는 거냐?" 이런 항변을 받기 십상이다. 완전 독립하자고 말하는 사람은 "그러다 중국과 진짜 전쟁이라도 일어나면 어쩔건데?" 이런 대꾸를 받기 마련이다.

대만 사람들이 과거에는 중국인이면서 대만인이라는 생각을 많이 가졌는데, 최근에는 그냥 대만인이라고 생각하는 사람이 많아졌다. 중국과 엮이는 것이 싫고 그냥 대만인으로 생각하며 살고 싶다는 것이다. 자신의 정체성과 관련해 그만큼 독립적이며 독자적인 성격이 강화되고 있는 것이다. 이런 인식은 젊은 층에서 더 분명히 나타나고 있다.

어른들은 중국에서 건너온 아버지나 할아버지에게서 중국 본토에 있는 고향 이야기도 많이 들었고, 그러다 보니 중국인 또는 중화민족이라는 생각을 인식 저변에 가지고 있다. 하지만 젊은이들은 그와는 많이 다른 환경 속에서 자랐다. 1990년대 이후 급속한 중국의 경제성장, 그에 따른 중국의 위세, 특히 중국의 틀 속에 대만을 묶어 두려는 중국의 시도들을 보면서 자랐다. 그에 따라 이들의 독립적 정체성 지향은 이제 사회의 대세가 되어가고 있다.

그렇다고 해서 젊은이들이 어떤 희생을 치르더라도 중국과 단절하고 대만이라는 국호로 나라를 세우자 이렇게 주장하지는 않는다. 중국이 우리를 하나의 지방정부 취급하고 우리의 대외적 활동도 제약하니 우리도 중국을 완전 무시하고 국제사회에서 우리 나름의 활동을 전개해 나가자고 말하지도 않는다. 그러면 중국과 싸움이 되고, 중국과 전쟁을 해야 할지도 모르기 때문이다.

실제 중국이 가장 싫어하는 게 대만의 완전 독립 추진이다. 그 구체적인 모습은 '대만(한자로 臺灣 또는 台灣, 영어로 Taiwan)'이라는 국호를 쓰는 것이다. 현재의 공식 국호는 '중화민국Rebuplic of China'이다. 중국은 이 국호를 쓰는 것도 반대해 대만이 올림픽 출전이나 국제기구 가입 등의 활동을 할 때는 '중화타이베이中華臺北, Chinese Taipei'라는 용어를 사용하고 있다.

그런데 대만이 국호를 '대만Taiwan' 또는 '대만공화국Republic of Taiwan'으로 공식 변경한다면, 중국은 실제 군사적 공격에 나설 가능성이 높다. 중국의 반국가분열법은 그런 길을 열어 놓고 있다. 평화적 통일이 불가능한 상황이 되면 군사적 수단을 쓸 수 있도록 규정을 마련해 놓은 것이다. 이러한 상황을 잘 알고 있는 대만의 젊은이들은 대만인으로서 정체성을 분명히 가지고 있으면서도 분쟁을 만들 만한 주장이나 행위는 자제한다. 극단으로 가는 것을 스스로 막고, 중도를 선호하면서 절충을 좋아하는 대만 사람들의 특성이 이런 모습에서 잘 드러나 있는 것이다.

대만 사람들이 좋아하는 '대만'이라는 명칭에 쓰이는 한자 '대'도 원래 대만 사람들이 쓰던 것은 '臺'이었다. 그런데 지금은 간체자인 '台'도 함께 쓴다. 14획의 '臺'를 쓰는 것보다는 5획의 '台'를 쓰는 것이 간편하기 때문이다. 대만인들은 문화적인 자긍심이 높고, 중국 민족이 옛날부터 써온 문자에 대한 애착도 강하다. 그래서 본래의 한자, 즉 번체자를 쓴다. 중국에서 쓰는 간결한 형태의 한자, 즉 간체자는 쓰지 않았다. 정부에서도 막았다. 공산주의 교육 활성화를 위해 만들어낸 간체자를 써서는 안 된다는 인식도 있었다.

그런데 간체자가 워낙 간결하고 배우기도 쉬우니 많이 퍼졌다. 그래서 지금은 일부 간체자에 대해서는 사용을 용인하고 있다. 대표적인 것이 '台'이다. '대만'이라고 쓸 일은 너무 많으니 간결한 형태로 쓰자는 것이었다. 이렇게 큰 원칙은 지켜가면서도 절충할 필요가 있는 것은 절충도 잘하는 사람들이 대만인이다.

독재자 장제스와 장징궈

대만에 오면서 궁금했던 것 중 하나가 지금의 대만 사람들이 장제스를 어떻게 생각할까 하는 것이었다. 그래서 타이베이에 도착한 지 며칠 후 중정기념당에 가보았다. 14미터나 되는 장제스의 거대한 동상이 높은 계단 위에 자리 잡고 있었다. 사전에 책자를 통해 정보를 어느 정도 알고는 있었지만, 실제 보니 그 거대함에 놀라지 않을 수 없었다. 참 신기하다는 생각도 하지 않을 수 없었다.

마오쩌둥과의 내전에서 패해 1949년 대만으로 건너온 뒤 1975년 사망할 때까지 장기독재를 하면서 본성인들을 탄압하고 민주 인사에 대한 백색테러도 무수히 감행한 인물을 이렇게 기리고 있다니 놀라울 따름이었다. 동상 아래쪽으로는 장제스의 유품을 전시하는 전시관이 마련되어 있었다. 그가 타고 다니던 고급 캐딜락 승용차 2대를 비롯해 그가 입던 옷, 군 계급장, 서명한 문서 등이 다양하게 전시되고 있었다.

2025년 3월 말 어느 비 오는 날 오후에는 장제스의 관저도 둘러 보았다. 지하철을 타고 타이베이 서북쪽으로 가다가 스린士林역에서 내려 조금 걸으니 곧 나왔다. 일제시대 원예시험장 자리였던 곳에 관저를 지

중정기념당의 장제스 동상(왼쪽).
장제스의 관용 차량. 왼쪽은 1955년산 7인
승 캐딜락, 오른쪽은 1972년산 7인승 캐딜
락이다(오른쪽).

었다. 스린 지역에서는 '스린 관저'라고 불린다. 유럽식과 일본식, 중국
식 정원에 색색의 장미 등 다종다양한 꽃이 화려하게 피어 있었다. 여러
갈래로 난 산책로도 있고, 연못도 있었다. 크기도 족히 수만 평은 되어
보였다. 관저 건물은 큰 정원을 온전히 지나 제일 안쪽이 있었다. 2층
건물로, 아래층에는 응집실과 식당이, 위층에는 침실과 서재를 갖춘 근
사한 집이었다.

　장제스는 1950년부터 1975년 사망할 때까지 아내 쑹메이링宋美齡
과 여기 살면서 이 넓은 정원을 전유하고 있었다. 1949년 12월 장제스
가 대만으로 쫓겨왔을 때는 양명산 기슭에 있는 차오산싱관草山行館을
관저로 썼다. 1920년 일본 기업인 대만제당주식회사가 당시 황태자였

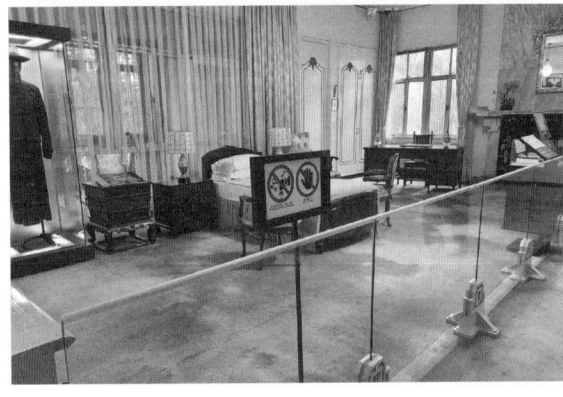

장제스 관저(위).
장제스 관저 1층 응접실
(가운데).
장제스 관저의 2층 침실.
장제스는 1975년 4월
5일 이 방에서 풍운아
생을 마감했다(아래).

범생 공화국, 대만

던 히로히토裕仁의 숙소로 지었던 곳이다. 이걸 장제스가 쓰다가 곧 '스린 관저'가 만들어지면서 옮겨서 살았다. 관저 둘 다 뒤에 산을 두고 있다. 장제스는 풍수를 중시했는데, 특히 지세가 산을 뒤에 두고 있는 배산背山의 입지를 좋아했다. 그래서 관저는 산 아래 있었던 것이다.

'스린 관저' 뒤쪽의 산을 넘어 반대쪽에는 장제스의 아들 장징궈의 관저가 있었다. 미군이 주둔할 당시 미 해군의 게스트하우스로 쓰던 것을 개조해 장징궈의 관저로 썼다. 앞에는 호수가 있고, 산 쪽으로 지어진 2층짜리 양옥이다. 여기서 장징궈는 1969년부터 1988년 사망할 때까지 살았다.

장징궈 관저에서 서쪽으로 조금 가면 그랜드 호텔(중국어 이름은 원산대반점圓山大飯店)이 있다. 1952년 대만 정부가 외빈을 맞기 위해 세운 호

장징궈 관저.

텔이다. 장제스 시절에는 장제스의 부인 쑹메이링이 운영하면서 대만 정부와 쑹메이링 자신의 외교무대로 활용했다. 1960년 드와이트 아이젠하워Dwight Eisenhower 미국 대통령, 1966년 박정희 대통령도 대만을 방문했을 때 여기 머물렀다. 1978년 대만과 미국의 단교 협상도 여기서 이루어졌다. 물론 장제스와 쑹메이링은 이 호텔에 자주 머물렀다. 그래서 지하에는 2개의 비밀통로가 마련되었고 지금도 그대로 남아 있다. 동쪽으로 난 것은 67미터, 서쪽으로는 난 것은 85미터다. 외부의 공격이 있을 때 지하로 피해 인근에 있는 송산공항으로 가기 위한 통로였다.

장제스는 그렇게 모든 권력을 한 손에 쥐고 있었지만, 늘 걱정과 불안 속에 살았다. 암살자가 어디서 갑자기 총을 쏘면 어떡하나, 중국이 쳐들어오면 어쩌지, 갑자기 미사일이 날아오면 어디로 어떻게 도망가야 하나, 이런 걱정이 끊일 날이 없었던 것이다. 그래서 이런 비밀 터널

그랜드 호텔의 동쪽으로 난 통로. 외부의 공격이 있을 때 인근에 있는 송산공항으로 가기 위한 통로였다.

범생 공화국, 대만

을 만들어놓았다. '스린 관저'에서 송산공항으로 가는 길에는 육교를 만들지 못하게 했다. 육교 위의 저격수가 염려되었던 것이다. 그가 사망하고 민주화 시대를 맞으면서 1996년부터는 '스린 관저'의 정원이 일반에게 개방되어 시민들의 휴식처로 사랑받고 있다. 결혼사진 촬영 장소로도 애용되고 있다고 한다.

장제스의 토지개혁

이것들을 천천히 둘러보며 여러 가지 생각이 명멸했다. 긴 독재를 하면서 화려하게 살았구나, 아시아 근대사에서 이만한 풍운아가 또 있을까, 본토에서 그 많은 군대를 가지고도 왜 마오쩌둥한테 진 거야, 군과 관료가 부패했으면 권력을 한 손에 쥔 인물이 그걸 바로잡을 수는 없었나, 결국은 자업자득 아니겠나, 등등의 생각들이 스쳐 지나갔다. 동시에 박정희를 떠올리지 않을 수 없었다. 박정희 동상과 기념관을 이렇게 크게 짓는다면 한국에서는 누가 용인할 수 있겠는가 하는 생각을 하지 않을 수 없었다.

물론 대만 사람들이라고 해서 모두가 장제스를 좋아하는 것은 아니다. 이렇게 큰 동상과 기념관으로 그를 기리는 것을 좋아하는 사람도 있고 싫어하는 사람도 있다. 좋아하는 사람들은 그가 일제와 맞서 싸웠고, 공산주의로부터 대만을 보호해주었다는 점을 높이 평가한다. 반대로 그를 싫어하는 사람들은 중국 본토에서 마오쩌둥과 싸울 때 국민당군의 부패와 무능을 개선하지 못한 점, 그의 세력이 대만에 들어와서

극단은 싫어   199

본성인을 탄압한 점, 오랫동안 독재정권을 유지하며 민주세력을 핍박한 점 등을 지적한다.

특히 대만에서 원래 지주계급이었던 사람들은 그가 토지개혁을 실시해 토지를 빼앗아갔다며 지금도 이를 간다. 장제스는 1953년 토지개혁을 전격 단행했다. 마오쩌둥이 점령지에서 토지개혁을 실시해 농민들의 지지를 탄탄하게 확보하면서 결국 중국 본토를 점령하게 된 것을 두 눈으로 직접 보았기 때문에 대만에서 무엇보다 우선적인 사업으로 토지개혁을 실시한 것이다. 토지가 많은 지주들은 3만 제곱미터(약 9,000평)까지만 계속 소유할 수 있었고 초과분은 국가가 몰수했다. 그 대신 토지값을 지불했다. 이런 걸 유상몰수라고 한다.

그런데 토지값을 싸게 매겼다. 토지개혁 바로 전해, 즉 1952년 수확량의 2.5배로 토지값을 쳐준 것이다. 현금을 바로 준 것도 아니고 농지채권을 주었다. 몇 년 후에 상환을 받을 수 있도록 한 것이다. 그러니 지주들은 불만이 없을 수 없었다. 반면 소작인들은 싼 값에 토지를 소유할 수 있게 되어서 좋아했다. 본토를 장악한 공산당 세력이 대만을 점령하면 토지개혁을 먼저 할 거라는 이야기를 선전선동 차원에서 퍼트리고 있어서 장제스는 토지개혁을 서두르지 않을 수 없었다.

어쨌든 장제스는 그렇게 한국에서 박정희만큼 논쟁적인 인물이다. 그런데 그런 논쟁은 논쟁이고, 역사적인 인물과 그의 공과를 모두 잘 보존하자는 것이 대만 사람들의 생각이다. 논쟁을 한다고 해서 한쪽이 우세할 때 다른 것을 지우고, 다음 기회에 반대쪽에서 같은 행위를 하게 되면 역사를 제대로 지켜가기 어렵다는 것이 이들의 생각인 것이다.

대만 현대사의 비극 2·28 사건

        내가 중정기념당을 찾은 날 바로 앞 다른 전시장에서는 대만 언론자유 투쟁사를 보여주는 전시회가 열리고 있었다. 주로 장제스 독재정권 시절 뜻있는 언론인들의 힘겨운 싸움을 보여주는 전시회였다. '자유의 영혼 대對 독재자'라는 장중한 제목이 붙어 있었다. 독재에 맞서 정론을 펴던 사람들의 논설들, 이들이 보안기관에 잡혀가는 모습들을 담은 사진들이 전시되고 있었다. 한쪽에서는 독재자의 유품이, 다른 쪽에서는 그 독재자에 저항한 인물들의 업적들이 함께 전시되고

대만 자유언론 투쟁사 전시회 안
내판. '자유의 영혼 대對 독재자'
라는 제목이 붙어 있다.

있는 모습을 보면서 이게 대만이구나 하는 생각을 했다. 한쪽으로 막 달리지 않고, 끝까지 가지도 않으며, 적정한 수준에서 조화와 절충을 추구하는 게 대만 사람들인 것이다.

대만 사람들이 절충과 조화를 좋아하다 보니 독하지는 못한 것 같다. 대만 현대사의 비극인 2·28 사건에 대한 청산이 제대로 되지 못한 점이 이를 잘 보여준다. 2·28 사건은 우리의 5·18광주민주화운동과 같은 것이다. 1945년 일제가 망하면서 장제스의 세력이 대만에 들어왔다. 장제스는 중국에 남아 마오쩌둥과 본토를 차지하기 위한 내전을 계속하면서 자기 세력을 보내 대만을 일단 점령하게 한 것이다. 그런데 이들이 대만에 살고 있던 본성인들을 핍박했다. 굴러온 돌이 박힌 돌을 빼낸 것도 모자라 구박하고 때린 것이다. 행정권을 장악한 뒤 본성인들을 차별하고 탄압했다. 일제하에서 노예 역할을 한 것 아니냐며 무시했다.

1947년 2월 28일에는 타이베이의 한 빌딩에서 담배를 팔던 본성인 노파를 전매청 직원과 경찰이 단속하면서 폭행하는 일이 발생했다. 이를 본 시민들이 항의했고, 그러면서 경찰과 충돌했다. 그 과정에서 경찰이 총을 쏘아 한 명이 사망했고, 시위는 격해졌다. 당국은 계엄으로 통제하려 했지만, 시위를 막지는 못했다. 시위는 대만 전역으로 확산되었고, 당국은 강력 진압으로 맞서 곳곳에서 전투가 벌어졌다. 무력에서 월등히 앞서는 당국이 시민을 학살하는 양상으로 상황은 전개되었다. 이런 상황은 5월 중순까지 계속되었고, 그 과정에서 3만여 명이 학살된 것으로 추정되고 있다.

이렇게 엄청난 사건이 저질러졌는데도 이후 장제스 정권 당시에는 이에 대해 누구도 입도 뻥긋할 수 없었다. 장제스와 아들 장징궈가 사망한 뒤 민주화가 진행되면서 야당의 강력한 주장으로 정부가 진상조사에 나섰다. 1997년 조사를 끝냈지만 정확한 조사결과는 내놓지 못했다. 시간이 지나 자료나 증인, 관련자를 찾기가 쉽지 않았다. 정부도 철저하게 조사할 생각은 없었다. 정부는 나름의 조사결과를 내놓으면서 사과하고 2·28평화기념공원을 설치하는 선에서 2·28 사건 진상규명 작업을 마무리했다.

물론 야권은 더 철저하게 하라고 요구했다. 하지만 이를 위해 악착같이 나서진 않았다. 우리가 5·18광주민주화운동에 대해 진상규명하고, 책임자 전두환과 노태우를 감옥에 보낸 것과는 많이 다르다. 진상을 규명하자면 모든 것을 다 들춰내야 하고, 그러다 보면 그동안 전혀 알려지지 않는 새로운 면모가 나타날 수도 있고, 그러면 사회적 갈등은 더 커질 수 있다는 생각을 했을 것이다. 또, 조사를 제대로 하면 결국 책임자는 장제스가 될 텐데, 장제스를 학살 책임자로 규정하고 단죄를 하는 것은 득보다 실이 많다는 생각도 했을 것이다. 그게 대만 사람들의 인식인 것이다. 뭐든 끝까지 하려 하면 싸움이 되고, 그러느니 차라리 적절한 선에서 마무리하는 것이 모두에게 좋다는 생각이다.

차부둬와 쑤이볜

이러한 인식은 만족을 잘하는 대만 사람들의 성격과도 연결되어 있다. 너무 완벽한 것을 추구하다가는 상처를 받을 수도 있고, 체면이 손상될 수도 있다. 그러니 어느 정도 되었으면 거기에 만족하자 이렇게 생각하는 것이다. 대만 사람들이 많이 쓰는 말에서도 이런 생각은 묻어난다. '차부둬差不多'라는 말을 대만 사람들은 참 많이도 쓴다. 사용빈도로 따지면 우리의 '빨리빨리' 정도 될까? 글자 그대로 보면 '차이가 크지 않다'는 이야기다.

그런데 이 말은 아주 다양하게도 쓰인다. 주문해서 배달된 상품의 색깔이 좀 달라서 전화를 하면, 의당 듣게 되는 말이 '차부둬'(별 차이 없다)이다. 준비되었냐? 물어도 '차부둬'(거의)라고 대답한다. 이 길이 맞냐고 물어도 대답은 '차부둬'(아마)이다. 대충, 거의, 그럭저럭, 얼추, 적당히 등등의 의미로 많은 상황에서 쓰인다.

중국 베이징대학 총장을 지낸 후스胡適는 중국 민족의 적당주의를 단적으로 보여주는 말이 '차부둬'라고 주장하기도 했는데, 후스처럼 부정적으로 보면 적당주의, 대충주의의 상징처럼 볼 수 있을 것이다. 하지만, 이 말엔 중국 민족의 낙관주의가 들어 있다. 대만 사람도 중국 민족이니 낙관주의가 몸에 배어 있고, 그래서 '차부둬'를 그렇게 많이 쓰는 것이다.

대만 사람들이 '차부둬'만큼 많이 쓰는 말이 또 있다. '쑤이볜隨便'이다. 글자 그대로 보면 '편한 대로 따른다'는 의미이니 '편할 대로 하라'는 뜻이다. 그런데 이 말도 여러 상황에서 다양하게 사용된다. 뭐 먹을래? 하면 '쑤이볜'(아무거나)이라고 답한다. 일요일에 뭐할까? 물어도 '쑤이볜'(뭐든)이다. 무엇을 입는 게 좋을까? 답은 '쑤이볜'(다 좋아)이기 십상이다. 우리가 늘 하는 말로 '결정장애' 같은 느낌의 말이기도 하다. 하지만 여기에도 대만인들의 '편하게 생각하는 마음'이 들어 있다. 매사를 너무 심각하게 생각하기보다는 좀 편하게 생각하고, 덜 완벽하더라도 웬만하면 만족해하면서 살자는 인식이 담겨 있는 것이다.

그렇게 사는 대만 사람들을 보면서 혼란스럽기도 했다. 잘못은 철저히 밝히고 죄 있는 사람은 벌 주고 그래야 사회정의를 세우는 것이고 그래야 살 만한 사회가 된다고 생각하는 것이 일반적일 것이다. 나도 그런 생각을 무의식 속에 가지고 살아왔던 것 같다. 그런데 대만 사람들이 '그렇게 따지고 들추고 벌주고 해봐야 남는 건 별로 없어' 하는 인식 속에 사는 모습을 보면서 결국은 이게 더 행복하게 사는 방법 아닌가 하는 생각을 하지 않을 수 없었다. 아직도 잘 모르겠다. 어느 것이 맞는 것인지, 어느 쪽이 궁극적으로 사람을 행복하게 해주는 것인지.

계엄 아니고
주민소환

대만은 우리와 문화도, 정서도, 생활하는 방식도 많이 닮았다. 대만에 살면서 가끔 '여기가 한국이야 대만이야' 생각했던 적이 한두 번이 아니다. 정치도 많이 닮아 있다. 대통령제를 하는 것도, 대통령의 권한이 막강한 것도 비슷하다. 특히 대만은 총통이 국회를 해산할 수 있는 권한까지 갖고 있다. 또, 국가안보를 위한 비상명령을 발령할 수 있고, 사법원과 감찰원과 고시원의 원장을 임명하는 권한도 갖고 있다. 두 개의 큰 정당이 정치를 주도하는 것도 유사하고 여야 대립이 심한 것도 닮았다. 심지어 2025년 상황을 보면, 대통령을 배출한 당이 의회에서 제1당의 지위를 갖지 못해(여소야대) 정부여당과 야당이 사사건건 부딪히는 것까지 한국과 너무 똑같다.

대만은 2024년 총통 선거를 통해 민진당의 라이칭더가 총통이 되었다. 의회선거도 동시에 했는데, 여당인 민진당은 전체 113석 중 51석 확보에 그치고, 야당인 국민당이 52석으로 제1당이 되었다. 제3당인 민중당은 8석, 무소속이 2석이다. 민진당은 2016년 제14대 총통 선거에서 차이잉원이, 2020년 제15대 총통 선거에서도 차이잉원이, 2024년

제16대 총통 선거에서는 라이칭더가 이기면서 총통 선거에서 3번 연속 승리했다. 하지만 라이칭더는 여소야대 국면을 맞으면서 힘겨운 통치를 이어가고 있다.

국민당은 제3당인 민중당과 손잡고 라이칭더와 정부 주요 정책의 실행을 막고 있다. 국방 예산을 삭감하고, TSMC의 대미 투자 확대도 반대한다. 여기에 그치지 않고 총통의 권한을 축소하는 법률도 통과시켰다. 두 야당이 나서 의회개혁법을 성사시킨 것인데, 총통이 반드시 정기적으로 국회에서 국정연설을 하도록 하고, 국회의원들의 질문에 즉문즉답식으로 답변을 하도록 하는 내용을 담고 있다. 반면에 이 법은 국회의 권한은 강화시켰다. 국회의 조사권을 강화해 총통과 기업, 일반인까지 소환·조사할 수 있게 하고, 기밀문서에도 접근할 수 있게 했다. 국방비 등 정부예산에 대한 국회의 통제권, 총통의 인사에 관한 동의권도 강화했다.

윤석열식이라면 정말 계엄감이다. 정책에 대한 반대를 넘어 대통령의 권한을 확 줄이고, 국회에 나와 국회의원들의 질문에 일일이 답변까지 하도록 했으니 정말 윤석열이었다면 진즉 '군대를 동원해 확 밀어버려야 되겠네' 하는 생각을 했을 것 같다. 정부예산을 삭감하고 정부 인사 탄핵을 추진한다고 계엄을 한 사람이니 대만 상황이었다면 계엄 몇 번도 했을 듯 싶다. 하지만 대만은 계엄 아니고 차분한 대처다. 총통은 국회개혁법이 권력분립의 원칙에 어긋난다며 사법원에 헌법재판을 청구했다.

민진당은 국민당 의원들에 대한 주민소환을 적극 추진하고 있다. 30여 개 지역에서 국회의원 파면을 추진한 것이다. 대만은 국회의원이나 지방의원에 대해 주민소환제도가 마련되어 있다. 1차로 해당 지역구 유권자의 1% 이상의 서명을 받아야 하고, 2차로 10% 이상의 서명을 받아야 한다. 그러면 주민투표가 실시된다. 거기서 파면에 찬성하는 사람이 반대하는 사람보다 많고, 그 수가 전체 유권자의 25% 이상이 되면 파면이다.

대만은 우리보다 훨씬 긴 군사독재 기간을 거쳤다. 1949년 5월부터 1987년 7월까지 무려 38년 2개월 동안이나 계엄하에 있었다. 그동안 많은 민주인사와 양식 있는 언론인이 탄압받았다. 정보기관이 주도한 백색테러도 무수히 자행되었다. 그 긴 엄동설한을 지나 1980년대 후반부터 민주화의 길을 걸었다. 독재의 장본인인 장제스 부자가 모두 사망하면서 대만에 새로운 시대가 열린 것이다. 이후 대만은 빠른 속도로 사회가 민주체제로 변화해갔다. 야당이 생기면서 정치지형도 급격하게 달라졌고, 사람들의 의식도 빠르게 변화했다. 총통 직선제가 도입되고, 얼마 지나서는 야당에서 총통이 나왔다. 이후 여야 정권교체도 비교적 순조롭게 이루어지고 있다.

물론 깊이 있는 숙의 과정을 통해 여야가 훌륭한 입법을 이루어내고, 그 바탕 위에서 정치권이 신뢰를 받는 단계까지는 갈 길이 멀다. 정치인의 부패도 여전히 척결되지 않은 채 남아 종종 언론에 등장한다. 하지만 군사독재를 벗어난 지 그리 오래되지 않았는데도, 독재나 계엄 등이 자리 잡을 공간은 없다. 정치권이나 정부가 권위와는 거리가 멀기도 하다. 경제나 기업과 관련한 일은 되도록 우선적으로 처리하려는 태도도 견지하고 있다.

우리와 비슷한 대만을 보면서 정치개혁을 위한 제도와 의식이 모두 중요함을 새삼 느끼지 않을 수 없다. 아직도 1970년대 의식을 벗어나지 못한 사람이 전면에 서서 시민을 리드하려는 모습을 우리 정치에서 자주 본다. 윤석열은 자유, 종북좌파를 자주 들먹이면서 "나는 1970년대에 살고 있어요"라고 스스로 말하고 있었지만, 그렇게까지 노골적이지는 않으면서도 갈라파고스섬에 갇혀 있는 정치인들이 여전히 많다. 깨어 있는 시민이 정치 전면에 나설 수 있는 분위기와 여건이 되어야 할 것이다. 그러려면 시민들이 투표를 잘해야 한다. 투표를 하지 않으면 나보다 훨씬 멍청한 사람의 지휘를 받을 수 있다. 그런 의식으로 모두 나가 투표로 가장 나은 후보를 리더로 뽑을 수 있도록 해야 할 것이다.

제도도 도입이 필요한 것, 시민들이 원하는 것은 조속히 도입해야 한다. 국회의원, 대통령 소환제도가 그런 것이다. 법이 필요하고, 법은 국회의원들이 만드는 것이라 그런 법이 만들어지기 어려운 게 사실이다. 하지만 시민, 유권자보다 더 무서운 존재가 민주사회에 있는가? 시민, 언론이 나서면 못할 것은 없다. 잘못하면 국회의원도 대통령도 언제든 시민들에 의해 끌려내려올 수 있다고 생각하면 정치에 임하는 태도는 좀 달라질 것 같다.

나는 기자 시절부터 많은 정치인을 보아왔다. 하지만 아침에 일어나 출근하면서 "오늘은 시민들을 위해서, 나라를 위해서 무얼 해야 하나?" 생각하면서 나올 만한 사람은 거의 보지 못했다. 오히려 "오늘은 점심에, 저녁에 누구를 만나서 뭘 꾸며봐야 되나?", "내 세력을 늘리려면 뭘 더 챙겨봐야 되나?", "상대 당을 제대로 욕해주려면 어딜 건드려야 되나?" 이런 생각을 하면서 출근할 것 같은 사람이 대부분이었다. 지금 활동하는 정치인도 대부분 마찬가지다.

대만 사람들하고 이야기를 하다 보면 빠지지 않고 등장하는 게 윤석열이었다. "윤석열은 왜 계엄을 하려고 했나?" 하는 질문은 꼭 나왔다. 우리 정치를 낮추어 보는 모습도 깔려 있었다. 나뿐만 아니라 외국인을 만나는 한국 사람들은 웬만하면 이런 질문을 다 받았을 것 같다. 나라 자랑거리는 기업들과 시민들이 마련해주고, 나라 망신거리는 정치가 만들어주는 시대는 이제 끝내야 할 텐데…….

범생 공화국, 대만

완전 독립 말고
현상 유지

늘 뜨거운 이슈, 통일

대만에서 가장 크고 중요한 이슈는 대만의 독립에 관한 것이다. 중국과 완전 별개의 국가로 독립할 것인지, 아니면 중국과 통일을 할 것인지, 아니면 지금 상태로 현상 유지를 할 것인지 하는 것이다. 정당별로, 계파별로 생각들이 달라 선거 때마다 큰 이슈가 되고 있다. 선거가 아니더라도 중국의 말 한마디, 그에 대한 대만 측의 반응 한마디가 크게 뉴스가 되기도 한다.

중국은 대만을 하나의 국토로 완전 통일하겠다는 것이다. 대만을 중국으로 통일해 완전한 중국을 이루겠다는 생각이다. 다만, 통일 이후 대만 지역에 대해서는 높은 수준의 자치권을 주겠다는 복안을 가지고 있다. 그런 입장에서 중국이 매우 중시하는 원칙이 '하나의 중국'이다. 국내뿐만 아니라 대외적으로도 이 원칙을 엄청 강조한다. 지나치게 강조해 문제를 일으키기도 한다. 대만이 'Republic of China' 또는 'Taiwan'이라는 국호를 사용하는 것을 철저하게 반대한다. 국제기구에 가입하는 것도 물론 반대한다. 심지어 다른 나라가 이런 용어를 사용하는 것도 반대한다. 중국은 그렇게 지나치리만큼 '하나의 중국' 원칙에 집착하고 있고, 대만의 움직임에 민감하다. 그만큼 완전 통일에 대한 의지도 강하다.

대만은 다원적인 사회인 만큼 통일에 대해 여러 의견이 존재한다. 오랫동안 집권을 했던 국민당은 중국 본토를 회복해 중화민국(대만)으로 통일해야 한다는 노선을 갖고 있다. '중화민국 통일파'라고 이름 붙일 수 있겠다. 중국 본토는 중국공산당이 불법으로 점령하고 있는 만큼 중화민국이 꾸준히 통일을 추진해 결국은 중국을 하나로 만들어야 한다는 생각이다. 그래서 중국과의 경제 교류를 아주 중시한다. 경제 교류를 계속하면 양측의 체제와 인식이 접근해나갈 수 있다는 생각이다.

국민당은 집권 당시인 1992년 중국과 협상을 진행해 '92컨센서스'('92공식'이라고도 한다)라는 것을 만들어냈다. '하나의 중국을 인정하되 각자의 방식으로 해석한다'는 게 핵심 내용이다. 한자로는 '일중각표一中各表'로 표현한다. '하나의 중국, 표현은 각자가 알아서'의 의미이다. 국민당도 통일을 추구하면서 '하나의 중국'(중화민국이 중심인 하나의 중국)을 주장하고 있기 때문에 이러한 합의가 이루어진 것이다. 사실 모호하기 짝이 없는 합의지만, 국민당도 중국도 우선 서로의 관계를 진전시켜 나가야 한다는 데에는 생각을 같이했기 때문에 억지춘향이 식으로 그런 컨센서스를 만들어냈다.

이 '92컨센서스'를 바탕으로 해서 2010년에는 '양안경제협력 기본협정Cross-Strait Economic Cooperation Framework Agreement, ECFA이 체결되었다. 웬만한 상품에 대해서는 관세를 매기지 않고 자유롭게 무역을 한다는 내용의 대만과 중국 사이 자유무역협정FTA이다. 지금은 대만과 중국의 관계가 악화되어 중국이 여러 품목에 대해 다시 관세를 매기기 시작했지만, 여전히 ECFA는 대만과 중국 사이 경제 교류의 초석 역할을 하고 있다.

완전 독립파와 중화민국 독립파

민진당은 두 개의 계파로 나뉜다. 하나는 '완전 독립파'다. '대만 독립파'라고 부를 수 있겠다. 대만의 완전 독립을 선언하고 국호도 'Republic of China'가 아니라 'China'를 빼버린 'Repblic of Taiwan'으로 하자는 세력이다. 중화 정체성까지 부정하는 것인데, 그것도 국민당이 집권하면서 대만에 이식한 식민의식일 뿐 대만 것이 아니라는 입장이다. 이들은 대만의 완전 독립은 중화인민공화국(중국)으로부터뿐만 아니라 중화민국으로부터 자유로워질 때 이루어질 수 있다고 주장한다. 그런 점에서 국민당과 완전 대척점에 이들이 있다. 하지만 이들은 소수파다.

민진당 내 다수파는 온건세력이다. 온건한 방식으로 차근차근 독립적인 정체성을 다져나가면 된다는 의견이다. 대만이 독립된 국가로 존재하면서 지속 발전하는 것이 우선은 중요하다는 생각이다. 중국과 경제적인 협력은 추구할 수 있지만, 정치적인 통합은 추구할 필요 없고 서로에게 속하지 않는 독립된 국가로 남아야 한다는 주장이다. 지금보다 훨씬 자주적인 국가로 조속히 나아가야 한다고 주장하지는 않는 것이다. 중화민국이라는 공식 국호와 국가 정체성을 가지고 있는 만큼 이를 유지하면서 더 실제적으로 구현할 수 있도록 노력하면 된다는 생각이다. '중화민국 독립파'라고 할 수 있겠다. 현재 이들이 민진당의 다수파다. 이전 총통 차이잉원, 지금의 총통 라이칭더 모두 이쪽이다.

강경파의 의견을 따르자면 중국과 충돌, 심지어는 무력충돌까지도 감수해야 하는 상황이다. 그래서 민진당 내의 온건세력은 다수를 차지하면서 점진적인 독립성 강화, 현상 유지 기반의 정체성 강화를 추진하고 있다. 대만 헌법의 "중화민국의 영토는 고유한 강역疆域에 따른다"(제4조)는 조항의 개정도 추진하지 않는다. 여기서 '고유한 강역'은 중국 본토를 포함하는 개념인데, 이를 개정해서 대만 지역만을 대만의 영토로 하는 순간 중국과 무력충돌을 각오해야 하기 때문이다.

중국은 중국과 대만 전체를 하나의 영토로 보는 이 조항의 개정을 대만 완전 독립의 중요한 상징으로 간주하고 있다. 결국 민진당 다수파의 노선은 지금의 상태, 즉 정치적으로 경제적으로 중국과 독립되어 있고, 서로의 정체성을 확보하고 있는 상태를 계속 유지해 나가면서 이를 더 공고화하면 된다는 것이다. 다만, 중국이 대만의 독립성을 훼손하려는 시도, 대만의 외교 지형을 축소하려는 시도 등은 사라진 상태를 원하고 있는 것이다.

이러한 현상 유지 중심의 대만 정체성 추구는 대만 사람들의 특성을 잘 반영한 것이다. 중국과 심한 충돌을 피하고 싶고, 갑작스러운 변화를 통해 발생할 수 있는 혼란과 혼돈을 피하려는 것이다. 극단을 피하고, 되도록이면 중도를 가면서 안정적으로 국가 정체성을 정착시키고 싶은 정서가 반영된 것이다. 특히 젊은 세대에서 그런 특성들이 더

범생 공화국, 대만

잘 나타나고 있다. 이들은 중국과의 내전, 국민당의 독재 등을 직접 겪지 않았다. 그래서 선험적으로 가지고 있는 편견이 없다. 나라가 잘 되면서 나도 잘 되면 그게 최선이라고 여긴다. 이들이 생각하는 중국과의 관계는 그래서 현상 유지다. 중국도 간섭하지 말고, 우리도 중국을 자극하지 않으면서 서로 독립적으로 사는 것이다.

그래서 이들이 생각하는 민족적 정체성도 중국인이 아니라 '대만인'이다. 과거에는 '나는 중국인이다'라고 말하는 사람이 많았는데, 민주화 이후 지난 30년 동안 그 추세는 많이 변했다. '나는 중국인이면서 대만인이다'라는 대답이 많은 시대를 지나 지금은 '나는 대만인이다'라고 대답하는 사람이 많아졌다. 보통 여론조사를 해보면 이런 대만인 정체성을 주장하는 사람의 비율이 60% 정도 된다. 젊은이들은 대부분 이쪽이다.

민진당의 현상 유지 성향의 대만 독립 유지 정책은 이러한 시대적 흐름에 따른 것이기도 하다. 여하튼 최근 대만의 중국에 대한 입장은 서로 간섭하지 말고 독립적인 길을 가면서 협력할 것이 있으면 해나가자는 것이다. 급진적으로 가거나 너무 완전한 것을 추구하는 것보다는 할 수 있는 것, 무리 없이 해나갈 수 있는 것을 해나가는 게 결국은 모두에게 이로운 것이라는 생각을 바탕으로 정책을 추진해 나가고 있는 것이다.

옛것은
일단
보존하자

한일관계와는 많이 다른 대만·일본 관계

　대만에서 지내면 또 하나 느낄 수 있는 게 대만인들이 보존하고 보전하는 데 능하다는 것이다. 우선 총통부 건물 자체가 일제의 식민지배 시절인 1919년 일본이 지은 것이다. 일제가 총독부 청사로 쓰던 것이다. 우리가 역사바로세우기 차원에서 1996년 옛 조선총독부 건물을 철거한 것과는 완전히 다르다. 우리는 일제의 잔재를 없애야 한다면서 총독부 건물을 없애버린 반면, 대만은 아직도 총통의 집무실로 옛 총독부 건물을 쓰고 있다. 제2차 세계대전 당시에는 미군의 공습으로 크게 파손되었지만 보수해서 지금까지 쓰고 있다. 여러 가지 평가가 있을 수 있지만, 평가는 언제든 달라질 수 있는 것이니, 옛것은 일단 보존하자는 생각으로 지키고 있는 것이다.

　이 총독부에 대한 조처의 차이는 대만과 우리가 일본을 보는 시각이 많이 다름을 단적으로 보여준다. 우선 일본의 태도가 달랐다. 우리에 대한 일본의 접근은 강제로 나라를 빼앗는 과정이었다. 그 과정에서 의

병을 비롯한 반대도 많았고, 이는 이후 끈질긴 독립운동으로 발전했다. 일제도 악랄하게 대했다. 그러다 보니 지금도 악감정이 남아 한일관계는 여전히 삐걱 소리가 나는 상황이다.

반면 대만은 일본이 청나라와의 공식적인 조약에 따라 할양받은 땅이다. 1894년 청나라와 일본이 한반도와 만주 일대에서 전쟁을 했고, 9개월의 치열한 싸움 끝에 청나라가 패배했다. 결과는 1895년 시모노세키 조약이었다. 대만과 평후제도, 랴오둥반도를 청나라가 일본에 준다는 내용이다.

대만은 이렇게 해서 1895년 중국 영토에서 일본 영토로 바뀌었다. 일본군이 진주하는 과정에서 대만의 저항이 있긴 했지만, 심하진 않았다. 일본의 식민지배 양상도 많이 달랐다. 억압, 탄압보다는 자신의 영토를 발전시킨다는 차원으로 접근했다. 새로운 벼 품종인 펑라이미蓬萊米 (온대 지역에서 자라는 자포니카 품종을 아열대와 열대 지방에서도 자랄 수 있도록 개량한 벼 품종)를 개발해 농업을 발전시켰고(지금 대만 사람들은 펑라이미를 주식으로 한다), 설탕 제조 공장을 대대적으로 만들었다. 탄광·금광도 많이 개발했고, 철도와 상하수도, 전기 등 사회적 인프라도 건설해 놓았다.

일본어를 통한 것이었지만, 교육도 많이 했다. 공교육 시스템을 도입했고, 대만 인재들의 일본 유학도 장려했다. 창씨개명도 조선에서는 강제적인 것이었지만, 대만에서는 지원자 중심, 인센티브 중심이었다. 집안의 가장들에게 개명 신청을 하도록 하고, 개명을 하면 그 가정에 대해서는 관공서 취업과 진학에서 특혜를 주었다. 일본이 대만에 대해서는 자기 땅으로 인식하면서 접근한 점이 한반도에 대한 접근과는 다른 점이었다.

그러다 보니 한국과 대만의 일제에 대한 대응도 많이 달랐다. 우리는 국내외에서 무장투쟁을 쉼없이 전개했다. 하지만 대만의 독립운동은 약했다. 원주민(주로 높은 산에 살아 고산족이라고 부르기도 한다)들의 무장투쟁이 있었지만, 한족들의 무장투쟁은 미미했다. 한족들은 문화운동이나 자치운동을 더 많이 했다. 당시 대만인들의 대일인식을 단적으로 보여주는 자료는 일본군 모집에 대한 지원 현황이다.

1942년 일제의 대만 총독부가 제2차 세계대전에 참전할 지원병 약 1,000명을 모집했다. 그런데 여기에 대만인 42만 명이 지원했다. 1943년에도 일제가 해군 특별지원병 1,000명을 모집했는데, 여기에도 31만 명이 지원했다. 일제의 대만에 대한 유화적인 정책, 황민화 교육 등이 종합적으로 영향을 미친 결과라 할 수 있을 것이다. 대민인들의 실용적인 측면 또한 작용했다고 하겠다. 당시 지원병에게는 상당한 월급이 지급되었는데, 이를 기대하고 지원한 사람도 많았던 것이다.

이렇게 한국과 대만의 상황이 달랐기 때문에 1945년 일본의 패전 직후 대만에 있던 일본인 40만 명 가운데 절반인 20만 명 정도는 일본으로 귀국하지 않고 남았다. 대만인들의 보복도 없었다. 남은 일본인들이 대부분 돌아간 것은 1947년 2·28 사건 이후다. 외성인들의 핍박에 대한 반발로 본성인들이 일으킨 반란이 2·28 사건이다. 그런데 외성인들, 즉 국민당 정부는 일본인들이 본성인들을 선동해 반란이 일어난 것으로 의심했다. 그래서 일본인들 대부분을 일본으로 귀국시켰다.

일본은 롤모델

여하튼 그렇게 일본 점령에 대해 대만인들은 큰 불만이 없다. 오히려 긍정적으로 보는 사람이 많다. 이런 모습은 인도인들을 생각나게 한다. 인도 사람들은 대체로 영국에 대해 긍정적이다. 인도 독립 직후부터 그랬다. 미국 프랭클린 루스벨트Franklin Roosevelt 대통령의 미망인 엘리너 루스벨트Eleanor Roosevelt가 인도가 독립한(1947년 8월 15일) 몇 년 후 인도를 여행했다. 여행기에는 그는 이렇게 썼다. "인도인들은 영국인들이 했던 좋은 행위들은 기억하고 나쁜 행위들은 그냥 넘어가는 경향이 있다. 지금 영국인들은 실제 인도에서 상당한 인기를 누리고 있다." 영국의 인도 지배 당시 마지막 총독이었던 루이스 마운배튼Louis Mountbatten이 1979년 IRA(아일랜드 공화국군)의 테러로 사망했을 때에는 인도 의회는 그를 추모하는 의미해서 정회를 하기도 했다.

물론 영국의 인도 수탈과 억압에 대해 긍정평가를 하기는 어렵다. 제국주의의 동인은 자국의 경제적·정치적 이익이고, 영국도 이를 위해 인도를 점령했으며, 그 목적에 어울리게 통치했다. 그런 가운데에서도 인도인들의 영국에 대한 감정이 나쁘기만 한 것이 아닌 점은 주목할 만하다. 독립 인도의 초대 총리 자와할랄 네루Jawaharlal Nehru처럼 영국이 전신과 전화, 철도 부설 등을 통해 산업화에 기여한 점을 긍정적으로 보는 시각이 존재한다. 인도 민족주의자들조차도 인도라는 파편화되어 있는 거대한 나라가 하나의 나라가 되고, 인도인이 하나의 민족이 된 것은 영국의 통치 아래에서 가능했다고 평가하고 있다. 인도와 영국의 관계는 한국과 일본의 관계와는 그 성격이 크게 다른 것이다.

그건 그렇고, 특히 1980년대 민주화 이후 대만 사회의 중심 역할을 하고 있는 민진당 세력은 일본 통치에 대해 긍정적인 입장을 가지고 있다. 일제 패망 직후 대만에 들어온 국민당 세력은 중국 본토에서 일제와 직접 전투를 했다. 대만에 들어와서도 본성인들을 일본의 노예 역할을 했다면서 무시하고 탄압했다. 1980년대 후반 국민당 일당독재가 끝나고 민주화가 진행되면서 민진당이 성장했다. 민진당 세력은 국민당과 반대편에 서서 중국과 차별화하고, 중국에서 독립을 추진하면서, 대만인 자체의 정체성을 찾아가는 데 주력했다. 일제와 싸운 국민당이 일제 역사를 부정하는 데 비해 민진당 세력은 일본의 통치를 긍정적으로 보았다. 국민당이 일제의 불법점거라는 의미로 일거日據라는 용어를 쓴 반면, 민진당 세력은 일본의 통치라는 의미로 일치日治라는 용어를 썼다.

　　아이러니한 일이다. 국민당 독재에 항거해 생긴 민진당이 대만의 독립을 추구하고, 대만인의 자주성과 독자적 정체성을 강조하면서도 일본에 대해서는 긍정적으로 보는 것이 참으로 묘하지 않을 수 없는 것이다. 민진당은 미국에 대해서도 아주 친미적이다. '민주세력-대만 독자성 추구-친일-친미' 이런 요상한 구도를 민진당은 만들어낸 것이다. 지지자를 모으고 표를 구해야 하는 정치의 생리가 그런 현상을 연출했다고밖에 볼 수 없다. 국민당은 중국과 경제적으로 친밀하게 교류하면서 공동의 발전을 추구해나가자고 한다. 민진당은 국민당의 대척점에서 생겨났다. 국민당에 반대하는 사람들의 표를 모아야 한다. '국민당이 중국 쪽이라면, 우리는 달리 가야 한다' 이런 논리가 적용되어 미국과 일본에 가까이 갔다. 그래서 민진당이 집권하고 있는 지금 미국과 일본에 더 다가가 있다.

지금 대만은 일본과 아주 가깝고, 그런 분위기 속에서 일본 것은 우대받고 있다. 일본을 하나의 롤모델로 여긴다. 일본 사람을 좋아하기도 한다. 일본과 무역도 많이 하고, 1년에 1,000명 정도는 일본인과 결혼도 한다. 일제시대의 상황이 우리와는 달랐던 점에다가, 제2차 세계대전이 끝나면서 들어온 장제스 세력의 내성인에 대한 탄압까지 더해지고, 민진당의 반反국민당 정책이 부가되어 일본을 긍정적으로 보는 시각이 형성된 것이다.

건물이든 기록이든 보존한다

그렇기에 대만 곳곳에 일제 점령 당시 일본인들의 공덕을 기리는 기념비와 부조들이 남아 있다. 우리가 보면 너무 어이없는 일이지만, 대만에서는 오히려 자연스럽다고 할 수 있을 정도다. 과거 일제 총독부 건물이 여전히 보존되어 대만 최고권부의 보금자리 역할까지 하고 있는데 무슨 설명이 더 필요하겠는가? 게다가 대만인들의 역사에 대한 접근 방식이 과거는 과거대로 두고 미래로 나가야 한다는 것이다. 일도양단식으로 무엇이 정리되지 않으면 다음은 없다는 식은 아니다. 구동존이求同存異(서로 다른 것은 남겨두고 같은 것은 함께 추구해나간다)를 제대로 실행하고 있는 것이다.

중국의 저우언라이가 1950년대부터 중국의 국제사회 진출과 이를 위해 무엇보다 중요하게 여겼던 미국과의 관계 개선을 추진하면서 강조했던 것이 구동존이다. 서로 다른 부분은 추후의 일로 남겨두고 우선 협력할 수 있는 것부터 협력해나가자 하는 것이었다. 실용정신의 표징이다. 그런 모습이 중국이 아닌 대만에서 이제 여실히 나타나고 있는 것이다.

그런 문맥 속에서 대만인들은 지나간 일은 지나간 일대로 보존하면서, 건물이든 기록이든 웬만한 것은 보호하고 유지하면서, 미래 발전을 위해 화해하고 협력할 부분이 있으면 하자는 식이다. 그래서 과거의 것들을 그대로 가지고 있는 것이다. 타이베이 서남쪽으로 신주시가 있는데, IT 기업들이 모여 있어 대만의 실리콘벨리로 불리는 곳이다. 세계 최대 파운드리 기업 TSMC의 본사와 주요 공장들도 여기에 있다. 이 도시의 관문 신주역의 역사도 일제가 만든 것이다. 신주의 시청과 법원 건물도 마찬가지다. 멋있고 쓰기 좋으니 부수지 않고 그대로 쓰고 있는 것이다. 이들의 역사를 보는 눈, 실용정신은 이런 부분에서 잘 확인되고 있다고 하겠다.

대만 오면 모두 다 한 번씩 가보는 곳 고궁박물원은 어떤가? 보존의 명수 대만인들의 진면목을 제대로 보여주는 곳이다. 소장하고 있는 유물이 무려 69만 7,000여 점이다. 장제스가 워낙 중국 역사와 유물에 애착이 많아 일본군과 중국공산당군에 쫓기면서도 그 많은 유물을 챙겼다. 일본군과 싸우는 과정에서 상황이 불리해지자 1933년 자금성의 고궁박물관에 있던 유물을 상하이로 옮겼다가, 1945년 일본이 망하자 다시 베이징으로 옮겼다. 이후 중국공산당군과의 내전에서 다시 불리해지자 1948년 유물을 대만으로 옮겨왔다.

고궁박물원은 워낙 유물이 많고 귀중한 것도 많아 세계 5대 박물관

고궁박물원.

(고궁박물원, 런던 대영박물관, 파리 루브르박물관, 뉴욕 메트로폴리탄박물관, 상트페테르부르크 에르미타주박물관) 중 하나로 손꼽힌다. 3개월에 한 번씩 전시하는 유물을 교체하는데, 이렇게 교체를 해가면서 전시를 하면 유물 모두를 전시하는 데 8년이 걸린다.

세상 어디에서도 볼 수 없는 귀한 것이 많지만, 이 박물관의 4대 보물로 알려진 것은 취옥백채, 육형석, 모공정, 조상아투화인물투구다. 취옥백채翠玉白菜는 비취색의 옥으로 만든 배추 조각품이다. 실제 배추와 너무나 똑같아 보는 이들을 놀라게 한다. 배추 속에 숨어 있는 여치와 메뚜기까지 디테일하게 묘사되어 있다. 배추의 흰색은 순결, 청녹색은 청렴, 여치와 메뚜기는 다산을 상징한다.

육형석肉形石은 벽옥으로 동파육 모양을 조각한 것이다. 탱탱한 동파육이 방금 냄비에서 나온 것처럼 생동감이 넘친다. 모공정毛公鼎은 서주 시대 후기, 즉 기원전 8~9세기 사이에 만들어진 청동솥이다. 솥의 안쪽에 새겨진 명문銘文의 역사적 가치가 높아 유명하다. 명문의 내용은 서주의 선왕이 자신의 삼촌이면서 신하인 모공에게 정치를 맡기면서 나라의 기강을 세우려는 것이다. 글의 내용과 서체 모두 중국 고대 금석문金石文의 걸작으로 잘 알려져 있다.

조상아투화인물투구雕象牙透花人物套球는 청나라 시대 광저우의 장인이 3대에 걸쳐 조각한 것이라고 한다. 상아를 깎아 구 안에 구가 겹겹이 생기도록 한 것인데, 그렇게 구 17개를 조각해놓았다. 어떻게 전혀

취옥백채(왼쪽).
육형석(오른쪽).

범생 공화국, 대만

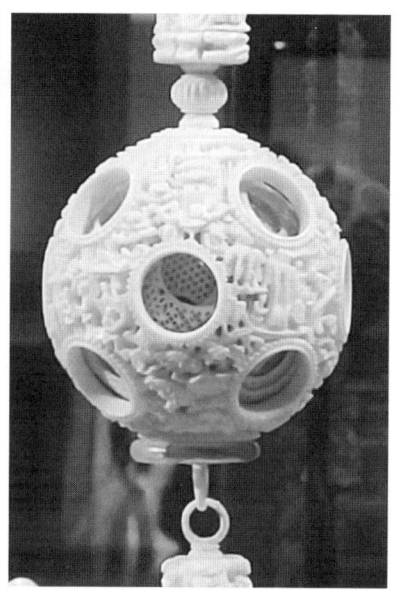

모공정(왼쪽). 조상아투화인물투구(오른쪽).

잘라붙이지 않고 구 안에 또 다른 구를 그렇게 많이 조각할 수 있었는
지 지금도 불가사의로 남아 있다. 현대의 조각가들이 같은 형태로 재현
을 시도했지만, 14개까지밖에 조각할 수 없었다. 첨단 3D프린터로도
복제해낼 수 없다고 한다.

미국의 장제스 제거 계획

내가 주로 지내던 타이베이 중정기념당 주변에도 일제시
대 건물로 지금도 그대로 살아 있는 게 있다. '육련청陸聯廳'이라는 음식

점이다. 원래는 '육군련의청陸軍聯宜廳'이라는 이름의 군장교 클럽이었다. 그걸 민간기업이 국방부에서 임대를 받아 고급 음식점으로 활용하고 있는 것이다. 고급스러운 파티나 결혼식, 전시회 등이 여기서 많이 열린다. 자세히 둘러보니 뒤쪽으로는 단아한 정원과 산책로, 작은 연못까지 갖추어져 있었다. 가까운 사람들끼리 기념할 만한 날에 식사를 하기에 안성마춤인 곳이었다.

일제시대에 지어진 이 건물은 처음엔 대만 주둔 일본군 최고위 장성의 관저였다. 장제스 군대가 들어온 다음엔 대만 육군참모총장의 관저로 쓰였다. 1950년대 초 육군참모총장이었던 쑨리런孫立人도 여기서 살았다. 대만 사람들한테는 그가 워낙 유명한 인물이어서 지금도 이 집은 쑨리런 관저로 잘 알려져 있다.

쑨리런은 1920년대 미국의 버지니아군사학교Virginia Military Institute를 나와 장제스 군대에 합류했다. 1930년대 중일전쟁, 1940년대 초반 버마전선에서 맹활약을 벌여 '동양의 로멜Rommel'이라는 별명을 얻었다. 일본이 망하고 마오쩌둥 군대와 싸우면서도 나름 활약했지만, 그의 힘만으로는 대세를 거스를 수 없었다. 장제스를 따라 대만으로 건너와서는 육군참모총장까지 올랐다. 하지만 너무 유능하고 유명한 것이 문제였다. 미국 중앙정보국CIA이 그와 손잡고 장제스를 제거하려 한다는 소문이 무성했다. 당시 미국은 장제스를 믿지 않았다. 200만 명이 넘는 군대와 미국의 많은 지원에도 마오쩌둥 군대에 처참하게 패하고 대만으로 쫓겨왔으니 못 믿을 만도 했다. 그러니 쑨리런을 둘러싼 소문과 음모론이 흘러다닌 것이다.

실제 미국에서도 장제스를 제거하고 쑨리런을 대만의 지도자로 세우는 쿠데타를 검토하고 기획했다. 1949년 10월 미국 중앙정보국은 보고서를 통해 '1950년 말쯤에는 대만이 중국공산당군에 의해 함락될 것'이라고 밝혔다. 1950년 봄에는 미국 국무부가 '그해 7월 중국이 대만을 공격할 것'이라는 내용의 보고서를 냈다. 그런데도 대만의 국민당과 정부는 시민들의 지지를 얻지 못하고 있었고, 내부적 결속도 이루지 못하고 있었다. 그래서 쑨리런으로 지도자를 교체하는 문제를 구체적으로 검토했던 것이다. 이를 위해 7,500만 달러를 사용할 수 있도록 조치해놓기도 했다. 6·25 전쟁이 일어나고, 미국이 중국의 공격으로부터 대만을 보호하기로 결정하는 상황이 발생하지 않았더라면, 미국은 원래 계획대로 지도자를 교체하는 작업을 진행했을지도 모르겠다.

이런 상황이었으니 장제스는 늘 불안했다. 결국 쑨리런을 제거하기로 했다. 쿠데타 모의 혐의를 씌웠다. 1955년 그를 가택 연금했다. 연금은 33년 동안이나 계속되었다. 1988년 장제스의 아들 장징궈가 죽어서야 연금은 풀렸다. 그 후 2년을 더 살다 쑨리런은 90세의 나이로 1990년 사망했다. 대만 정부가 과거의 일을 조사해 그에게 씌워졌던 쿠데타 모의 혐의를 벗겨준 것은 그가 사망한 지 11년이나 지난 2001년이었다.

일제의 장군들과 그가 살던 옛집은 지금도 사라지지 않고 남아 있다. 여전히 군에서 소유하고 있지만, 민간에 빌려줘 실용적인 용도로 이용되고 있다. 그래서 일제 당시에는 대만인들을 감시하고 통제하는 데 쓰이던 것이 지금은 많은 사람의 여유와 유희를 위해 쓰이고 있다. 일제 장군, 대만 장성, 대만 장교, 대만 시민 등 이런 이들의 발길이 차례로 이어져온 특별한 음식점이어서 나도 한 번 자리를 잡고 앉아 식사

타이베이 중정기념당 인근에 있는 음식점 육련청(위).
'육련청' 입구에 '쑨리 런장군관저'라고 쓰여 있다(아래).

를 해보고 싶은 생각이 있었다. 하지만 혼자서 먹기에는 적절하지 않았다. 거기서 열리는 파티에 갈 기회도 없었다. 그냥 차분히 둘러보는 걸로 만족해야 했다. 언제 다시 대만에 가면 재차 기회를 보아야 하겠다.

대도시 한가운데에 우표수집상도 드문드문 섞여 있다. 집에서 옛날부터 우표를 모아온 사람들이 여기다 팔기도 하고, 여기서 마음에 드는 것을 사가기도 한다. 이런 집에서는 옛날 화폐나 동전도 사고 판다. 지나간 것들을 그렇게 찾고 사는 사람들이 적지 않은 것이다. 큰 길에서 좀 골목으로 들어가면 앤티크숍도 많이 발견된다. 어떤 곳은 문 앞에

범생 공화국, 대만

크게 주의사항을 써놓았다. "오래되고 값비싼데 잘 깨지는 것들이 많으니 들어올 때 가방 같은 것들을 조심하세요. 특히 뒤로 매고 있는 가방은 더 조심하세요." 살며시 문을 열고 조심조심 안으로 들어가 보면, 오래된 찻잔, 술병, 주전자, 거울, 타자기, 불상 등등이 빼곡히 들어차 있다. 역시 이렇게 오래된 것들을 사기도 하고 팔기도 한다.

그렇게 대만 사람들은 철 지난 것들을 쉽게 버리지 않는다. 생활 속에서도 뭘 하나 사면 오래 쓰지만, 보존할 필요가 있다고 생각되는 것들은 대를 이어 잘 보존한다. 그걸 그냥 두고 보기도 하고, 실용적인 쓰임새를 살려 잘 활용하기도 한다. 그래서 대만 여기저기엔 고풍스러운 옛것들이 넘쳐난다.

제7장

★

영원한
숙제,
중국

중국과의
관계도
실용적으로

불안한 양안 관계

대만에서 지내면서 한반도를 많이 생각했다. 그럴 수밖에 없다. 지구상에 남은 몇 안 되는 분단국가 중 하나여서 우리와 너무 상황이 비슷하다. 중국과 통일을 해야 하는 것인지, 한다면 어떤 식으로 해야 하는 것인지 등 우리와 고민하는 내용이 대동소이하다. 미국과 중국 사이에서 늘 고민하는 것도 같다. 중국이 공격을 하면 어떻게 대응할 것인지도 이들의 큰 걱정 중 하나다. 그래서 중국에 제일 가까이 붙어 있는 진먼다오金門島(금문도)는 늘 긴장 속에 있다. 우리의 최전방이 늘 경계태세 아래 있는 것과 같다.

과거 진먼다오는 중국의 포격을 직접 받기도 했다. 포격은 1979년 미중 수교가 성사되면서 중지되었지만, 대만과 중국이 언제든 여기서 충돌할 가능성은 아주 높다. 대만은 진먼다오를 보호하기 위해 인근 해역을 금지·제한 해역으로 지정해놓고 있다. 그런데 중국의 어선들이 이 선을 넘어 고기를 잡기도 하고 쓰레기를 버리기도 한다. 2024년 2월에는 금지·제한 해역으로 넘어온 중국 어선이 대만 해경에 쫓기다 뒤집혀져 선원 2명이 숨지는 사고가 발생하기도 했다. 이런 식의 충돌은 언제고 더 큰 무력 격돌로 이어질 수 있는 위험을 안고 있다. 그래서 대만은 이 섬에 병력 5,000여 명을 배치해놓고 있다.

그런데 이런 긴장 분위기와는 완전히 다른 측면이 양안 관계에는 존재한다. 대만과 중국의 관계는 남북 관계와는 질적으로 크게 다르다. 우리는 교류가 좀 되는가 싶다가도 끊어져 아무것도 되는 게 없는 기간도 많다. 보통 보수 정부가 들어서면 관계는 끊어진다. 북한은 남한을 믿지 못하고, 남한의 보수 정권은 북한을 악으로 규정하면서 오히려 대북 강경정책과 남북 관계 단절을 자랑으로 내세운다. 그게 지지세력을 모으는 데 더 도움이 되기 때문이다. 그런 식으로 남북 관계는 크게 부침을 거듭해왔다.

하지만 양안 관계는 실용적이다. 경제 교류, 인적 교류는 지속적으로 진행된다. 물론 정권에 따라 조금씩 변화하기는 한다. 국민당 정부가 들어서면 중국과 관계가 더 활성화된다. 국민당이 중국과의 장기적인 교류를 통한 점진적 통일을 기본적인 정책 기조로 하고 있고, 중국도 국민당과는 비교적 대화를 진척시키고 싶어하기 때문이다. 민진당이 집권하면 교류가 좀 줄어든다. 민진당이 친중보다는 친미 성향이고, 중국과의 통일보다는 대만 자체의 정체성 강화를 강조하기 때문이다. 게다가 중국도 민진당과는 대화 자체를 꺼리는 경향이 있다. 지금의 민진당 정부(라이칭더 총통)도 그래서 중국과의 교류에는 상당한 애로를 겪고 있다. 거기에 미국의 압력이 더해져 있다. 중국을 견제하려는 미국의 정책이 대만의 대중국 교류를 방해하고 있는 것이다.

최근 이러한 어려움에도 양안 관계는 기능적인 측면, 즉 경제나 문화, 스포츠, 인적 교류 등의 분야에서는 남북 관계와 비교할 수 없을 만큼 활발하다. 이러한 상황은 대만과 중국의 실용정신에 기인한다. 대만의 기업들은 자신들의 자본과 기술, 경영 노하우를 중국 본토로 가져가 값싼 노동력을 활용해 많은 이익을 확보했다. 정치적으로는 아옹다옹해도 경제적으로는 윈윈 하는 길을 찾자는 생각이 이런 것을 가능하게 했다. 중국도 대만 기업들을 활용해 경제발전의 초석으로 삼는 데 주저하지 않았다. 중국은 실용적인 목적에 정치적인 욕심까지 갖고 있다. 경제적으로 가까워지면 정치적 통일도 쉬워질 수 있다는 생각인 것이다. 경제적 상호의존이 대만 내에 중국에 대한 긍정적인 여론을 형성해 정치적인 통일로 연결되기를 바라고 있는 것이다.

실용적이고 실리적인 경제 교류

양안 관계의 역사를 잠깐 보면, 대만의 독재 시절에는 교류가 거의 없었다. 그러다가 1987년 민주화 국면을 맞으면서 양안 관계도 조금씩 풀려갔다. 1990년대가 되면서 양국 관계는 본격적으로 활성화되기 시작했다. 1991년 2월에는 대만이 중국과의 관계를 담당하는 준정부기구 해협교류기금회(해기회)를 설립했고, 중국은 그해 12월 대만 관련 사무를 관장하는 해협양안관계협회(해협회)를 설치했다.

2000년대 들어서서 민진당 정부와 중국의 관계가 나빠지면서 주춤하기도 했지만, 2010년대가 되면서는 다시 교류가 확장되어갔다.

2010년에는 '양안경제협력 기본협정ECFA'도 체결되어 많은 품목이 관세 없이 교류되게 되었다. 2012년에는 해저통신케이블이 개통되어 양안을 더 탄탄하게 연결했다. 그 덕분에 2013년 양안의 교역액은 2,000억 달러에 이르렀다. 중국에 진출한 대만 기업인이 100만 명에 달했다. 항공편은 주 800회를 넘었고, 연간 오간 사람이 800만 명을 넘어섰다.

그렇게 2010년대 초반 증가하던 양국 교역은 2016년 민진당 정부가 들어서고 미국에서는 도널드 트럼프가 대통령으로 선출되면서 2010년대 후반부터는 조금씩 줄어들게 되었다. 미국이 중국을 견제하기 위해 중국에 대한 무역 규제를 실시했고, 대만도 여기에 동참해야 했기 때문이다. 그럼에도 양안의 교역은 계속되고 있다. 2021년 한 해 교역 총액만 해도 290조 원 정도 된다. 2023년에는 조금 줄어들어서 약 220조 원이다. 수많은 대만 기업이 중국에서 활동하고 있고, 투자도 계속하고 있다.

1991년부터 2023년까지 대만 기업의 대중투자는 4만 5,000여 건에 달했다. 지난 30여 년간 양안 교역은 대만과 중국을 이어주었고, 경제적으로도 윈윈할 수 있게 해주었다. 사람의 왕래도 많아 1년이면 수백만 명이 서로 오간다. 양안 사이에 이루어지는 결혼 건수도 연 1만여 건에 이른다. 양측의 언론매체들도 상대국에 주재하면서 취재 활동을 하고 있다. 특히 중국의 중앙TVCCTV는 타이베이의 랜드마크인 101빌딩에 스튜디오를 마련해놓고 여기서 대만 전문가들과의 대담, 토론프로그램 등도 진행하고 있다.

분단국이라고 하지만, 남북의 상황과는 너무 다른 모습이다. 1989년부터 2023년까지 남북 교역 총액이 35조 원 정도 된다. 이 기간 동안 남북 왕래 총인원은 약 140만 명이다. 최근에는 교역이나 왕래가 거의 이루어지지 않고 있다. 이런 상황에 비추어 보면, 대만과 중국의 관계는 '이 정도만 되면 통일된 것이나 마찬가지 아냐?'라고 할 수 있을 만큼 교류가 활발하다.

대만에 살면서 대만인들의 실사구시의 생활양식을 일상으로 접하다 보니 왜 이렇게 양안 관계가 발전했는지도 어느 정도 알 수 있게 되었다. 우선 할 수 있는 것, 우선 서로 득이 되는 것은 하고 보자는 게 이들의 의식 저변에 깔린 생각이다. 대만 사람들이 그러니 같은 한족인 중국인들도 마찬가지임은 능히 짐작할 수 있다. 그런 사고와 인식 아래에서 대만과 중국은 교류를 확대해온 것이다.

실용적인 나라 대만과 중국은 그렇게 실리 차원에서 교류를 확대해왔지만, 최근에는 세계정치의 세찬 바람에 흔들리고 있다. 미국은 중국의 성장을 막고자 하고 있고, 그래서 중국에서 들어오는 상품에 관세를 부과하는 등 무역장벽을 강화하고 있다. 중국에 첨단제품이 들어가는 것도 막고 있다. 그 바람에 대만 기업들도 중국 사업은 위축되고 있다. 폭스콘과 델타 일렉트로닉스, 타이완 유니온 테크놀로지 등 대만의 기업들은 중국의 공장을 태국, 베트남 등으로 옮기고 있다. 전체적으로 대만과 중국의 교류도 축소되고 있다.

이러한 흐름은 미국의 정책에 달려 있다. 트럼프 행정부는 중국에 대한 견제 의식이 강한 만큼 이러한 정책은 한동안 계속될 것으로 보인다. 하지만 이는 억지와 무리가 심하게 개입된 정책인 만큼 오래 지속되기는 어렵다. 언젠가는 미국과 중국이 서로에게 이익이 되는 방향으로 정책을 조정해나갈 수밖에 없을 것이다. 그러면 대만과 중국의 실용 정신은 다시 전면에 나설 것이다. 이들은 정치를 뒤로 한 채 실용적이고 실리적인 경제 교류를 크게 확대했고, 기회가 오면 다시 그럴 생각을 가지고 있다. 우리는 언제쯤 그럴 수 있을까? 그렇게 대규모는 아니더라도 경제 교류를 좀 활성화할 수 있을까?

대만의
최전방
진먼다오

구닝터우 전투

대만과 중국 관계의 현장을 직접 눈으로 확인하고 싶었다. 그래서 진먼다오를 직접 가보았다. 대만에는 최전방이지만, 중국에는 그야말로 눈엣가시다. 우리의 백령도쯤 되는 곳이다. 타이베이에서 진먼다오까지는 200킬로미터에 이르는데, 진먼다오에서 중국의 샤먼廈門까지는, 가까운 곳은 2킬로미터 남짓이다. 그야말로 엎어지면 코 닿을 거리다. 거의 중국으로 넘어갈 뻔한 곳이기도 하다.

1949년 10월 1일 톈안먼天安門 광장에서 중화인민공화국 수립을 대대적으로 선언한 마오쩌둥은 24일 후, 그러니까 10월 25일, 깊은 밤에 진먼다오 공격 명령을 비밀리에 내렸다. 9,000여 명의 인민해방군이 진먼다오를 전격 공격했다. 하지만 대만군은 선공에 나선 9,000여 명의 인민해방군을 거의 전멸시키고 전투를 승리로 마무리할 수 있었다. 이게 구닝터우古寧頭 전투다. 진먼다오의 구닝터우 지역으로 중국군이 들어와 벌어진 전투이어서 그런 이름이 붙었다. 이 전투에서 승리함으로써 지금의 대만이 존재할 수 있게 되었다.

  이후에도 중국은 여러 차례 진먼다오를 공격했다. 1954년에도, 1958년에도 포격을 가했다. 1958년 포격은 8월 23일 시작되어 12월 2일까지 계속되었고, 쏟아부은 포탄이 47만여 발이었다. 울릉도 2개 정도(151.7제곱킬로미터)에 불과한 진먼다오는 융단을 깔고 밟은 꼴이 되었다. 군인과 민간인 618명이 사망하고, 2,600여 명이 부상을 당했다. 종군기자로 나갔던 『코리아타임스』의 최병우 기자도 이때 사망했다. 그 후에도 포격은 간헐적으로 계속되었다. 그러다가 1979년 1월 1일 미국과 중국이 수교하고, 대신 미국과 대만 단교가 이루어지면서 포격은 중지되었다.

  그런 진먼다오를 2025년 5월 5일 갔다. 혼자 가려고 생각을 하고 있었는데 다행히 대만인 지인들이 진먼다오 여행 계획을 세웠다기에 거기에 합류했다. 진먼다오는 대만 사람들도 자주 가는 곳은 아니다. 평생 한 번 정도 가는 사람들이 대부분이다. 한 번도 못 가보는 사람도 많다. 일행이 10여 명 되었는데, 대부분은 처음 가는 사람들이었다.

  5월 5일이 우리는 어린이날이지만 대만은 아니다. 4월 4일이 어린이날이다. 새벽 5시에 일어나 간단히 아침을 먹고 6시쯤 버스를 타고 타이베이 송산공항으로 향했다. 다행히 집에서 한번에 가는 906번 버스가 있었다. 30분 정도를 달리니 송산공항이다. 생각보다 빨리 왔다.

  송산공항은 1979년 타오위안 공항이 생기기 전까지는 타이베이의 메인공항이었다. 하지만 그 이후에는 주로 국내선 공항으로 이용되고 있다. 타이중, 타이난, 가오슝, 펑후도 등 여러 곳을 여기서 다 갈 수 있다. 도쿄나 서울(김포공항)로 연결되는 국제선이 일부 남아 있긴 하다.

제1터미널이 국제선, 제2터미널이 국내선이다.

부지런을 떨었더니 여유 있어 좋았다. 향긋한 카페라테 한 잔을 마시며 일행을 기다렸다. 판문점, 독도, 아니 북한의 금강산을 처음 올라갈 때 같은 설렘과 함께. 좀 기다리니 일행들이 왔다. 함께 체크인을 하고 보안검색대를 지나 게이트 쪽으로 들어갔다. 국내선 전용인 만큼 작았다. 승객 대기용 의자들 뒤쪽으로 있는 편의시설이라고는 커피숍 하나, 화장실 하나가 전부였다. 진먼다오로 가는 비행기는 8시 10분에 출발했다. 양쪽에 돌아가는 프로펠러가 달린 60인승 작은 비행기였다.

날씨는 좋아 큰 진동 없이 날았다. 해안을 따라 남쪽으로 30분쯤 쭉 내려갔다. 그러더니 타이중에서 서쪽으로 방향을 틀어 중국 쪽으로 향

타이베이와 진먼다오를 왕복하는 신화항공 비행기.

했다. 그렇게 비행기는 대만해협으로 들어섰다. 바다는 고요했다. 세계 최고의 물동량을 자랑하는 해협인 만큼 대형 컨테이너선들이 하얀 기포를 뒤로하며 분주하게 오가고 있었다. 세계 해운 물동량의 40%가 대만해협을 통과한다니 배들이 끊일 새가 없을 수밖에. 그래도 바다는 넓다.

하늘에서 보는 컨네이너선은 유유히 흘러갔다. 그렇게 대만해협은 잔잔하고 평화로워 보일 뿐이었다. 그런데 그런 바다를 사이에 두고 사람들이, 나라들이 난리다. 바다를 끼고 있는 세상은 그래서 늘 시끄럽다. 이런저런 생각을 하다 보니 착륙할 시간이 다 되었다. 50분 만에 대만해협을 건너 9시 40분에 착륙했다.

'특약다실'과 '마오쩌둥 나이차'

먼저 간 곳은 1949년 10월 25일에 발생한 구닝터우 전투의 현장 베이산촌北山村이다. 중국군의 상륙으로 진먼다오 여기저기서 전투가 벌어졌다. 그중 하나가 구닝터우에서 동쪽으로 조금 떨어진 베이산촌이다. 이 마을에도 중국군들이 들이닥쳐 마을 구석구석에서 시가전이 벌어졌다. 서로 총격을 가하면서 수십 명이 죽었다. 집들의 담과 벽에는 당시 총격전을 그대로 중계방송하듯 총탄 자국들이 남아 있다. 여러 집에 총탄 흔적이 남아 있는데, 그중 가장 선명한 곳은 당시 중국군의 지휘부가 있던 집이다. 마을에서 제일 큰 집을 중국군이 차지하고 지휘부로 삼았다. 대만군은 이를 파악하고 여기에 집중 사격을 가했다. 그래서 지금도 많은 총탄 자국이 커다랗게 남아 있다.

범생 공화국, 대만

이 마을 근처에는 구닝터우 전투 기념관이 마련되어 있다. 입구에는 탱크가 더 있다. 이 탱크가 바로 구닝터우 전투 당시 중국군의 침공을 알게 해준 탱크다. 당시 중국군은 어선 200여 척을 타고 몰래 진먼다오로 접근했다. 그래서 대만군은 처음엔 중국군의 침입을 인식하지 못했다. 그런데 훈련 중 탱크가 고장났다. 그래서 정비 인력 등이 모이고, 그중 한 사람이 많은 어선이 한곳으로 모이는 것을 발견하면서 양측이 전투가 시작되었다.

중국군의 침입을 미리 막지는 못했지만, 대만군은 중국군의 공격 가능성에 대비하고 있었다. 진먼다오에 5만 명의 병력을 배치해 수시로 방어훈련을 하고 있었다. 중국은 진먼다오를 점령하겠다는 의욕은 충만했지만, 정보와 작전계획이 미흡했다. 진먼다오에 당시 1만 2,000명의 대만군이 있는 것으로 파악하고 있었다. 정보의 실패다. 그리고 병

1949년 10월 중국군과 대만군의 시가전 현장의 총탄 자국(위).
1949년 10월 중국군의 침입을 알게 해준 대만군 탱크(오른쪽).

력 이송 계획도 실패했다. 어선으로 9,000명을 진먼다오 가운데 부분으로 이송하려 했다. 거기서 병력을 반으로 나눠 반은 서쪽으로, 나머지 반은 동쪽으로 진군해 섬 전체를 점령하려 했다.

하지만 작전 당시 동풍이 심하게 불었다. 그래서 예상보다 훨씬 서쪽인 구닝터우에 상륙하게 되었다. 병력을 내려준 배가 다시 중국 쪽으로 가 추가병력을 실어올 예정이었지만, 간조 시간이 되면서 물이 빠져버려 배가 출항할 수 없었다. 당시 중국 해군의 능력이 그 정도밖에 되지 않았던 것이다. 대만으로서는 운이 좋았다고 할 수 있겠다. 중국의 실수, 대만의 행운이 겹쳐 구닝터우 전투는 대만의 승리로 마무리되었다.

그날 오후 행선지는 군위안소 유적지였다. 이름은 특이하게 특약다실特約茶室이다. 군이 특별히 계약해 운영하는 찻집이라는 뜻이다. 영어로는 'Special Military Tea House'로 설명이 되어 있다. 장제스 군대가 1949년 대만으로 쫓겨온 뒤 진먼다오를 지키기 위해 5만 명의 병력을 배치했지만, 초기에는 군부대가 제대로 갖춰지지도 못했다. 장교나 사병들이 먹고 잘 수 있는 시설도 부족했다. 그래서 군인들이 민가에 하숙을 하는 경우가 많았다고 한다. 군인과 민간인이 섞여 지내다 보니 성적인 문제가 많이 발생했다. 군에서 고민 끝에 만들어낸 것이 '특약다실'이라는 이름의 공창公娼 업소였다.

1951년에 설치되어 1989년까지 있었다고 한다. 이런 위안소가 진먼다오에 10군데 있었다. 동서고금을 막론하고 군이 있는 곳에는 이런 위안소가 있었다. 상명하복의 체계 속에서 늘 훈련을 해야 하고, 전쟁이 나면 목숨이 언제 달아날지 모르니 군인들은 단순해지기 마련이다. 그래서 과거부터 정치지도자들은 군인들을 위로하는 데 신경을 많이

군위안소 '특약다실'이 있었던 곳(위).
'특약다실' 유적지에서 파는 '마오쩌둥 나이차' (오른쪽).

썼다. 혜택을 주기도 하고, 몸과 마음의 스트레스를 제대로 풀 수 있도
록 하는 데 많은 자원을 썼다. 그렇게 잘 관리된 군인들은 결국 정치지
도자들이 권력욕을 채우는 데 필요한 도구로 쓰여왔다.

'특약다실' 유적지에서는 '마오쩌둥 나이차毛澤東奶茶'라는 이름의
음료를 팔았다. 이름이 생뚱맞기도 해서 사봤다. 우롱차에 우유와 설탕
을 탄 맛이었다. 설탕이 많이 들어가 아주 달았다. "왜 이름이 '마오쩌
둥 나이차'냐"고 현지인에게 물었다. 특별한 의미가 있는 것은 아니란
다. 굳이 의미를 찾자면 '미운 사람 그냥 마셔버리자'는 의미에서 그런
이름이 붙여진 것 같다는 대답이 돌아왔다. 한꺼번에 확 마셔버리라고
그렇게 달콤한 것인가? 타이베이에서는 볼 수 없는 이름의 이런 차까
지 만들어 마시는 것을 보면서, 진먼다오 사람들의 중국에 대한 생각,

마오쩌둥에 대한 인식은 많이 다른 것 같다는 생각을 하지 않을 수 없었다. 최전방인 만큼 경계의식이 훨씬 더함을 여실히 느낄 수 있었다.

진먼다오도 식후경. 여기만의 음식을 먹어보지 않을 수 없다. 현지에서 잘 알려진 식당으로 갔다. 생선찜, 새우찜, 생선탕, 오징어볶음, 돼지고기볶음 등은 타이베이와 다름이 없었다. 그런데 특이한 게 있었다. 하나는 게장, 또 하나는 토란튀김. 게장은 게를 잘게 잘라 간장, 마늘, 파 등을 넣고 버무린 것이었다. 우리 게장과는 달랐다. 우리 간장게장처럼 간장에 완전히 절인 것이 아니라 간장과 양념을 넣고 무친 것이었다. 싱싱한 게의 고소한 맛에 양념이 곁들여져 풍미를 더해주었다. 대만 사람들이 날 것은 잘 안 먹는데, 진먼다오 사람들은 섬 사람들이라 다른 것 같았다.

토란튀김은 토란을 아주 얇게 잘라 기름에 튀긴 뒤 김에 싸 먹는 것이었다. 토란의 구수한 맛과 김의 상큼한 맛이 아우러져 계속 먹어도 물리지 않았다. 같이 갔던 일행들도 이 두 가지는 처음 먹어보는 사람이 많았다. 진먼다오에 와서 현지 음식을 제대로 먹어본다며 즐거워했다. 일행 중 음식점을 경영하는 분은 자기 음식점에서도 토란튀김을 해봐야겠다며 요리조리 자세히 살펴보고 조금씩 깨물어가면서 맛을 세밀히 음미해보기도 했다.

진먼다오식 닭곰탕도 아주 구수했다. 닭고기를 잘게 찢어 호박, 양파, 마늘 등을 넣고 오래 끓인 것이었다. 우리의 닭죽과 비슷한데, 쌀은 넣지 않고 시원하게 끓였다. 나도 우리 음식하고 비슷한 것을 만나 반가웠고, 대만의 향토음식을 맛보니 진짜 대만 여행을 하는 것 같은 느낌도 들었다.

'지우공컹다오'와 '자이샨컹다오'

　　다음 날에는 해변으로 향했다. 중국 샤먼에 가까운 해변이다. 해수욕을 하려는 건 아니고 중국과의 대치 상황을 더 실감나게 보기 위해서였다. 명사심리 같은 백사장이 유려하게 펼쳐져 있다. 해수욕장으로 개발하면 참 좋을 만한 곳이다. 그런데 해수욕객은 하나도 없다. 그 대신 흰 모래 위에 용치龍齒만 무수히 설치되어 있다. 중국의 침입을 막기 위해 만들어놓은 것이다. 진먼 사람들은 이걸 '구이주이鬼錐'라고 한다. 귀신을 찔러 물리치는 것이라는 뜻이다.

　　해변에 서서 샤먼 쪽을 보니 수없이 박혀 있는 용치와 샤먼의 마천루들이 겹쳐 보인다. 한 폭의 추상화를 보고 있는 느낌이다. 제2차 세계대전 때나 있을 법한 용치와 바로 가까이 다가와 있는 적국의 고층빌

유리를 박아 놓은 해안의 바위들(왼쪽).
진먼다오 해변에 설치된 구이주이. 그 너머로 보이는 고층빌딩의 도시가 중국 샤먼이다(오른쪽).

딩이 묘하게 어우러진 모습을 한참 바라보게 된다. 물론 지금은 용치가 안보용으로는 의미가 없다. AI 무기와 첨단드론으로 전쟁을 하는 시대에 이런 재래식 시설물이 방어에 도움이 될 리 없다. 그래서 지금은 이렇게 관광용으로 활용된다. 중국 사람들도 건너와 이걸 본다. 해안에는 모래만 있는 게 아니라 바위도 많다. 바깥으로 드러나 있는 바위들에는 유리를 박아 놓았다. 역시 중국군이 침입하는 것은 방해하겠다는 생각으로 해놓은 것이다.

땅속의 바위들에는 갱도를 파 놓았다. 갱도는 소금문도小金門島(샤오진먼다오)에 있는 것을 먼저 보았다. 진먼다오는 동쪽에 본섬이 있고, 서쪽이 소금문도가 있다. 양쪽은 다리로 연결되어 있다. 5.4킬로미터나 되는 아주 긴 다리다. 12년의 공사 끝에 2022년 완공했다. 중국은 소금문도에서 샤먼까지도 다리로 연결하자고 한다. 대만이 동의만 하면

진먼대교. 진먼다오 본섬과 서쪽의 샤오진먼다오를 연결해준다.(왼쪽)
주궁컹다오(오른쪽).

범생 공화국, 대만

바로 공사를 시작하겠다며 준비를 해놓고 있다. 대만과의 경제적·인적 교류를 확장해 대만의 중국에 대한 의존도를 높이려는 전략이다. 그렇게 해나가면서 결국은 양안을 통일하겠다는 생각인 것이다.

소금문도에 갱도가 여럿 있는데 그중 하나를 가보았다. '주궁컹다오 九宮坑道'다. 생각보다 크다. 넓이는 10미터, 높이는 8미터 정도를 유지하며, 750미터나 지어진다. 화강암 덩어리는 군인들이 드릴과 폭약을 사용해 팠다. 완공된 것은 1965년. 오랫동안 대만 해군의 소형보트 정박기지로 사용되었다. 작은 보트 52척을 숨길 수 있었다고 한다. 입구가 4개 있어 다른 기지로 쉽게 이동할 수도 있게 해놓았다. 이런 갱도가 진먼다오에 수십 개 있다. 일부만 일반에 개방되어 있고 대부분 군기지로 이용되고 있다. 규모가 큰 '칭톈컹커우擎天坑口'는 내부에 500석

500석 규모의 공연장을 갖춘 '칭톈컹커우'.

규모의 공연장까지 갖추고 있다.

이 큰 갱도에서는 내부의 터널이 18개 방향으로 뻗어 있다. 갱도와 갱도가 연결되어 진먼다오 자체가 거대한 지하기지화되어 있는 것이다. 무기와 긴급구호 장비, 식량 등의 저장소와 대피소, 군의 지휘소 등 다양한 시설들이 들어서 있다. 진먼다오의 이런 지하터널 모두를 연결하면 10킬로미터에 이른다고 한다. 폭 1미터, 높이 2미터로 좁은 곳도 있고, 어떤 곳은 그보다 10배 넓은 곳도 있다. 진먼다오 지하 어딘가에는 지하 국빈관도 있다고 한다. 가이드가 전해주는 이야기다. 화려한 연회도 열 수 있다고 한다. 싱가포르의 총리 리콴유李光耀도 다녀갔다고 한다.

'자이산컹다오翟山坑道'도 아주 넓다. 이 갱도는 목적 자체가 배가 드나드는 것이었다. 식량과 무기 등을 실은 배가 들어와 하역을 한 다음 반대 방향으로 나가도록 되어 있었다. 그래서 폭이 11.5미터, 높이는 8미터나 되었다. 역시 화강암을 파서 만드느라 3년이나 걸려 1966년에 완공되었다. 20년 동안 그런 군사적인 목적으로 사용되다가 민간에 이전되어 보존되고 있다.

실제 중국을 향해 대포를 쏘는 갱도도 있었다. 진먼다오 동북쪽에 있는 '스산獅山 포진지'가 그것이다. 이 갱도에는 1958년부터 8인치 곡사포가 배치되어 중국군과 전투를 벌였다. 미국이 1944년에 만들어 오키나와에 배치되어 있다가 1958년 8월 중국군의 포격이 시작되자 진먼다오로 옮겨온 대포다. 중국군이 진먼다오에 포격을 할 때 대만군도 이 곡사포로 샤먼을 향해 포격을 가했다. 이 포진지에서 샤먼까지 15킬로미터 되는데, 이 곡사포의 유효사거리가 17킬로미터니까 공격

자이산컹다오(위).
1958년 진먼다오에 배치된 미제 8인치 곡사포(왼쪽).

무기가 되기에 충분했던 것이다. 91킬로그램짜리 포탄이 하나 떨어지면 야구장 하나 넓이에 큰 피해를 주었다.

1979년 미국과 중국의 수교로 포격전은 종료되고, 더는 이 곡사포도 실전에 사용되지 않고 있다. 지금은 관광객들을 위해 하루 몇 차례 공포탄 발포가 있을 뿐이다. 나도 공포탄 발포를 볼 수 있었다. 소리가 엄청 컸다. 모두가 깜짝 놀라고, 갱도 전체가 쩌렁쩌렁 울릴 정도였다. 엄청난 굉음을 들으니 러시아와 우크라이나, 이스라엘과 팔레스타인, 또 인도와 파키스탄 등 여러 분쟁의 현장에서 이런 공포의 소리를 수시로 들어야 하는 사람들이 있다는 사실이 새삼 상기되기도 했다.

삼민주의 통일중국

　　배를 타고 진먼다오 주변의 작은 섬들도 돌아보았다. 주민들은 없어 군인들만 주둔하는 섬이 대부분이다. '삼민주의 통일중국 三民主義 統一中國'이라고 커다랗게 써놓은 섬도 있다. 쑨원孫文의 삼민주의(민족, 민권, 민생)를 받들어 통일을 이루자는 주장을 써 놓은 것이다. 중국에서 볼 수 있도록 하얀 바탕에 빨간 글씨로 크게 썼다. 중국을 향해 선전방송을 하는 큰 마이크를 설치해 놓은 섬도 있다. 지금은 안 쓴다고 한다.

　　중국도, 대만도 그런 유치한 선전전은 더는 하지 않는 것이다. 하긴 1년이면 수십만 명이 오가는 대만과 중국 사이인데 그런 게 무슨 의미

선전방송용 큰 마이크를 설치해 놓은 대만의 섬.

　　　　　　　범생 공화국, 대만

가 있겠는가? 다 과거지사다. 그런데 우리는 그 과거에 머물러 있다. 아니 과거로 돌아갔다. 2018년 9·19 합의로 모두 없앴던 것을 윤석열 정부 들어 다시 설치하지 않았는가? 왜 앞으로 가지 못하는지. 왜 좀 앞으로 갔다가도 크게 다시 뒤로 가는지. 그런 전근대적 사고, 퇴행적 행위를 어떻게 할 수 있는 것인지, 유아적인 모습이 부끄럽지도 않은지…….

배를 타고 돌아보니 진먼다오와 샤먼은 그냥 붙어 있는 것 같다. 진먼다오에서 중국의 제일 가까운 섬까지는 2~3킬로미터밖에 안 되는 곳도 있다. 진먼다오 동북쪽의 마산馬山이라는 곳에서 중국 샤먼 앞바다에 있는 자오위角嶼 섬까지의 거리가 정확히 2.31킬로미터다. 바로 세계적인 경제학자 린이푸林毅夫가 농구공을 안고 건너간 곳이다. 린이푸는 대만군의 장교로 진먼다오에서 근무하다 1979년 2개의 농구공을 타고 중국으로 망명했다.

당시만 해도 대만의 경제가 중국보다 훨씬 좋던 시절이었지만, 사회주의 경제 시스템에 대한 그의 신념이 그런 모험을 하게 했다. 이후 그는 베이징대학에서 마르크스 경제학을 전공해 석사학위를, 미국 시카고대학에서 경제학 박사학위를 받고 베이징대학 경제학과 교수가 되었다. 2008년부터 4년 동안은 세계은행 부총재로도 일했다. 중국 경제에 대한 세계 최고의 전문가로 알려져 있고, 시진핑 주석의 경제 국사國師(최고지도자의 고문)로도 유명하다.

2002년 대만에 거주하던 린이푸의 부친이 사망했을 때에는 대만이 고민을 많이 했다고 한다. 인간적 도리를 다하도록 린이푸의 대만 입국을 허가할지도 생각했다고 한다. 하지만 마지막 단계에서 군의 사기를 고려해 불허했다는 것이다. 대만군 입장에서는 린이푸가 탈영한 장교인데, 그를 처벌하지 않고 환영하는 것은 군 사기 진작에 문제가 될 수 있다고 판단한 것이다. 결국 린이푸는 부친상에 오지 못했다. 린이푸뿐이겠는가? 사람이 살면서 자신의 신념도 실현하고 사람의 도리도 다 하기는 참 어려운 일이 아닐까?

진먼고량주와 후롄 장군

5월 7일에는 진먼다오에서 사람들이 가장 많이 사는 진청진金城鎭 시가지를 둘러보았다. 300년 된 시가지답게 현재와 과거가 다 있다. 고급 외제차와 최신 핸드폰 판매점들이 있는가 하면 청나라 시대 관청도 잘 보존되어 있다. 청나라 말기 서양 건축양식으로 조성된 상가에는 지금도 가게들이 들어차 오가는 사람들을 맞고 있다.

전통적인 상가에 먹거리가 없을 수 없다. 여기서 제일 인기 있는 간식은 굴튀김이란다. 3대째 이어지고 있는 오래된 가게에서 바로 튀겨 판다. 가보지 않을 수 없다. 작은 읍내인데도 몇 사람이 줄을 서 있다. 유심히 보니 굴에 부추, 파 등 야채와 양념을 넣고 버무린 뒤 밀가루 반죽을 입혀 튀겨낸다. 보기만 해도 군침이 돈다. 실제 먹어보니 굴의 바다 향내와 야채의 깔끔한 맛이 어우러져 특이하고 맛있다. 대만, 그것도 진먼다오까지 와서 로컬음식을 음미하니 대만을 몸 전체로 경험하는 것 같다. 많이 보고 현지 음식까지 즐기니 마음도 몸도 풍요로워지는 느낌이다.

청나라 말기 조성된 진청진 시가지의 상가(왼쪽).
3대째 이어지고 있는 진청진의 굴튀김집(오른쪽).

먹는 것 이야기하자면 진먼다오에서 진먼고량주를 빼고 갈 수는 없다. 진먼고량주는 역사가 오랜 술은 아니다. 진먼다오는 작은 섬인 만큼 사람들은 못 먹고 못 살았다. 고기를 잡거나 농사를 지어 살아갔다. 농사는 주로 토란과 수수를 심는 것이었다. 이 수수로 고량주를 만들어 파는 사람이 있었다. 인도네시아 화교 출신인 예화청葉華成이라는 사람이었다. 집에서 소규모로 만들어 팔았다.

1950년에는 '진청주창金城酒廠'이라는 양조장을 세워 규모를 조금 키웠다. 당시 진먼다오에는 군인 수만 명이 주둔하고 있었다. 1949년 10월 포격 이후 중국군은 불시에 포격을 가했다. 대만군은 주로 지하에 터널을 파고 거기에 주둔했다. 이런 군인들에게 스트레스 해소를 위한 일정 정도의 주류 공급이 필요했다. 진먼고량주는 그렇게 군에서도 소비가 되고 있었다.

그 당시 대만군의 진먼방위사령관을 맡고 있던 사람이 후롄胡璉 장군이다. 계급은 중장이었다. 군인이지만 꽉 막힌 사람이 아니라 물정을 아는 깬 사람이었다. 원래는 중국 산시성의 가난한 농촌 출신인데, 국민당 군대에 들어가 황푸군관학교黃埔軍官學校를 졸업하고 장교가 되었다. 일본군과의 전투에서 많은 전과를 올렸고, 특히 1943년 일본군이 국민당 정부가 있던 충칭을 점령하려 할 때 이를 저지해 국민당군의 주요인물이 되었다.

1949년 10월 중국군이 진먼다오를 공격할 때도 방어사령관을 맡아 효과적으로 방어에 성공했다. 마오쩌둥이 후롄을 평가하기를 "교활하기는 여우와 같고, 용맹하기는 호랑이 같다"고 했다고 한다. 후롄은 1954년까지 진먼 지역 방어를 맡고 있었다(후롄은 이후 육군참모차장[대장]까지 승진한 뒤 1972년 예편해 1977년 사망했다).

후롄은 주둔군이 필요한 술을 효율적으로 공급할 수 있는 방안을 생각했다. 현지의 수수 생산을 더 늘려 고량주를 대량으로 만들면 되겠다는 생각을 한 것이다. 1952년 '진청주창'을 인수해 '주룽장주창九龍江酒廠'이라는 군 양조장을 설립했다. 예화청은 기술책임자로 활용했다. 주민들에게는 수수를 많이 재배하도록 했다. 진먼다오는 땅이 척박하고 물이 부족해 벼농사는 안 되지만, 수수농사는 잘 되었다. 군에 보급되는 쌀과 농민들이 재배한 수수를 교환해 수수를 확보했다.

군인들 가운데 술 만든 경험이 있는 사람들을 모아 지속적으로 맛을 개선했다. 중국군 공격을 피하기 위해 만든 지하 갱도들은 술을 숙성시키는 데에도 활용했다. 그런 과정을 거쳐 강하지 않으면서 부드럽고 은은한 향의 진먼고량주를 만들어갔다. 생산 규모도 점점 더 키워갔다. 1956년에는 진먼을 붙여 '진먼주창金門酒廠'으로 회사 이름을 바꾸었다. 지금도 그 이름이 그대로 유지되고 있다.

진먼고량주를 생산하는 '진먼주창'.

후롄의 의도는 우선은 술 공급을 원활하게 해 군을 효과적으로 관리하겠다는 것이었다. 게다가 군이 주둔하는 진먼다오의 지역민들도 함께 잘 살 수 있는 길을 찾으려 했다. 그래서 지역이 가진 것과 군이 보유하고 있는 것을 함께 활용해 상생하는 길을 찾은 것이다. 그게 진먼고량주이었고, 그의 생각은 제대로 실현되었다. 그 결과 지금의 진먼고량주가 나오게 된 것이다. 지금은 이 진먼고량주가 진먼다오의 주 수입원이다. 민주화 이후 1992년 '진먼주창'은 군대에서 진먼현으로 이관되었다. 1998년에는 '진먼주창'은 주식회사가 되어, 진먼현에 많은 세금을 내고 있다. 그 덕분에 진먼 사람들은 잘 산다.

대만의 다른 지역보다 낫다. 출산장려금도 많이 주고, 3대 명절(춘절

후롄 장군 회고전 안내판.

[설], 단오절, 중추절)에는 진먼고량주 한 상자를 아주 싸게 살 수 있는 쿠폰을 모든 주민에게 나누어준다고 한다. 초중고도 무료다. 진먼 사람들은 이게 모두 후롄 덕분이라고 생각한단다. 그래서 종종 그를 기념하는 행사가 열린다. 2025년 5월에도 후롄 장군 회고전이 열려 진먼 사람들이 그의 유품들을 돌아보면서 생전 그의 업적을 기렸다.

　진먼중학교에 들어가 보았는데, 시설이 보통이 아니었다. 체육관뿐만 아니라 축구장도 아주 컸다. 각 교실에 에어컨이 설치되어 있고, 교무실과 행정실이 있는 건물도 크게 따로 마련되어 있었다. 교사들을 위한 주차장도 크게 조성되어 있었다. 진먼다오에 실제 살고 있는 인구는 5만여 명이라고 한다. 그런데 주민등록상으로는 14만여 명이란다. 복지혜택이 많기 때문에 사람들이 다른 도시에 가서 일을 하면서도 주민등록은 그냥 진먼다오에 남겨둔다고 한다. 내가 살던 집 주변에 골프 연습장이 있었는데, 그 연습장 사장이 진먼다오 출신이었다. 이 사장은 타이베이에 오래전에 와 돈을 많이 벌었는데도 주민등록은 여전히 진먼다오에 두고 있었다.

대만의 최전방 진먼다오를 여행하면서 참 여러 가지를 느낄 수 있었다. 한 사람의 깬 군인이 진먼다오를 살렸음도 새롭게 알 수 있었다. 우리하고 비슷하면서도 많이 달랐다. 중국과 대적하고 있지만 중국 사람도 많이 건너와 관광을 즐겼다. 매년 한 번씩은 진먼다오 사람들과 샤먼 사람들이 한곳에 모여 함께 바다를 헤엄쳐가는 행사도 열고 있단다. 2025년에는 진먼다오에서 샤먼으로, 2026년에는 샤먼에서 진먼다오로 이런 식이다. 아옹다옹하면서도 서로 떼려야 뗄 수 없는 사이가 된 것은 우리와 많이 다른 면이었다.

진먼다오를 풍요롭게 하는 것이 알고 보면 중국임도 새삼 알게 되었다. 진먼고량주를 제일 많이 사주는 게 중국이고, 관광객을 많이 보내 수입을 얻게 하는 것도 중국이다. 중국은 물이 모자라는 진먼다오에 물도 보내준다. 진먼다오 동쪽과 샤먼을 연결하는 해저 송수관이 있어 그걸 통해 물을 보내주고 있는 것이다. 진먼고량주도 원래는 진먼다오의 화강암 암반수로 만들었는데, 그걸로는 모자라 중국에서 보내주는 물도 쓴단다. 그렇게 대만과 중국은 상호 의존관계를 깊게, 더 깊게 해나가고 있었다. 우리도 다른 건 몰라도, 헤어진 가족들이 만나고 필요한 경제교류를 하는 것은 바로 시작하면 좋으련만…….

국방도
실용적으로
미국에?

중국이 대만을 침략할까?

대만 사람들이 아주 실용적이라고 이야기했는데, 그 실용의 모습은 사람들의 일상생활뿐만 아니라 국가의 정책에서도 잘 보인다. 2000년대 중반부터 2010년대 중반까지 10여 년은 중국 붐이었다. 당시 총통 마잉주가 중국과의 교역을 특히 중시해 대만의 기업과 사람들이 중국으로 많이 갔다. 중국과 경제 교류 활성화는 당시 마잉주가 주석이었던 국민당의 전통적 정책이기도 했다. 중국으로 가서 돈은 번 사람들도 많았다. 벌 수 있을 때 벌자, 중국이면 어떠냐, 정치적으로는 멀어도 경제적으로 가까워져 서로 잘 살면 좋은 거지, 이런 생각들이었다. 하지만, 지나친 중국 지향과 중국 의존은 대만 내부에 위기의식을 불러일으켰다. 지나치게 중국화되어 대만은 없어지는 것 아니냐는 우려가 커진 것이다.

그래서 2016년에는 그 반대쪽에 있는 민진당의 차이잉원이 총통이 되었다. 민진당 정권은 중국과 일정한 거리를 두면서, 대만 스스로 정체성을 찾아가자는 노선이다. 중국을 견제하다 보니 미국과 지나치게 가까워졌다. 차이잉원의 정책을 잇는 지금의 라이칭더 정권도 마찬가지다. 미국이 하자는 대로 하는 경향이 있다. TSMC의 대미투자를 늘려달라니까 미국에 큰 연구센터와 공장을 짓기로 했다. 방위비를 늘리라고 하니까 이에 대해서도 협력해 나가고 있다. 2025년 국방예산이 GDP(국내총생산)의 2.56%인데, 이걸 점차 늘려 3%로 만들겠다는 계획을 세운 것이다. 대만 국방부가 2025년 3월 발표한 '2025년 국방 4개년 총검토 보고서QDR'에 포함된 내용인데, 증대된 국방비는 대만군의 비대칭 전력과 예비군 등을 강화하는 데 쓰겠다는 것이었다.

전문가들도 "강아지를 쓰다듬을 때는 털이 나 있는 방향대로 쓰다듬어야 한다"면서 트럼프 정권의 요구를 들어주어야 한다는 쪽으로 주장하는 사람이 많다. 강아지 털의 반대로 쓰다듬다가 물리는 것보다는 결을 따라 기분 좋게 쓰다듬어 주는 게 좋다는 이야기다. 언론들도 미국의 요구에 따라 국방비를 늘릴 수밖에 없다는 주장들을 하고 있다. 강자와 맞서 싸우거나, 강자에게 자기주장을 강하게 하는 것보다는 적절히 알아서 판단하고 행동하는 것이 실용적이라는 인식이 정부에도 언론에도 학계에도 널리 퍼져 있는 것이다. 아주 순응적인 태도다.

최근 대만 사람들의 핵심 관심사 중 하나가 중국의 군사적 침략 여부다. 중국이 언제쯤 침공할 것인가, 침공하면 어떻게 대응할 것인가 등에 관한 여론조사도 종종 실시되고, 관련 기사가 언론에 자주 등장한다. 2024년 10월 대만 군부의 싱크탱크인 국방안전연구원이 여론조사를 해보았다. 응답자의 24.3%가 중국이 5년 내에 대만을 공격할 수 있다고 답했다. 또, 응답자의 52.6%는 미국이 군대를 파견해 대만을 도울 것이라고 대답했고, 70%는 미국이 무기와 물자도 공급할 것이라고 답했다. 많은 대만인이 전쟁 시 미국이 도울 것으로 믿고 있다는 이야기다.

실제 국방을 맡고 있는 정부는 어떤가? 이와 관련해서 대만의 국방부 장관 추궈정邱國正이 2023년 2월 "중국의 대만 침략은 가능하며 그럴 힘이 있다. 하지만 2주 안에 대만을 완전 점령하는 것은 불가능하다"고 말했다. 사실은 이게 대만 국방정책의 핵심을 말한 것이라고 할수 있다. 대만은 물리적인 힘으로 중국의 침략을 막아낼 도리가 없다. 병력이나 무기, 경제 규모 등에서 비교 안 되게 열세다. 결국은 얼마나 버티느냐가 문제다. 2주는 버텨야 한다는 생각을 하고 있음이 대만 국방부 장관의 입에서 나온 것이다.

그다음은? 미국이 올 것으로 믿고 있는 것이다. 미국이 군대를 파견해 중국과 싸워 대만을 구해줄 것으로 믿고, 2주만 견디면 된다고 생각하고 있는 것이다. 미국과 가깝게 지내면서 나라를 지키는 것도 결국은 미국에 맡기고 있는 게 아닌가 하는 생각을 하게 한다. 그렇다면 지나치게 실용적으로 생각하고 있는 것이다.

트럼프는 어떤 행동이라도 할 수 있다

과거 일본이 그랬다. 국방비로 쓰는 돈을 GDP의 1% 이내로 묶었다. 2024년 국방비가 GDP의 1.2%에 이르면서 이 원칙이 깨졌다. 2025년에 책정된 국방비는 GDP의 1.4%, 액수로는 78조

2,000억 원이다. 2027년까지는 GDP의 2%로 확대하겠다는 계획도 가지고 있다. 어쨌든 지금은 이렇게 GDP의 2%를 향해 가고 있지만, 과거에는 '1% 정책'을 계속했다. 경제에 올인하기 위해서였다. 안보는 미국에 의존하는 조처였다. 경제 동물이라고까지 불렸던 일본의 너무나 실용적인 정책이었다. 그것도 이제는 일본이 재무장에 나서면서 과거의 것이 되었다.

그런데 대만은 GDP의 2.56%를 국방비로 쓰고 있고, 3%까지 늘릴 계획을 가지고 있으면서도 미국 의존이다. 나라 자체가 워낙 작아서 그런 측면도 있다. 하지만 안보는 결기다. 자기 스스로 책임진다는 생각을 처음부터 끝까지 하지 않으면 빈틈이 생기기 마련이다. 약소국 대만이 처한 상황이 너무 불리하긴 하다. 그래서 그토록 실용적인 생각까지 하고 있는 것일 게다.

하지만 세계정세는 너무 냉혹하게 흘러가고 있다. 대만의 이런 실용적인 사고가 결코 실용적이지 않을 수 있는 상황으로 가고 있는 것이다. 실제 시진핑 중국 주석은 대만에 대한 공격을 구체적으로 검토하고 있다는 뉴스들도 간간이 나오고 있다. 2027년에 공격한다는 이야기가 특히 많다. 근거도 꽤 있다. 첫째, 2027년이 되면 시진핑은 국가주석 3번째 임기 마지막 해가 되고 4번째 임기를 준비해야 한다. 명분이 아주 많아야 한다. 대만을 점령해 중국을 통일하는 것은 그에게 4번째 주석에 오르는 길을 활짝 열어줄 수 있다. 실제 대만을 점령하지는 못한다 하더라도 군사적으로 포위해 긴장을 극대화시키는 것만으로도 시진핑은 매우 유리한 국면을 만들어낼 수 있다.

둘째, 트럼프 미국 대통령은 대만에 크게 신경 쓰지 않고 있다. 대만은 펜의 끝부분밖에 안 된다고 말한 적도 있다. 아주 작고 미미한 것이라는 의미였다. 미국에 큰 이익을 주는 쪽으로 중국과 빅딜을 하게 되면, 대만이야 어찌되든 상관없다고 생각할 수도 있다. 실제 대만 사람들하고 이야기를 해보면 이 부분을 제일 걱정한다. "트럼프는 장사꾼 아니냐. 이익이 된다면 어떤 행동이라도 할 수 있다"는 이야기를 많이 한다. 셋째, 대만은 미국의 핵우산이 없다. 한국처럼 미국과 군사동맹이 있으면 중국이 미국을 경계하면서 망설이기라도 할 텐데 그런 것도 없다.

이런 여러 가지 근거를 바탕으로 중국의 공격 가능성을 여러 기관이 이야기하고 있다. 대만의 일반 시민들은 늘 불안하기만 하다. 시민들 스스로는 실용적인 사고를 바탕으로 실용적으로 움직이고 있으면서도, 정부의 국방정책만은 더 원칙적이고 단호하고 강력해지기를 바라는 것 같기도 하다. 뭔가 앞뒤가 맞지 않는 것 같지만, 작은 나라, 특히 큰 적을 앞에 두고 있는 약소국 시민들의 정서라면 이해 못할 것도 없을 것 같다.

범생 공화국, 대만

대만은
진정 고슴도치가
될 수 있을까?

미국 무기를 계속 사고 있는 대만

대만이 실용적인 국가이긴 하지만 국방까지 미국에 전적으로 맡길 수는 없을 것이다. 실제 국방에 많은 자원을 투입하고 있기도 하다. 차이잉원 정권 때부터 국방예산을 점점 늘렸다. 2016년에는 약 15조 원으로 GDP의 2% 수준이었다. 그러던 것이 2022년에는 GDP의 2.2%로, 2023년에는 2.4%로 2024년에는 2.5%로, 2025년에는 2.56%로 증가했다. 액수로 따지면 2016년에는 약 15조 원이던 것이 2023년에는 약 24조 원, 2024년에는 약 25조 원, 2025년에는 약 28조 원으로 확대되었다. 그런데 미국은 GDP의 10%는 되어야 한다며 증액을 요구하고 있다. 대만 GDP의 10%이면 약 110조 원이 된다. 이 정도를 국방비에 쓰고는 나라 운영이 정상적으로 될 수 없다. 그럼에도 트럼프 행정부는 그런 요구를 이어가고 있다.

실제 미국이 대만에 요구하는 것은 고슴도치가 되라는 것이다. 중국에 쉽게 당하는 존재가 아니라 중국이 아무리 위협해도 흔들리지 않는,

그런 존재가 되라는 것이다. 침략을 하려 해도 바싹 세운 가시가 무서워 덤빌 수 없는 존재, 그런 센 가시를 가진 나라가 되라는 것이다. 미국이 대만에 대해 고슴도치 전략을 요구하면서 염두에 두고 있는 나라는 이스라엘이다. 이스라엘은 많은 자원을 국방에 투여해 첨단무기를 갖춘 자력 방어체계를 마련해놓고 있다. 이스라엘은 현재 GDP의 5.3%를 국방비에 쓰고 있는데, 미국이 대만에 실제로 기대하고 있는 것도 이 수준인 것으로 보인다.

미국은 2025년 3월 말 '임시 국가방어 전략지침Interim National Defense Strategic Guidance, INDSG'을 마련해 본토 방어와 함께 중국의 대만 침공 저지를 미군의 최우선 목표로 제시했다. 대만이 중국에 점령당하는 사태는 미중 전략 경쟁의 추를 중국으로 기울게 할 수 있다는 생각에서 나온 목표다. 미국과 중국이 경제적·군사적으로 첨예하게 경쟁하고 있는 상황, 그 경쟁이 가장 현시화되어 있는 곳이 대만인 상황에서 중국의 대만 침공은 곧 미국 패권의 급격한 몰락으로 이어질 수 있다. 미국은 그런 걱정을 하고 있고, 이 때문에 대만의 국방비 증액을 외치고 있는 것이다.

대만은 미국의 요구에 응하지 않을 수 없다. 크게 두 방향으로 미국의 비위를 맞춰가고 있다. 하나는 미국 무기를 계속 사는 것이다. 2024년 말 F-16 전투기 등 5,400억 원어치의 무기를 구입하기로 결정했다. 미국과 대만 사이 협상에 따른 이런 무기 판매 결정은 바이든 행정부 4년 동안 17번 있었다. 액수로는 11조 1,000억 원 정도 된다. 해마다 2조 8,000억 원 정도의 미국 무기를 대만이 구입해온 것이다. 트럼프 1기 4년 동안에는 26조 원어치를 샀다. 매년 6조 5,000억 원 정도의 규모

범생 공화국, 대만

였다.

　사는 무기도 다양하다. 전투기를 비롯해 미사일과 전차, 자주포, 군용트럭, 지뢰, 탄약 등 웬만한 무기가 다 포함되어 있다. 향후 몇 년 동안 14조 원어치 무기를 우선 사기로 했다는 보도들이 나오기도 했다. 전례에 비추어 보아도, 트럼프 행정부의 지속적인 압박을 고려해 보아도, 트럼프 1기 때보다는 더 많은 무기를 대만이 살 것으로 보인다.

　트럼프 1기보다 좀더 산다고 보면, 매년 7조 원 정도 규모로 미국 무기를 구입하게 될 가능성이 높다. 대만 국방비의 25% 정도를 미국 무기 구입에 쓰는 결과가 되는 것이다. 윤석열 정부는 3년 동안 미국 무기 27조 원어치를 샀다. 매년 9조 원을 쓴 것이다. 문재인 정부는 5년 동안에 모두 2조 5,000억 원 상당의 미국 무기를 구매했다. 매년 5,000억 원 정도 산 것이다. 대만의 무기 구입은 문재인 정부보다는 훨씬 많지만 윤석열 정부보다는 조금 적은 규모가 되는 것이다.

미국의 요구는 어디까지인가?

　미국의 방산업체들은 표정 관리에 여념이 없다. 2022년 2월 러시아와 우크라이나 전쟁이 시작된 이래로 무기 판매가 계속 늘고 있다. 유럽 국가를 중심으로 안보 우려가 심화되면서 무기 구입을 증가시키고 있기 때문이다. 실제 2022년 미국의 무기 판매액은 295조 원에 이르렀다. 2021년보다 50% 늘었다. 2023년에는 316조 원 규모의 무기를 수출했다. 방산업체들의 주가도 크게 올랐다. 2022~2024년 사이 록히드 마틴의 주가는 67% 상승했고, 레이시온 테크놀로지와 노스롭 드러먼, 제너럴 다이나믹스 등의 주가도 40~50% 정도 올랐다.

여기에 대만과 같은 나라들의 무기 구입도 늘었고, 앞으로 더 들게 되어 있으니 싱글벙글하지 않을 수 없다. 이러한 흐름은 미국 군산복합체가 어떻게 움직이고 있는지를 잘 보여준다. 정부와 군은 중국과 긴장을 계속 조성하고, 언론은 이를 확대재생산하고, 긴장 상황을 이용해 방산업체들은 무기 팔아 돈 벌고, 그 돈을 다시 정부, 군, 의회 등에 로비자금으로 쓴다. 그렇게 정부-군-의회-언론-방산업체 네트워크가 돌아간다. 그 사이 돈을 내는 것은 위협을 당하는 나라들이다.

어쨌든 그렇게 대만은 미국의 요구에 부응해 무기를 계속 구입하면서 비위를 맞추고 있고, 또 다른 방향으로는 미국에 대한 투자를 늘리는 방식으로 미국을 만족시키려 하고 있다. TSMC가 앞장서고 있다. 2025년 이전에 이미 650억 달러를 투자했는데, 2025년 3월 다시 1,000억 달러 투자를 결정했다. '산업의 쌀' 반도체를 미국에서 생산하는 체계를 만들어내겠다는 트럼프의 의지는 강하다. TSMC는 반도체 생산에 관한 세계 최고의 기술을 보유하고 있다. 그런 기업이 미국에 투자해서 연구센터도 짓고, 공장도 지어서 미국에서 반도체가 생산되는 시스템의 구축에 기여하도록 하려 하고 있다.

실제 미국은 TSMC에 첨단기술의 미국 이전도 강하게 요구하고 있는 것으로 전해진다. 연구센터를 미국에 지어 미국 엔지니어들이 일하게 되면 기술 이전이 자연스럽게 될 수 있다. 게다가 부실화된 인텔의 인수와 운영도 TSMC에 요구하고 있는데, 이는 결국 TSMC의 기술적 노하우를 인텔에 집어넣어 첨단 기업화하라는 이야기다. 미국의 요구가 어디까지 갈 것인지, 대만이 이를 어디까지 수용할 것인지 지켜볼 만한 일이다. 미국은 이렇게 대만을 압박해 꿩 먹고 알까지 먹고 있다. 대만을 위협해 중국에 맞서게 함으로써 대중국 견제세력을 강화하고 있다. 그러면서 미국의 무기도 계속 팔고 있다. 대만에 대해서는 강하게 나가면서 압박을 강화해서 이렇게 얻는 것이 많으니 미국은 계속 강경정책을 쓰고 있는 것이다.

대만은 독립적·독자적이 될 수 있을까?

이러한 환경이 하루 이틀에 변화할 조짐은 보이지 않고 있다. 그래서 대만은 미국 무기를 사면서도 자체의 무기 생산능력을 강화하려 한다. 미국 무기에 지속적으로 의존하는 것은 자주국방 능력 확보에 큰 걸림돌이다. 게다가 미국 무기를 많이 수입하고 있지만, 신속하게 인도되지는 않고 있다는 점도 대만이 자체 무기 생산능력을 확보하려는 이유가 된다. 2024년 초 당시 대만이 미국에 주문해놓은 무기는 25조 5,000억 원 규모이었다. 그런데 이 중 상당 부분은 주문 이후 수년이 지났는데도 인도되지 않고 있었다. 어떤 것은 주문한 지 9년 지나야 인도받을 수 있는 것도 있었다. 미국 방산기업들이 호시절을 맞아 주문은 많이 받아놓았지만 생산능력 향상에 대한 투자는 게을리해왔기 때문이다.

특히 차이잉원 정부는 역대 어느 정부보다 자주 국방력 강화에 더 힘을 기울여 방위산업과 관련한 8개 산업 분야에 대한 지원을 크게 확대했다. 군함과 미사일 생산능력 등을 향상시키기 위해 11조 원을 투자하기도 했다. 그 덕분에 2020년에는 고등훈련기를 독자 생산하고, 2023년에는 방어형 잠수함을 처음으로 자체 생산했다. 하지만 여전히 인프라가 부족하고, 다양한 첨단무기를 경쟁력 있게 만들어내는 체계는 갖추지 못하고 있다.

우리의 경우는 방위산업의 기반이라고 할 수 있는 중화학공업이 1970년대 집중 육성책에 따라 광범위하게 발전했다. 그 가운데에서도 철강과 기계, 조선, 자동차, 석유화학 등 중후장대한 제조업이 크게 성장했다. 그와 연계되어 탄약과 소총, 무반동총, 박격포 등 기본 병기 생산체계가 갖추어졌다. 그 기반 위에서 자주포와 전차, 소형 함정, 기본 훈련기 등을 자체 생산할 수 있게 되었고, 그 연장선상에서 잠수함과 정밀유도 무기, 정찰위성을 생산하고, 지휘통제체계까지 개발하는 단계로 발전했다. 하지만 대만은 우리와 마찬가지로 1970년대 중화학공업 개발정책을 쓰면서도 전기와 전자 산업에 방점을 두었다. 그 덕분에 지금 반도체 산업에서는 세계 어느 나라보다 앞서가고 있지만, 방위산업 발전에는 많은 한계를 가지고 있다.

이러한 산업 차원의 원인과 함께 대만 방위산업의 발전을 막는 두 가지 요소가 있다. 첫째는 미국 무기 구입에 길들여져 있다는 점이다. 웬만한 무기가 미국 것이기 때문에 새로 사오는 무기도 미국 것인 게 편하다. 미국 무기에 익숙해져 있고, 새로 구입하는 무기도 미국 것이라야 상호 호환성이 높다. 이런 시스템 유지를 위해 미국은 대만에 소규모 군부대를 주둔시키면서 장비 훈련을 담당하도록 하고 있다.

둘째는 대만이 국제적으로 고립되어 있다는 점이다. 첨단무기 개발

을 위해서는 과학기술 선진국들과의 활발한 교류와 정보교환이 필수
다. 무기의 수입과 수출도 자유로워야 한다. 신무기는 빨리 구입할 수
있고, 개발한 필요한 나라에 신속하게 수출할 수 있어야 상업성이 부여
되어 추후 개발도 더 활성화될 수 있는 것이다. 대만은 유엔회원국도
아니고 수교국도 극히 제한적이다. 국제활동을 중국이 끈질기게 막고
있다. 그러니 방위산업이 성장하기는 참 어려운 환경이다.

이러한 난관을 극복하고 대만이 과연 매서운 고슴도치가 될 수 있을
까? 지켜볼 일이지만, 매우 어려운 일이다. 거대한 중국의 군사력에 맞
설 수 있는 자체 방위력을 갖춘다는 것 자체가 쉬운 일이 아닌 데다가
그 길로 가기 위한 방위산업의 획기적 성장 또한 단기에 이루 수 있는
게 아니다. 그보다 더 중요한 것은, 미국이 말로는 '고슴도치가 되라'
하지만, 정말 대만이 자주국방 능력을 갖추는 것을 반기지 않는다는 것
이다. 그걸 적극 도와줄 생각도 없을 것이다.

모든 강대국은 다른 나라들이 독립적·독자적이 되어가는 걸 싫어
한다. 말 잘 듣고, 필요할 때 편 잘 들어주는 그런 나라를 좋아한다. 대
만은 미국 말 잘 듣는다. 무기도 많이 사준다. 그런데 자주국방 능력이
크게 확대되면 어떻게 될까? 자기주장이 강해진다. 미국은 그걸 싫어
한다. 그러니 대만이 실제 그 길에 전력투구를 한다면 미국은 가만 있
지 않을 것이다. 중국이 발전하는 것도 막고 있는 나라가 미국인데, 대
만의 앞길을 막는 것은 그리 어려운 일이 아니다. 대만은 작은 섬이다.
그래서 더 경제적으로 군사적으로 정치적으로 고립시키기가 쉽다. 대
만의 갈 길은 멀고 험하기만 하다.

그래도
군대는
싫어

중국과 대만의 군사력 차이

중국과 군사적 충돌 가능성이 하루가 멀다 하고 뉴스가 되고 있지만, 대만군의 운영은 점점 더 어려워지고 있다. 군대에 가려는 사람이 별로 없기 때문이다. 우리도 입대자원이 줄고, 특히 장교나 부사관 지원자가 줄어 '나라는 누가 지키냐' 하는 이야기들이 여기저기서 나오지만, 대만도 상황이 똑같다. 대만도 우리 못지않게 안보 확보가 중요한 나라다. 중국은 대만을 군사적으로 공격할 수도 있다는 이야기를 서슴없이 하고 있다. 대만 인근에서 군사훈련도 수시로 한다.

그런데 이게 우리가 느끼는 것하고는 많이 다르다. 북한도 군사적 위협을 수시로 하지만, 이는 약자의 어깃장 같은 것이다. 힘은 없고, 자존심은 세우고 싶고, 달리 해볼 도리가 없으니 남한에 대고 가끔 위협을 가하는 것이다. '약자의 독재tyranny of the weak'의 일종이라 할 수 있겠다. '약자의 독재'는 "나 죽으면 너도 귀찮은 일 많아져. 위험해질 수도 있고. 그러니 어쩔 거야. 나도 살려줘야지" 이렇게 강자를 위협하는 것이다. 그런 위협을 통해 지원을 받기도 한다. 북한의 위협은 "우리는 건재해. 쓸데없이 건드리지 마. 간섭하려고 하지도 말고" 이런 의미가 강하다. 조금 다른 결의 '약자의 독재'라고 할 수 있을 것이다.

북한의 위협은 그래서 남한에 실재적인 위협이 되지 않는다. 경제력도 50배나 남한이 앞선다. 군사력도 무기의 질이나 병력의 수준, 훈련의 정도, 사기 등 종합적인 내용 면에서 남한군이 훨씬 강하다. 북한에 핵무기가 있긴 하다. 하지만 핵무기는 군사적으로 사용하기 어려운 무기다. 쓰는 순간 스스로 죽을 각오를 해야 한다. 특히 한반도에서는 한미동맹, 그 속의 핵우산이 작동하고 있으니, 북한으로서는 핵단추를 누르는 순간 미국과의 전쟁을 상정하지 않을 수 없다. 결국 북한 핵무기는 쓰기 어려운 무기가 되어 있는 것이다.

그런데도 북한이 뭐라 한다고 해서 이를 큰 위협이라도 되는 양 이야기하는 것은 북한을 악마화하려는 세력의 어설픈 과장에 불과하다. 하지만 대만은 다르다. 위협을 하는 중국이 훨씬 강하다. 우선 경제력에서 20배 이상 앞선다. GDP 총량이 중국은 19조 5,348억 달러인데 비해 대만은 8,144억 달러에 불과하다. 군사력은 비교가 안 될 정도다. 병력만 봐도 중국은 203만여 명인데, 대만은 21만여 명이다(2025년 Global Firepower). 대만은 장제스가 집권하던 시절에는 본토를 회복하겠다면서 60만 대군을 유지했고, 1990년대에만 해도 40만 정도의 큰 규모이었지만, 지금은 이렇게 줄었다.

게다가 중국은 대만에는 없는 무기들을 많이 가지고 있다. 핵무기(약 600개. 2024년 12월 미 국방부 추산), 항공모함(3척), ICBM(대륙간탄도미사일. 600개. 2024년 6월 스톡홀름국제평화연구소SIPRI 추산), 핵추진탄도

미사일잠수함(6척) 등을 가지고 있고, 전투기, 수송기, 구축함, 탱크, 대포 등도 월등히 많다. 인구는 14억 1,932만 명, 대만이 2,321만 명이다. 60배 차이다.

징병제와 모병제

이렇게 엄청나게 차이나는 힘을 가진 중국이 위협을 해대니 대만은 무섭지 않을 수 없다. 그래서 대만 정부는 군대를 강화하려 애를 쓰고 있다. 대만도 우리처럼 젊은 남자는 반드시 군대에 가야 하는 징병제를 채택하고 있다. 의무복무 기간은 1951년 2년을 시작으로, 2008년 1년으로 감축되었고, 이후 10개월로 줄었다. 2013년에는 4개월로 줄어들었다. 군사훈련만 4개월 받고 끝내는 것이어서 사실상 모병제가 된 것이었지만, 제도상으로는 엄연히 징병제였다. 대만 헌법에 남성들의 병역의무를 규정한 조항이 계속 남아 있었던 것이다.

다만 의무복무가 4개월로 줄어들면서 지원병제를 시작했다. 지원에 따라 월급 받고 직업적으로 군생활을 할 사람들을 따로 모집하기 시작한 것이다. 그랬다가 2024년 의무복무 기간을 1년으로 늘렸다. 2006년생부터는 1년 의무복무를 하도록 한 것이다. 지원에 따라 모집하는 지원병제도 그대로 유지했다. 중국의 위협이 심각해짐에 따라 대만도 강력하게 대응할 필요가 생기면서 이렇게 바뀐 것이다. 4개월로 줄일 때 관련 법률에 '긴급상황이 발생하면 1년으로 복구할 수 있다'는 조항을 넣어두었기 때문에 비교적 쉽게 1년으로 늘릴 수 있었다.

범생 공화국, 대만

징병제를 하면서 모병제도 동시에 하고 있는데, 사병도 징병 루트가 아니라 지원 루트를 선택해서 갈 수가 있다. 모병 사병이 되는 것이다. 이 사병들은 두 가지가 다르다. 하나는 월급, 또 하나는 복무 기간이다. 월급은 이병이 3만 6,350위안(약 160만 원)이니 꽤 많은 것이다(의무복부 이병은 2만 320위안[약 89만 원]이다). 복무 기간은 5년이다. 스스로 월급 받고 근무하기로 했으니 최소 5년은 해야 한다는 것이다. 그런데 징병제와 모병제를 구분할 때에는 징병제를 하고 있느냐가 중요한 부분이기 때문에, 대만이 징병제 국가이냐 하는 물음에는 "그렇다"가 답이 되는 것이다. 징병 대상이 되는 사람들은 대체복무를 신청해 치안, 행정 등 분야에서 복무를 할 수도 있다.

여성 징병제에 대한 논의도 최근 나오고 있다. 우리처럼 대만도 여성은 징병 대상이 아니다. 다만 장교나 부사관, 사병까지도 지원하면 군에 갈 수 있다. 그런데 여성도 의무적으로 군에 가야 하는 것 아니냐는 논의가 재점화되고 있는 것이다. 대만 국방부도 이에 대해 연구작업을 하고 있는 것으로 현지 언론들이 전하고 있다. 사람은 부족하고, 나라는 지켜야 하니 이런저런 이야기들이 지속적으로 나오고 있는 것이다.

문제는 인구가 줄고 있다는 것이다. 인구가 줄어드니 군을 채울 수 있는 인원이 점점 줄고 있다. 대만 정부가 발표한 인구통계를 보면, 2025년 4월 말 대만의 인구는 2,336만 5,274명이다. 이는 1년 전보다 4만 9,826명 감소한 것이다. 인구 추이의 핵심 요소인 신생아가 줄어들고 있어 인구 감소는 추세적 현상이 되어버렸다. 신생아수는 2016년부터 줄기 시작해 매년 줄고 있는데, 2016년 20만 8,440명이던 것이 2024년에는 13만 4,856명으로 줄어들었다. 8년 동안 7만

3,000여 명 감소한 것이다.

이런 추세는 합계출산율(여성 1명이 평생 낳을 것으로 예상되는 자녀 수)로도 확인된다. 2023년 대만의 합계출산율이 0.87이었는데, 2024년에는 더 내려가 0.86이 되었다. 물론 우리보다는 상황이 낫다. 우리는 합계출산율이 2023년 0.72, 2024년 0.75이었다. 그럼에도 0.86의 합계출산율이 아주 낮은 것임은 분명하다. 중국만 해도 1.01, 일본은 1.22이니 말이다. 그래서 연구기관들은 2040년 이후 대만의 신생아수는 10만 명 아래로 떨어질 것이라는 추산을 내놓고 있다. 이러다가는 2032년에는 대만 전체인구가 2,300만 명 아래로 떨어지고, 2070년이 되면 1,500만 명 정도밖에 안 될 것이라는 걱정이 여기저기서 나오고 있다.

이런 추세이다 보니 군대 갈 자원이 적어지는 것은 어쩔 수 없는 일이다. 그래서 대만 정부는 2023년 징병 대상을 신장 '155센티미터 이상'에서 '152센티미터 이상'으로 확대한데 이어 2024년에는 의무복무 기간을 늘려서 병력 확보에 나서고 있다. 복무 기간을 1년으로 확대해 의무복무병을 2024년 9,127명으로 늘렸고, 2025년 4만 7,751명, 2026년 5만 3,600명으로 늘릴 계획이다. 그렇게 해서 의무복무를 하는 사병 확보 문제는 일단 어느 정도 해결될 수 있을 것 같다.

장교·부사관 모집 공고

그런데 장교와 부사관 등 지원에 의해 충원할 수밖에 없

범생 공화국, 대만

는 자원은 어떻게 할 것인가? 대만 정부의 고민이 이만저만이 아니다. 사람이 줄어드는 상황에서, 점점 더 위험해지는 군대에 스스로 손들고 들어오려는 사람이 적어지고 있기 때문이다. 실제 주력 전투 부대의 장교·부사관 충원율이 2021년에는 90%이었는데 2022년에는 85%로 떨어졌다. 2024년에는 80%로 내려갔다.

정부는 장교·부사관 모집에 대대적으로 나서고 있다. 지하철을 타고 가다가 내부에 장교·부사관 모집 공고가 붙어 있어 좀 놀랐다. '야! 대만 청년들도 군대 싫어하는 건 어쩔 수 없는 모양이구나' 생각했다. 그러고는 곧 잊어버리고 있었는데, 길을 가다가 똑같은 공고가 커다랗게 버스 한쪽 면을 다 차지하고 있는 것을 보고는 대만에서 이게 엄청

버스에 붙어 있는 장교·부사관 모집 공고.

심각한 문제임을 새삼 알게 되었다.

다음에 지하철을 탔을 때 모집 공고를 자세히 읽어보지 않을 수 없었다. 지하철 공고는 버스에 붙어 있는 것보다 훨씬 내용이 자세했다. 특히 처우에 대해 세밀히 적어놓고 있었다. 월급을 정확히 제시해놓고 있는 게 눈에 띄었다. 일정한 과정을 마치고 소위로 임관되면 5만 2,210위안(약 230만 원), 하사가 되면 4만 2,720위안(약 190만 원)의 월급을 준다고 밝히고 있었다. 대만의 대졸 신입사원들이 보통 200만 원에서 250만 원 정도의 월급을 받고 있으니 괜찮은 조건이었다. 의료혜택은 물론, 결혼·출산·자녀교육에 대한 지원, 국내 연수 기회 제공, 심지어 공과금 납부에 대해서도 혜택을 준다는 내용도 있었다. 퇴직 시에는 취학이나 취업에 혜택을 제공하겠다는 조건도 들어 있었다.

그렇게 좋은 조건을 내걸고, 그렇게 많은 광고를 하고 있는 걸 보면서 두 가지 생각을 하지 않을 수 없었다. 하나는 대만의 안보 상황이 쉽지 않구나, 앞으로도 힘든 상황은 계속되겠구나 하는 생각이었다. 나라는 지켜야 하는데, 인구를 갑자기 늘릴 수도 없는 곤란한 상황이 언제쯤 좋아지려나 하는 생각이었다. 다른 하나는 대만의 젊은이도 짜여진 규율, 닫힌 생활은 싫어하는구나 하는 생각이었다. 왜 아니겠는가? 한창 공부도 하고 여행도 하고 연애도 해야 할 나이에 군에 간다는 것은 인간이면 누구나 피하고 싶은 상황일 것이다.

동서고금을 막론하고 군에 가서 나라를 지키는 일을 달가워하는 경우는 없었을 것이다. 고대 스파르타에서는 군인으로 나라를 지키는 일을 하는 사람들만 시민으로 인정해주었다. 아테네도 투표 등 시민으로서의 권리를 누리는 것만큼 군에 가서 나라를 지키는 의무를 다할 것이 적극 권장되었다. 일정한 재산을 가진 시민은 장비까지 스스로 마련해 일정 기간 군복무를 해야 중요한 역할을 할 수 있었다. 철학자 소크라테스도 그렇게 군 생활을 했다.

자신의 이익을 최대화하는 길

대만의 젊은이들도 조용조용하면서, 질서 잘 지키고, 공부를 중시하는 범생 스타일이 많지만, 군대만은 좀 피하고 싶다는 생각을 하고 있는 것이다. 속박을 피하고 자유를 누리고 싶은 것은 인간의 본능이니 누가 뭐라 하겠는가? 그래도 법이 정해져 있으면 따르면 좋으련만 그것까지 어기려는 사람들은 대만에도 있다. 2025년 2월에는 대만의 유명한 배우 왕다루王大陸가 병역기피 혐의로 경찰에 체포되는 일이 일어났다. 브로커 조직에 4,400만 원을 주고 심장병 허위진단서를 발급받아 병역을 피하려 했다가 발각된 것이다. 결국 왕다루는 군에 가야 했다. 범죄율 낮은 대만에도 그런 불법을 알선하는 조직은 있는 모양이다. 인간 사는 세상이 어쩌면 그렇게 비슷한지……. 여하튼 병력 자원이 모자라 허덕이는 대만을 제3자의 입장에서 한 발 떨어져 관찰하는 나로서는 심히 걱정스럽지 않을 수 없었다.

길이 없는 것은 아니다. 군을 못 채우면, 군이 필요 없는 세상을 만들면 된다. 군이 없는 나라도 있다. 중미의 코스타리카가 그렇다. 여기도 과거에는 분쟁 지역이었지만, 중립을 선언하고 주변국에 평화외교를 펴 군대 없이 나라를 운영하고 있다. 물론 어려운 일이다. 대만은 당연히 그러고 싶지만, 중국이 이를 받을 리 없다. 미국도 싫어 한다. 내 나라 일을 내 마음대로 못하는 게 국제정치다. 중국과 미국의 관계가 좋아져야 비로소 대만도 평화의 길을 갈 수 있다. 대만의 운명이 중국과 미국에 달려 있는 것이다. 이들이 평화노선을 가기 전에는 중국은 중국대로 대만을 차지하려 하고, 미국은 미국대로 대만을 지키려 하니 대만은 힘들고 불안할 수밖에 없다.

그러니 어쩌겠는가? 처한 상황에서 자신의 이익을 최대화하는 길을 갈 수밖에. 잘하는 반도체 더욱 첨단화해서 돈 많이 벌고, 그걸로 작지만 강한 군대로 발전시켜 나가면서, 주권과 독립성을 견고히 지켜가기 위한 내부적 결속도 다지고, 중국과 더 가깝게 지낼 수 있는 방안을 찾아나가는 길밖에 더 있겠는가?

제8장

★

더
가야 할
길

정치는
양극화

반중과 친미

경제는 시나브로 성장하고 있고, 사회는 안정되어 있고, 사람들은 차분한데, 유독 정치는 좀 시끄럽다. 물론 앞에서 말한 대로 시야가 좁고, 눈앞의 이익에 매몰된 협량한 범생들이 정치를 하다 보니 생기는 현상이다. 지지세력을 확보하기 위해 쇼로 보여주는 심한 모습들도 있다. 가끔 국회에서 보이는 난투극이 그런 것이다. 이렇게 쇼로 보여주는 것도 있지만, 실제 생각이 크게 다른 부분도 정치인들에게는 존재하다. 특히 중국과 관련한 부분은 양보 못한다. 대만 정치에서 가장 핫한 영역이다.

그도 그럴 것이, 집권 민진당과 야당인 국민당 사이를 확실하게 갈라놓는 부분이 중국과의 관계다. 민진당은 반중이다. 중국과 친밀하게 지내기보다는 중국에서 독립해 독자적인 대만을 만들어가자는 생각을 가지고 있다. 그래서 친미다. 중국보다는 미국과 가깝게 지내면서 그 속에서 생존과 번영의 길을 찾아가야 한다고 주장한다. 국민당은 친중이다. 중국과 친하게 지내면서 경제 교류와 인적 교류를 확대해 장기적으로는 통일을 이루어야 한다고 생각한다.

이렇게 생각이 분명히 갈리다 보니 민진당이 집권하면 중국과 교류가 줄고, 국민당이 정권을 잡으면 중국과의 관계는 크게 확대된다. 지금은 민진당이 집권하고 있다 보니 중국과의 관계도 좀 소원해져 있다. 그렇다고 해서 남북 관계처럼 얼어붙어 있는 것은 아니고, 경제적·인적 교류가 국민당 정권 때보다는 줄어들었다.

민진당과 국민당의 중국을 보는 시각, 중국과의 관계에 대한 노선이 이토록 크게 차이 나다 보니 중국 관련 문제만 나오면 시끄럽다. 2025년 초 상황만 세밀하게 봐도 양측의 시각 차이, 그로 인한 갈등이 얼마나 심한지 쉽게 알 수 있다. 대만 정부는 2025년 국방비 증액을 추진했다. 2017년에는 국방비가 GDP의 2%, 2023년 2.45%이었는데, 2025년에는 2.56%로 늘릴 계획이었다. 미국이 강력하게 요구했고, 또 중국에 대응하기 위해서는 필요하다는 것이 증액의 이유이었다.

그런데 국민당이 반대했다. 국방예산 가운데 900억 위안(약 3조 9,600억 원)을 삭감했다. 여소야대(국민당 52석, 민진당 51석, 민중당 8석, 무소속 2석)이기 때문에 가능한 일이었다. 국민당은 미국의 요구에 무조건 따를 것이 아니라 대만의 국방을 실질적으로 강화하는 방안을 마련하는 것이 우선이라며 국방예산 증액을 막았다.

이후 민진당 지지자들은 국민당 의원에 대한 주민소환운동을 벌였다. 대만에는 국회의원에 대한 주민소환제도가 있는데, 대만의 국방을 위태롭게 하는 국민당 의원들을 주민소환제도 절차를 거쳐 파면하겠다는 운동을 벌인 것이다. 야당인 국민당과 민중당은 또 가만 있지 않았다. 야당이 다수인 점을 활용해 주민소환 절차를 전보다 까다롭게 하는 내용으로 선거법을 개정했다. 여야 대치가 계속될 수밖에 없었다.

2025년이 시작된 뒤 2월까지 그렇게 대치 정국을 보낸 대만 정계는 3월이 되어 대립이 완화되기는커녕 더 심화되었다. 라이칭더가 3월 13일 국가안보회의를 열고, '17가지 중국 대응 전략'을 결정한 뒤 발표했다. 중국을 '적대 세력'으로 규정하고, 군대 내의 스파이 색출을 위한 군사재판을 부활하는 것 등이 골자였다. 3월 말에는 대만에 사는 중국인 인플루언서 3명에 대해 추방 조치를 발표했다. 중국의 무력 통일을 주장했다는 것이 추방의 이유였다. "대만에 대한 무력 침공을 지지하는 것은 언론자유의 영역이 아니며, 대만의 법률에 위반된다"는 것이 민진당 정부의 입장이었다. 이에 대해 국민당은 '어불성설'이라는 입장이었다. "그들의 생각을 말한 것이 처벌 대상인가? 그렇다면 민진당 정부는 언론자유의 원칙을 버린 것이다"는 게 국민당의 반응이었다.

양극화되는 대만의 정치

4월 1일 중국군은 대규모 대만 포위 훈련을 실시했다. 육해공군과 로켓군이 동원되어 군함과 전투기로 여러 방향에서 대만 섬에 접근하는 훈련을 실시한 것이다. 라이칭더 정부가 반중국적인 조치를 잇따라 취하자 중국이 라이칭더를 위협해보겠다는 의도를 가지고 대대적인 포위 훈련을 실시한 것이다. 이렇게 민진당-국민당-중국 3자가 엮이면서 대만 정세는 늘 불안하다.

4월 14일에는 대만 정부가 국가 정체성을 분명히 하는 교과서를 펴 낼 것이라고 밝혀 또 여야가 충돌했다. 대만 교육부 장관 정잉야오鄭英耀 가 대만의 국가 정체성, 중국의 위협에 대한 대응과 관련한 내용을 담 은 사회·역사 교과서를 편찬한다는 계획을 밝힌 것인데, 이에 대한 여 야의 생각이 다른 만큼 논쟁이 가열될 수밖에 없었다. 민진당 정부는 이미 2019년에도 역사 수업의 방식을 수정한 바 있다.

기존에는 역사를 크게 대만사, 중국사, 세계사로 구분해 가르쳤는 데, 중국사를 동아시아사에 넣어 가르치도록 한 것이다. 중국에 대한 비중을 낮추어 민진당 정부의 탈중국화라는 지향점과 부합하도록 한 것이다. 이제 여기에 대만이라는 국가의 독자적인 정체성을 강조하고, 중국이 대만을 어떤 식으로 위협하고 있는지, 이에 대해 대만의 대응 방안은 무엇인지 등을 교과서에 넣는 쪽으로 고치겠다는 방침을 대만 정부가 밝힌 것이다.

2015년 박근혜 정부의 국정교과서 파동이 상기되지 않을 수 없다. 역사를 바로잡는다면서 진보학자는 제외하고 보수학자만을 모아 역사 교과서를 만들어냈다. 탄핵을 당하고 문재인이 취임하면서 마지막에 인쇄되지는 못했지만, 무수한 논란을 일으키며 무리하게 정부가 나서 교과서를 편찬해 청소년의 의식을 지배하려 했다. 천박한 인식으로 교 육까지 손대려 했으니 참으로 어이없는 일이었다.

그런데 그런 일이 대만 정계에서 일어나고 있다. 모든 게 첨단이고, 각 분야가 선진적인데, 유독 정치만 후진적이고 퇴행적인 대만의 모습 을 새삼 보여주는 것이다. 우리와 너무 똑같은 양상을 보며 실소가 나 오기도 하고, 묘한 동질감 같은 것이 느껴지기도 한다.

이렇게 대만 정치는 양극화되어 있다. 중국이라는 매우 큰 변수가 자리 잡고 있어서다. 우리도 북한이 있지만, 대만에서 중국이 차지하는 위치는 훨씬 더 크고 중하다. 양안 관계에서 늘 중국이 갑, 대만이 을이기 때문이다. 갑이 을의 국내정치에 그만큼 큰 영향을 미치고 있는 것이다. 더욱이 중국은 '어떡하면 대만을 흔들어주나'를 늘 궁리하는 나라다. 때로는 이념적으로, 때로는 경제적으로, 때로는 군사적으로 이런저런 자극을 가하면서 대만을 출렁거리게 하고 있다.

대만의 정계가 그걸 모르는 것도 아니다. 중국은 늘 대만을 휘어잡으려 한다는 걸 모르지 않는다. 여야가 한목소리로 "중국에 휘둘리지 말자" 결의하고 중국이 어떤 행위를 하면, 그에 대해 냉정하게 대응할 수도 있을 것 같다. 하지만 그게 안 된다. 정치는 그렇게 가벼운 것이다. 한꺼풀 벗겨 속을 보면 너무 뻔하고 그에 대한 합리적 대응 방안도 너무 쉽게 찾을 수 있는데, 그걸 못하는 게 정치다. 동양도 서양도, 옛날도 지금도 마찬가지다.

해방 직후 한반도 상황에서도 미국의 의도, 소련의 생각, 북한의 전략을 남한의 지도자들이 한자리에 모여 냉정하게 논하고, 한목소리로 대응했더라면 미소공동위원회가 무산되고 남북이 분단되는 상황도 막을 수 있었다. 하지만 정치는 그렇게 굴러가지 않는다. 각자의 이익에 매달리고, 이걸 얻는 데 목숨을 건다. 거기에 내일은 없다. 한자리라도 더 얻고, 한 줌의 이익이라고 더 챙겨야 산다. 그게 거기선 가장 중한 것이다. 대만 정치를 보고 있으면, 정치의 천박성은 실로 해결난망한 인류의 숙제임을 새삼 실감하게 된다.

평온 속
관료주의

은행에서 통장 만들기

대만은 참 안정적이다. 모는 게 편안해 보인다. 격한 시위는 보기 어렵다. 물론 우리처럼 대통령 물러가라는 시위는 상상하기 어렵다. 시장이나 골목에서 드잡이도 보기 어렵다. 시끄럽게 떠드는 사람도 찾기 어렵다. 노숙자도 발견하기 어렵다. 그만큼 사람들이 온순하고 사회가 안온하다. 그런데 좀 깊이 들어가 보면 그 속에도 여러 가지 모습이 있다. 대표적인 게 관료주의다. 어디나 있는 것이겠지만, 우리하고만 비교해도 관료적인 부분이 조금 심한 부분이 있다. 대외적인 일에서는 좀 심플한 것 같으면서도 내부적으로는 아직 과거 관료주의 모습이 잔존하고 있는 것이다.

그런 모습은 은행에서 볼 수 있다. 타이베이에 도착해 내가 가장 먼저 해야 할 일은 물론 집은 구하는 것이었고, 그다음 외국인거류증Alien Resident Certificate, ARC을 만드는 것이었다. 토요일에 도착했기 때문에 일요일 지나고 월요일에 바로 ARC를 신청했다. 신청 후 10일이 지나

ARC를 받을 수 있었다. 그게 2025년 2월 14일이었다. 받자마자 은행으로 향했다. 내가 일하던 연구소 바로 옆에 있는 '합작금고은행合作金庫銀行'이었다. 1946년 설립된 전통 있는 은행으로, 대만에서 가장 많은 301개의 지점을 가진 은행이다. 나는 별다른 정보가 있는 것은 아니었고, 그냥 일터에서 가장 가까이에 있는 은행이라서 여기로 갔다.

영어로 계좌를 개설하러 왔다고 하니 안내를 해주었다. 창구의 여직원은 영어를 조금 했지만, 서툴렀다. 안 되겠다 싶었는지 영어를 할 줄 아는 여직원을 불렀다. 이 여직원이 수시로 왔다갔다하면서 나의 계좌개설을 도왔다. 먼저 ARC 카드와 여권을 달래서 내놨다. 자세히 보더니 "왜 계좌를 만들려고 하냐?"고 물었다. 대만 정부에서 연구비를 매달 받아야 하기 때문에 만든다고 했다. 그러니 대만 정부에서 받은 증서를 보여달란다. 지금 일하는 곳은 어디냐 해서 바로 옆에서 있는 국립대만대학 인문사회과학발전센터라고 하니 거기 신분증과 초청장 같은 것을 보여 달란다. 보여주니 연구소에 직접 전화를 했다. 한참을 통화를 하더니 확인이 되었는지, 계좌를 만드는 작업을 시작했다.

서류가 한두 가지가 아니었다. 모두 중문으로 되어 있어 자세히 알 수는 없었다. 통역하는 직원의 대략적인 설명만 듣고 사인을 했다. 그 것도 아주 여러 번. 아마 열두세 번은 한 것 같다. 주소를 적다가 조금 틀려서 지우고 쓴 부분은 그 위에 사인을 하게 했다. 그것까지 합치면 열댓 번은 한 것 같다. 서류가 그만큼 많았다. 거기다 사진까지 찍었다. 은행에서 계좌를 만드는 데 사진까지 찍다니 참 이상한 일이기도 했다. 하지만 어쩌겠나 로마에 왔으니 로마의 관습을 따르는 수밖에. 그러다 보니 시간이 많이 걸렸다. 통역까지 해야 해서 1시간이 훨씬 더 걸

합작금고은행(왼쪽).
합작금고은행 통장. 통장 겉면에 계좌번호
와 이름이 있다(오른쪽).

렸다. 끝나고 나니 서류가 한 뭉치였다. 그걸 들어 보이면서 창구 여직
원은 "a lot of paper work"라면서 "휴" 길게 숨을 내쉬었다. 동시에
나를 보며 겸연쩍게 웃었다.

계좌가 만들어졌다면서 통장을 내주었다. 특이하게 통장의 겉표면
에 크게 계좌번호와 이름이 적혀 있었다. 다음 페이지는 약관의 조문들,
그다음 페이지에 잔액이 표시되어 있었다. 그리고 마지막이라면서 체
크카드를 내밀었다. 두 가지 종류가 있단다. 하나는 비자카드와 연계된
것으로 해외에서도 쓸 수 있는 것, 또 하나는 대만 국내용이란다. 전자
를 선택했다. 선택을 마치니 비번을 입력하란다. 6자리로. "한국은 4자
리인데 여긴 6자리이냐?"고 물었더니 설명이 길어진다. 대만에서 출금
할 때는 6자리 비번을 누르란다. 그리고 해외에서 출금할 때는 4자리
비번을 눌러야 한단다. 일단, 6자리 비번을 만들었다.

그리고 다시 통역 여직원을 불렀다. 나를 데리고 은행 입구의 ATM

으로 갔다. 여기서 해외 비번을 만들어야 한단다. 시키는 대로 하나하나 따라 했다. 그렇게 해서 해외용 비번까지 설정했다. 은행을 나오면서 시험 삼아 출금을 해보았다. 통장 개설하면서 넣어둔 예치금이 잘 출금되는지 확인해보고 싶었다. 잘 됐다. 출금수수료도 없었다(나중에 다른 은행 현금출납기에서 출금을 해보니 수수료 220원이 붙었다. 우리나라 은행들보다 훨씬 낮은 수수료를 받고 있었다).

그런 점은 또 큰 장점이었다. 그렇게 긴 은행 계좌 개설 작업이 마무리되었다. 물론 외국인이라서 좀더 복잡하고 시간이 많이 걸린 측면이 있었다. 하지만 서류가 많기도 했다. 일하는 연구소에 전화까지 해보니 시간이 많이 걸릴 수밖에 없었다. 더욱이 비번 두 가지가 필요한 이유는 또 뭔가? 한국에서 만든 카드는 여기서도 똑같이 4자리 비번으로 출금이 잘만 되는데, 아직도 잘 모를 일이다. 너무 철저하게 하려 해서 그런지, 아니면 전부터 하던 방식을 그대로 따라 하다 보니 그런 것인지.

매일 같이 반복하는 청소

통장을 개설한 뒤 한 달쯤 있다가 전화번호가 바뀌어서 전화번호를 알려주러 갔을 때도 간단치 않았다. 통장을 보여달라더니 여권을 보자 했다. 또, 외국인거류증도 함께 제시해달라 했다. 그랬더니 도장이 있냐고 물었다. 없다고 하니 통장개설 당시 제시했던 정보들을 인쇄해가지고 내가 제시한 여권, 외국인거류증과 일일이 대조를 했다. 뭐가 이상한지, 잘 안 보이는지, 처음에 통장을 개설해준 직원한테 가더니 뭘 한참 물어보고 다시 왔다. 그렇게 한참을 씨름하더니 서류 하나를 만들어 외국인거류증 번호를 쓰고 사인을 해달라 했다. 그렇게 전화번호 하나 바꾸기도 쉽지 않았다. 우리 같으면 신분증 보고, 컴퓨터에서 전화번호 바꾸면 끝일 것 같은데…….

은행의 보수적인 면은 합작금고은행만은 아닌 것 같다. 저녁을 먹기 위해 연구실을 나와 좀 걷다 보면 화남은행華南銀行이 있었다. 합작금고은행보다는 지점의 내부가 훨씬 크고 밝은 은행이었다. 특히 동남아 화교 사회에 큰 영업망을 확보하고 있는 은행이다. 오후 6시쯤 여길 지나가면 가끔 목격되는 것이 전체 직원 모임의 모습이었다. 30명쯤 되는 지점 직원들이 평소 손님들이 대기하던 의자에 앉아 있다. 지점장으로 보이는 40대 후반 정도의 여성이 앞에 서서 말을 하고 있었다.

혼내는 것 같은 분위기는 아니었고, 언제나 뭔가를 전달하는 모습이었다. 모션도 없이 다소곳한 모습으로 조곤조곤 직원들에게 뭔가를 열심히 이야기하고 있었다. 학교의 종례시간을 떠올리게 했다. 한 사람만 이야기하고 나머지는 듣는 그런 종례시간. 보통 온라인으로 전달사항을 전하고, 건의사항도 온라인 게시판으로 주로 하는 우리의 기업들과는 사뭇 다르다는 생각을 하지 않을 수 없었다. 이것도 전부터 해오던 것을 그대로 하고 있는 것은 아닐지 모르겠다.

내가 일하던 연구소는 건물의 14층에 있었는데, 100평 정도 되는 14층 전체를 썼다. 나처럼 방문학자로 온 사람도 있고, 박사후 연구원도 많았다. 출퇴근은 자유롭게 했기 때문에 자리들이 모두 차 있는 경우는 드물었다. 그런데 이 14층에 매일 출근하는 사람이 딱 한 사람 있었다. 청소를 담당하는 20대 후반의 청년이었다. 영어를 한마디도 못

범생 공화국, 대만

하는 숫기 없는 젊은이였다. "굿모닝" 인사를 하면 "니하오"로 대답했다. 때로는 답이 없었다.

나오자마자 막대걸레를 들고 큰 사무실의 바닥을 닦았다. 구석구석 윤기 나게 밀었다. 그러지 않아도 바닥이 타일이어서 번쩍번쩍한데, 매일 그렇게 닦으니 미끄러질 지경이었다. 바닥을 다 닦으면 손걸레를 들고 구석구석 닦았다. 창문도 닦고, 창문틀도 닦고, 서가의 먼지도 걷어냈다. 캐비넷을 열고 그 내부를 닦아내기도 했다. 쓰레기통도 매일 비웠다. 문서 파쇄기까지. 그렇게 매일 같은 일을 반복했다. 깨끗해서 너무 좋았다.

하지만 한편으론 이렇게까지 매일 할 필요는 없는데 하는 생각이 절로 들었다. 바닥은 타일이어서 때가 잘 타는 편은 아니었다. 게다가 사람이 많이 다니지도 않았다. 그러니 3일에 한 번 정도만 닦아도 아무런 문제가 없었다. 다른 곳도 마찬가지였다. 먼지가 쌓이면 얼마나 쌓이겠는가? 창문틀이나 서가는 일주일에 한 번 정도만 잘 닦아도 되는 일이었다. 그런데 매일 했다. 언젠가 누가 그렇게 짜 놓은 것 같았다. 그래서 그대로 하는 것 같았다. 유도리 있게 하면서 한 사람이 여러 개 층을 담당하면 비용이 절감된다는 생각은 하지 않는 것 같았다. 우리도 그렇지만, 대만도 대학행정의 구체적인 부분은 여전히 그렇게 옛날식으로 돌아가고 있는 것이다.

시민사회는
미진

　　우리와 흡사하게 1980년대 후반부터 민주화의 급물살
을 탄 대만은 지금은 민주화 정도가 아주 높은 나라가 되었다. 하지만
시민사회는 여전히 미발달 상태로 남아 있다. 시민단체가 적은 것이다.
민주주의가 공고화되고 시민들의 행복지수가 높아지기 위해서는 시민
사회의 발달이 중요하다. 그만큼 권력을 감시하는 역할을 분명히 하기
때문이다. 권력은 크게 보면 정치권력과 경제권력이 있을 텐데, 모두
감시가 약해지면 기고만장해지기 마련이다. 정치권력은 부정을 저지
르기 십상이고, 경제권력은 한없이 부패해지면서 개인적 치부에 여념
이 없어지게 되는 것이다. 그걸 감시하는 게 시민단체다.

　　민주주의가 공고화된 나라일수록, 복지 수준이 높은 나라일수록 시
민사회가 발달되어 있다. 시민단체가 많은 것이다. 유럽의 복지국가 스
웨덴에는 25만여 개나 되는 시민단체가 활동하고 있다. 인구가 1,000만
명이 조금 넘는 정도인데 그렇게 많다. 인구 40명당 시민단체 1개씩이
다. 단순화시켜서 말하면, 스웨덴 사람들은 40명씩 조를 짜서, 시민단
체 하나씩을 만들어, 늘 명분 있는 활동을 하는 것이다. 정치도, 경제도

앞을 보고 똑바로 갈 수밖에 없다. 조금만 빗나가면 감시의 틀에 걸려 패가망신의 길을 벗어날 수 없다. 국회의원은 자전거 타고 다니고, 대기업도 투명하게 운영된다. 기업은 세습되기보다는 전문경영인이 맡아 운영하는 경우가 대부분이다. 이런 관습과 구조가 시민사회의 빈틈없는 감시망 덕분에 만들어진 것이다.

대부분의 선진국이 그렇게 강한 사회적 감시망을 갖고 있는데, 미국은 인구가 많아 150만여 개의 시민단체가 활동하고 있다. 프랑스는 100만 개 정도 된다. 영국에는 87만여 개, 호주에는 60만여 개, 핀란드 14만여 개, 네덜란드에는 6만여 개의 시민단체가 있다. 세계 전체로 보면, 1,000만 개 정도의 시민단체가 지구촌 곳곳에서 오늘도 분주하게 움직이고 있다. 우리는 여전히 부족하다. 1990년대 초 크게 늘어났던 시민단체는 지금 1만 5,000여 개 정도 된다. 하지만 실제 규모와 체계를 갖추고 내실 있는 활동을 하는 시민단체는 얼마 되지 않는다. 정치의 부가가치가 높고, 누구나 국회의원 되고 싶어하는 현실은 감시가 그만큼 약하기 때문이다. 재벌들의 과점, 편법도 마찬가지다.

대만은 어떤가? 시민단체는 꽤 많다. 중앙정부와 지자체에 등록된 시민단체는 5만여 개나 된다. 국제적인 활동을 하는 단체도 3,000개 정도 된다. 하지만 시민단체의 활동이 아주 활성화되어 있지는 않다. 시민단체들이 대부분 지역 중심으로 활동하는 소규모 단체이고, 전국 단위의 대규모 단체는 많지 않다. 기후변화와 인권, 성평등 등 보편적 가치를 추구하는 단체도 있긴 하지만, 보건이나 사회복지, 지역사회 문제 등을 다루는 단체가 많다.

이렇게 시민단체가 활성화되지 못한 데에는 몇 가지 원인이 있다.

첫째는 시민단체의 역사적 기원이 '아래로부터'보다는 '위로부터'이었다는 것이다. 정부가 체제 유지를 위한 전략 차원에서 시민단체 설립을 추진한 것이다. 시민들이 정권에 대한 감시를 위해, 민주화의 진전을 위해 시민단체를 만들어낸 것이기보다는 정권이 시혜적으로 하나씩 설립을 용인해주면서 시민단체가 생겨난 것이다.

둘째는 운동 지향성이 강하지 않다는 것이다. 위로부터의 형성이라는 역사적 기원과 연결된 문제다. 처음부터 시민세력이 아래에서 조직을 형성해 정권과의 강력한 투쟁의 결과물로 얻어낸 경우보다는 민주화 분위기 속에서 정부의 권장으로 태어난 단체가 많다 보니 투쟁성, 선명성 측면이 약해진 것이다.

셋째는 대만인들이 특성이 개인적, 가족 중심적이라는 것이다. 지금도 대만의 웬만한 여론조사에서 사람들은 가장 중요한 가치로 '가족'을 들고 있다. 가족을 위해서 일하고, 가족을 위해서 희생할 준비가 되어 있다는 것이다. 전통적으로 가족을 중시해온 유교의 문화가 대만 사회 전체에 짙게 남아 있는 것이다. 그래서 시민들은 큰 명분을 위한 일보다는 내 가족, 내 주변 사람들을 위해 노력하는 것에 큰 의미를 둔다. 사실 이게 대만의 시민사회가 약한 근본 원인이라고 할 수 있겠다.

쉽게 말하면, "나를 위해, 가족을 위해 성실히 열심히 살면 되는 것이지 그 이상 뭘 생각할 필요가 있어?" 이런 인식이 대만인들 마음속에 자리 잡고 있는 것이다. 이는 앞서 이야기한 범생 의식과 연결된다. 건전하게 살고, 근면하게 살면, 모든 게 잘된다는 범생 의식이 사회 저변에 존재하고 있어, 강력한 시민단체가 많아지고, 강한 시민사회가 형성되는 데 장애가 되는 것이다.

범생 천국의 이면, 빈랑

고요한 나라 대만에 기이한 현상이 하나 있다. 바로 빈랑檳榔이다. 대만 여기저기서 빈랑을 파는 가게를 볼 수 있다. 야자나무과에 속하는 빈랑나무의 열매를, 먹는 석회(굴 껍데기를 갈아 만든 가루)를 바른 베틀후추 잎에 말아서 판다. 동남아와 인도, 중국 등에서도 기호식품으로 이용되는 것인데, 대만에서도 여전히 팔린다. 껌처럼 씹는다고 해서 '대만껌'으로 불리기도 한다. 각성효과와 환각효과가 있어서 주로 장거리 운행을 하는 운전수, 중노동을 하는 노동자들이 많이 이용한다. 우리나라에서는 마약으로 분류되어 있어 거래가 금지되어 있다. 말하자면 연성 마약이라 할 수 있다.

문제는 빈랑이 암을 유발한다는 것이다. 빈랑 열매에 천연 알칼로이드 성분인 아레콜린arecoline이 들어 있는데, 이게 신경계를 자극해서 각성효과를 주지만 오래 복용하면 구강암과 인후암, 식도암을 유발한다고 한다. 빈랑 열매와 함께 씹는 석회가 점막을 상하게 해서 암이 발생할 가능성을 더 높인다고 한다. 각성·환각 효과가 있는 만큼 중독성도 있다. WHO도 2004년 아레콜린을 발암물질로 규정했다. 오랫동안 빈랑을 즐기면 빈랑 열매에서 나오는 붉은 색소 때문에 입안과 치아는 검붉게 변한다. 그래서 빈랑 씹는 사람들을 '홍순족紅脣族(붉은 입술족)'이라 부르기도 한다.

1990년대에는 빈랑이 대만의 큰 산업 중 하나였다. 수요가 많았고, 재배 농가도 많았다. 빈랑나무 한 그루면 자식 하나 대학 공부 시킬 수 있다고 할 정도로 수익성도 높았다. 당시에는 대만 전역에 빈랑 상점이 6만여 곳에 이르렀다. 지금은 많이 줄어들었다. 대만 정부도 줄이려 애를 쓰고 있다. 그럼에도 빈랑은 대만의 꽤 오래된 문화이기도 해서 사라지지 않고 있다. '빈랑서시檳榔西施'라고 불리는 아가씨들이 빈랑을 파는 가게들도 아직 존재한다. 서시는 춘추전국시대 월越나라의 미인으로, 한나라 시대의 왕소군王昭君과 초선貂嬋, 당나라의 양귀비楊貴妃와

타이베이 거리에 있는 빈랑 상점(왼쪽).
빈랑서시. 지방이나 고속도로 나들목에는 지금도 빈랑서시들이 있다(오른쪽).

범생 공화국, 대만

함께 중국의 4대 미인으로 불린다.

빈랑에 서시를 붙여 빈랑을 파는 미인이라는 의미의 '빈랑서시'는 1960년대 대만 중부 난터우南投현의 한 빈랑 노점에서 시작해 전국으로 확산되었다. 이 노점의 매출이 크게 늘자 여기저기서 짧은 치마를 입은 빈랑서시를 고용해 빈랑을 팔게 하면서 해외에도 널리 알려졌다. 노출이 점점 심해지자 타오위안桃園현 등 지방정부가 나서 가슴과 엉덩이, 배는 가리도록 하는 규정을 제정, 시행하기도 했다. 그 바람에 대도시 지역에서 빈랑서시는 거의 사라졌고, 지방이나 고속도로 나들목 등에는 지금도 있다.

전체적으로는 빈랑 수요 자체도 줄어드는 분위기다. 사람들의 건강에 대한 관심이 높아지고, 정부와 언론도 빈랑의 부작용에 대한 인식을 확산해왔기 때문이다. 정부나 지방정부의 규제도 빈랑 산업 축소에 한몫을 해왔다. 그럼에도 빈랑이 여전히 대만 사회에서 없어지지 않는 이유는 무엇일까? 물론 산업적인 측면도 있다. 먹고사는 일이 걸려 있다. 가게들도 많지만, 대만 남부에 빈랑을 재배하는 농가도 많다. 그래서 전면금지 등의 조치는 내리기 어렵다. 빈랑이 담배나 커피처럼 사람들의 생활 속에 깊이 자리 잡고 있는 것도 빈랑이 없어지지 않는 주요 원인이 되고 있다.

빈랑 상점들을 보면서 '왜 이런 게 아직도 존재할까' 생각해보지 않을 수 없었다. 대만은 질서, 정돈, 평온 등으로 표현될 수 있는 사회다. 그런데 그 바로 뒷면이 빈랑이라는 느낌이 들었다. 대만은 특히 1949년부터 1987년까지 38년 동안 계엄하에 있었다. 모든 것이 내 마음대로가 아니었다. 정부 마음대로였다. 시민들은 그 속에서 소리없이 숨소리도 제대로 내지 못하면서 살았다. 그 관성이 지금도 남아 질서와 준법은 세계 일등이다. 하지만 동전의 앞면이 있으면 뒷면이 없을 수 없다. 찍소리 못내면서도 사람들은 속으로 이런저런 생각을 하기 마련이다.

그게 인간이고, 그래서 동물과 구분되는 것이다. 이런저런 생각들을 속으로 삭이자니 가슴은 탈 수밖에 없다. 속 타는 가슴을 달래는 여러 수단 중 하나가 빈랑이 아니었나 생각해본다. 물론 그 이전부터 빈랑 문화는 있었다. 하지만, 오랜 철권독재의 시기엔 빈랑이 그런 기능을 했을 것이고, 그게 대만인 생활 속에 자리 잡은 빈랑의 뿌리를 더 깊게 해준 것이 아닌가 하는 생각이다.

지금도 대만은 내가 가본 그 어떤 나라보다도 질서정연하다. 웬만하면 줄서야 되고, 웬만하면 참고, 웬만하면 숫자로 정확히 나타내야 한다. 미국, 영국, 프랑스, 이탈리아 등에서 느낄 수 있는 자유분방과는 거리가 한참 멀다. 그렇다고 이들에게 서구 사람들이 즐기는 자유에 대한 욕구가 없을까? 그렇지는 않다고 본다. 자유는 본능이다. 신체, 시간 통제, 재산권 등등 모든 부문에서 인간은 무한한 자유를 추구한다. 그걸 도덕적으로, 관습적으로, 법적으로 통제하고 억제할 뿐이다. 그런 점에서 보면 빈랑은 질서 있는 대만 사회와 함께 존재하는 다른 면이다. 그래서 쉽게 사라지지도 않을 것 같다.

범생 공화국, 대만

에필로그

대만은 우리하고 비슷하기도 하지만, 인연도 많은 나라다. 1928년 5월에는 신채호 선생이 동아시아 무정부주의자들의 연합체인 동방무정부주의자연맹의 결성을 축하하기 위해 대만의 지룽基隆에 왔다가 일제 경찰에 체포되었다. 비슷한 시기 타이중臺中에서는 조명하 선생이 일왕 히로히토裕仁의 장인인 일본 육군대장 구니노미야 구니요시久邇宮邦彦王에게 독을 칠한 단검을 던졌다가 체포되었다. 조명하 선생은 그해 10월에 타이베이 형무소에서 총살을 당했다. 당시 24세였다. 1936년 7월에는 유명한 무용가 최승희가 대만까지 와 여러 차례 공연을 했다. 대만에서도 그의 인기는 대단해 공연 때마다 문전성시를 이루었다. 공연뿐만 아니라 라디오 출연, 좌담회 등도 했는데, 그때마다 팬들이 주변을 메웠다. 한류의 원조라 할 만하다.

1940년대 말에는 정치적 연대가 이루어지기도 했다. 이승만은 1949년 아시아의 민주체제를 수호하기 위한 공동기구, 태평양동맹Pacific Pact의 창설을 구상했다. 필리핀 대통령 엘피디오 퀴리노Elpidio Quirino에게 특사를 보내 동의를 얻었다. 곧 대만 총통 장제스와도 회담을 해 태평양동맹 창설에 합의했다. 하지만 실제 창설되지는 못했다. 미국의 반대 때문이었다. 당시 미국은 대만을 포기하고 중국과 협력한 다는 전략을 세우고 있었다. 대만은 더는 희망이 없고, 대세가 중국으로 기울었으니 중국과 협력해 아시아를 운영하는 게 맞다는 생각이었다. 그러니 중국과 소련을 견제하기 위해 만들어지는 한국-대만-필리핀의 공동기구를 달가워할 리 없었다. 미국의 반대로 결실을 거두진 못했지만, 국제무대에서 한국과 대만이 함께 일을 도모하기도 한 것이다.

이후에도 6·25 전쟁 당시 대만은 병력 파견을 제안하기도 했고, 지속적인 협력관계를 유지했다. 하지만 세상의 조류는 바뀌어 우리와 중국이 가까워지고 수교까지 하게 되었다. 1992년의 일이다. 그러면서 대만과는 단교를 했다. 이로 인해 대만과는 소원한 관계가 되었다. 당시 대만 사람들의 배신감은 컸다. 내가 영국 요크대학으로 정치학 석사 과정을 하러 갔는데, 같은 과정에 대만 여학생 둘이 있었다. 이들이 노골적으로 이야기했다. "한국을 안 좋아한다. 한국은 배신자 아니냐?" 고. 그만큼 대만은 당시 위기의식이 높아져 있기도 했다.

그것도 시간이 지나가면서 좀 누그러지고 우리와 대만의 경제적인 협력관계는 더 확대되고 깊어졌다. 지금은 한국-대만-미국-일본 사이 반도체동맹 이야기도 지속적으로 나오고 있고, 꼭 그런 동맹 결성이 아니더라도 반도체나 AI 등 첨단 분야에서 상호협력은 지속적으로 해나가야 하는 상황이 되었다. 경쟁 관계이기도 하지만, 유사한 시기 경제성장 경험과 합리적인 사고, 교육 중시와 높은 교육열, 유교 문화의 전통 등 비슷한 점이 많아 협력의 확대 가능성은 무궁무진해 보인다.

문제는 미국의 역할이다. 대만과 미국의 관계도 현대사의 굴곡 속에서 많은 변화를 겪어왔다. 1940년대 말에서 1950년대 초 미국은 대만을 두고 고민을 많이 했다. 계속 끌고 가야 하나, 버려야 하나 하는 고민이었다. 국방부 장관 루이스 존슨Louis Johnson은 계속 원조를 해야 한다고 주장했고, 국무부 장관 딘 애치슨Dean Acheson은 원조 중단을 말하고 있었다. 1949년 10월의 CIA(중앙정보국) 대만 관련 보고서는 "대만이 곧 중국에 함락될 것"이라고 보고 있었다. 결국 해리 트루먼Harry Truman 대통령은 1950년 1월 5일 백악관에서 수수방관 정책을 발표했다. 대만에 대한 원조를 중단한다는 내용이었다. 대만을 포기한 것이다. CIA의 보고서를 믿고 국무부 장관 애치슨의 손을 들어준 것이다.

1950년 6·25 전쟁이 발발하면서 상황은 다시 달라진다. 북한이 전쟁을 일으켰으니 중국이 대만을 공격할 수도 있는 상황이 되었다. 그런 우려가 갑자기 커진 것이다. 미국은 바로 7함대를 대만해협으로 보냈다. 중국의 대만 침공을 막기 위한 것이었다. 6·25 전쟁에 중국이 참전하면서 미국의 대만 보호 필요성은 더 커진다. 중국이 계속 힘을 펴나가도록 내버려둘 수 없다는 생각을 분명히 하게 되는 것이다. 그러지 않으면 아시아에서 중국을 통한 사회주의의 확산을 걱정해야 했으니 말이다. 그렇게 미국의 대만에 대한 지원은 계속되었고, 대만은 중국을 견제하는 데 '미국의 가라앉지 않는 항공모함'으로서의 역할을 충분히 하고 있었다.

그러던 것이 1970년대가 되면서 또 달라진다. 리처드 닉슨Richard Nixon 대통령의 국가안보보좌관 헨리 키신저Henry Kissinger는 소련을 견제하기 위해서는 중국과 손잡아야 한다고 생각했다. 1971년 비밀리에 죽의 장막을 헤치고 베이징에 발을 들였다. 저우언라이周恩來 총리와

회담해 미중 정상회담에 합의했다. 이듬해 닉슨과 마오쩌둥 정상회담은 세계사의 물줄기를 크게 바꿔놓았다. 냉전에서 데탕트(화해)로 변화시킨 것이다. 화해의 분위기를 연장해 1979년에는 미중 양국이 공식 수교를 하게 된다. 그러면서 미국-대만은 공식 외교관계가 단절된다. 대만과 미국 관계가 이전만 같지 못하게 된 것이다. 그러면서도 양국은 경제적·문화적인 관계는 꾸준히 이어갔다.

중국의 급성장은 다시 대만과 미국 관계를 바꿔놓는다. 중국은 1978년 개혁개방 이후로 빠르게 성장했다. 2010년 GDP가 일본을 추월하면서 미국은 긴장했다. 중국을 견제하지 않으면 미국의 입지가 흔들린다고 여긴 것이다. 미국의 대응은 역외균형offshore-balancing. 아시아 지역 바깥에 있으면서 아시아에 지역 패권국이 등장하는 것을 막으려 한 것이다. 중국이 경제적으로, 군사적으로, 정치적으로 강해지는 것을 저지하는 전략을 차근차근 실행해 나갔다. 아시아태평양의 친밀한 국가들, 즉 한국, 일본, 호주, 뉴질랜드, 필리핀 등을 하나로 묶어 중국을 봉쇄하고 견제하는 정책이다. 여기에 대만도 포함시키지 않을 수 없다. 그렇게 중국을 포위하는 전략은 점점 강화되고 있다.

대만과 미국의 관계는 단순하게 정리해보면 이렇게 된다. 1940년대 미국의 대만 포기, 1950~1970년대 미국의 대만 보호와 긴밀한 관계, 1980~2000년대 적절한 관계 유지, 2010년대 이후 미국의 대만 중시와 긴밀한 관계. 그래서 대만 사회가 어떤 변화와 격변을 경험하게 될지는 미국과의 관계를 어떻게 하느냐에 달려 있지 않을 수 없다.

앞에서 하나하나 살펴본 대로, 대만의 착하고 순박한 범생들은 경제도 세우고, 사회도 안정적인 단계로 진입시켜 놓았다. 변화가 심하지 않고, 대립은 적고, 복지는 잘 되어 있고, 그래서 살기 편한 나라로 만들어놓았다. 그 속에서 대만 사람들은 조용조용 다소곳하게 살아간다. 주로 나와 가족을 챙기면서, 공서양속公序良俗을 지키고 주변도 배려하면서 그렇게들 지낸다.

그러면서도 걱정이다. 나라가 미국에 많이 의존하고 있는데, 미국이 혹시 대만을 버리는 것은 아닌지 염려들이다. 트럼프가 무슨 이야기를 할 때마다 신경을 쓰지 않을 수가 없다. 대만을 너무 미미하게 보면서, 언제든 대만의 이익은 무시한 채 중국과 큰 협상을 하지 않을까 하는 의구심도 가지고 있다. 트럼프는 기본적으로 비지니스맨이기 때문에 미국에 유리한 협상이면, 작은 나라 대만은 언제든 버릴 수 있을 것이란 생각을 하고 있는 것이다.

경제를 안정시키고, 기술력을 높여놓으면 유리할 거라 보고 그런 일에 지금까지 열심이었다. TSMC는 그런 대만 사람들의 노력을 단적으로 보여주는 것이다. 그런데 트럼프가 TSMC를 아예 미국화하려는 것 아니냐 하는 의심도 갖고 있다. 미국에 연구개발센터를 만들라 하고, 공장도 계속 세우라 하는 것은 결국 미국으로 중심을 옮기라는 것이고, 그렇게 되면 결국 미국 회사가 되는 것 아니냐 하는 걱정이다.

이런저런 생각이 얽혀서 대만 사람들의 미국에 대한 인식은 복합적이다. 중국의 압박을 견디려면 미국과 친하게 지내야 한다고 생각한다. 문제는 그러다 보니 미국의 선의에 기대하는 측면이 커진다. 트럼프처럼 노회한 사람이 등장하면 머리가 복잡해진다. 잘 지내는 것이 쉬운 게 아니다. 잘 지내자며 요구하는 것이 많아진다. 이용하기까지 하려 한다. 그러면 '잘 지내는 게 우리에게 좋은 것인가?' 하는 의심을 하게 된다. 그러면 관계는 나빠진다.

키는 미국이 쥐고 있다. 적절히 이해할 수 있는 범주 안에서 밀고당기기를 하는 것은 국가 간에 어쩔 수 없는 일이다. 미국은 힘이 있으니 더 많은 것을 요구할 수도 있다. 하지만 과하면 잡음은 커지게 되어 있다. 기원전 5세기에 아테네가 말 안 듣는 멜로스를 완전 파괴해버린 것처럼, 지금의 미국이 약소국을 짓밟을 수 있나? 그건 불가하다. 지구화시대 세계 여론은 만만치가 않다. 강대국이라고 해서 마음대로 했다간 이후 국제사회에서 외교를 해나가기가 어렵다. 그러니 적절한 수준에서 합리적으로 타협해 나가는 것이 맞는 길이다. 그러라고 외교를 담당하는 부처가 있고, 외교관들이 있는 것이다.

대만도 미국과의 관계를 잘해나가고 싶어서 먼저 양보하고, 미국이 원하는 것을 먼저 들어주고 한다. 국방비도 올리겠다고 하고, 미국에 더 투자하겠다고 하는 게 그런 것들이다. 그런 모습을 보고 있으면 우리의 실정이 자연 떠오른다. 미국이 버릴까봐abandon 늘 걱정한다. 그래서 할 소리를 제대로 못한다. 미국의 요구를 너무 확 들어주면 미국의 잘못된 정책에 쓸데없이 엮이지entrap 않을까 또 걱정한다. 그렇게 동맹의 작은 파트너 대한민국은 고민고민하면서 한미동맹을 유지해가고 있다.

하지만, 대만도 우리도 더 당당해져야겠다. 내부적으로 경제성장 시키고, 사회안정 이루어내고 하는 것도 중요하지만, 외교적으로 끌려가지 않는 것도 중요하다. 그게 국가 자율성national autonomy을 높이는 길이고, 국가를 국가답게 하는 방안이다. 장기적으로는 결국 경제성장, 사회안정을 더 공고화하는 길이기도 하다. 그렇다고 무턱대고 큰소리를 치는 건 곤란하다. 무대책이다. 자기 것을 잘 파악하고, 그걸 잘 활용해 미국에 설명하고 협의하는 과정을 더 많이 하면 된다. 그러면 크게 양보하는 것을 막으면서, 우리가 원하는 방향으로 끌고 갈 수 있다.

그러자면 최고정책결정자는 물론이고, 주요 정책담당자들이 각고의 노력과 결기를 보여야 한다. 해온 대로 하면 안 된다. 새로운 방안을 찾고, 새로운 루트를 통해, 더 깊이 협의를 해나가야 한다. 그 사이 생기는 일시적인 불협화음, 반대파의 비난도 감당할 수 있어야 한다. 그래서 노력, 용기, 결단, 결기가 필요한 것이다.

대만 이야기를 하면서도 늘 한국 생각이 동시에 나는 건 처한 상황이 비슷하고, 이를 타계해나가는 데 필요한 것도 유사하기 때문이다. 미국에 새로운 대통령이 들어선 지 1년이 되었다. 대만도 그렇고, 한국은 모든 걸 새롭게 해야 하는 상황이다. 대만, 한국이 담합이라도 해서 미국과 새로운 관계를 써나가도록 해야 하겠다. 그것이 두 나라가 양적으로 또 질적으로 한 단계 훌쩍 뛰어오르는 큰 계기가 될 수 있을 것이다.

범생 공화국,
대만

© 안문석, 2026

초판 1쇄 2026년 1월 5일 찍음
초판 1쇄 2026년 1월 12일 펴냄

지은이 | 안문석
펴낸이 | 강준우

인쇄 · 제본 | 지경사문화

펴낸곳 | 인물과사상사
출판등록 | 제17-204호 1998년 3월 11일

주소 | (04031) 서울시 마포구 동교로 22길 29 성지빌딩 3층
전화 | 02-325-6364
팩스 | 02-474-1413

ISBN 978-89-5906-824-1 03300
값 19,000원

이 저작물의 내용을 쓰고자 할 때는 저작자와 인물과사상사의 허락을 받아야 합니다.
파손된 책은 바꾸어 드립니다.